Jornada Ágil de Liderança

Antonio Muniz
Carol Vilas Boas
Gean Alex Pereira
Júnior Rodrigues
Victor Gonçalves

Jornada Ágil de Liderança

Entenda como desenvolver times protagonistas para resultados inovadores e sustentáveis no mundo digital

- ✓ Conteúdo criado por 86 pessoas com grande atuação no mercado, compartilhando experiências brasileiras
- ✓ Inclui Manifesto da Liderança Ágil na Era Digital que foi criado por time multidisciplinar e outorgado por executivos reconhecidos no mercado

BRASPORT

Rio de Janeiro
2020

Editor: Sergio Martins de Oliveira
Gerente de Produção Editorial: Marina dos Anjos Martins de Oliveira
Editoração Eletrônica: Abreu's System
Capa: Rodolfo Colares
Arte final: Trama Criações

J82 Jornada ágil de liderança : entenda como desenvolver times protagonistas para resultados inovadores e sustentáveis no mundo digital / Antonio Muniz ... [et al.]. – Rio de Janeiro: Brasport, 2020.
392 p. : il ; 17 x 24 cm.

Inclui bibliografia.
ISBN 978-65-88431-06-1

1. Liderança. 2. Produtividade. 3. Eficiência no trabalho. 4. Gestão de equipes. 5. Planejamento. 6. Projetos. I. Muniz, Antonio. II. Boas, Carol Vilas. III. Pereira, Gean Alex. IV. Rodrigues, Júnior. V. Gonçalves, Victor. VI. Título.

CDU 65.011.4

Catalogação na fonte: Bruna Heller (CRB10/2348)

Índice para catálogo sistemático:
1. Produtividade / Eficiência / Sucesso / Etc. 65.011.4

BRASPORT Livros e Multimídia Ltda.
Rua Washington Luís, 9, sobreloja – Centro
20230-900 Rio de Janeiro-RJ
Tels. Fax: (21)2568.1415/3497.2162
e-mails: marketing@brasport.com.br
vendas@brasport.com.br
editorial@brasport.com.br
www.brasport.com.br

Jornada Colaborativa

Experiências colaborativas que transformam vidas!

Conectamos pessoas apaixonadas por ensinar e aprender de forma colaborativa, valorizando talentos nacionais. Utilizamos a inteligência coletiva com livros colaborativos e geramos oportunidade para potencializar pessoas e reinvestir em ações sociais. Compartilhamos experiências em diversos canais, como JornadaCast, *webinars*, *summits* e mídias digitais.

Tudo começou com um sonho de compartilhar conhecimento através do livro "Jornada DevOps", que foi escrito por 33 pessoas com experiências complementares, e a união do time com outras comunidades em várias cidades mobilizou a disseminação de novas experiências.

O experimento dos 5 *summits* de lançamento dos três primeiros livros em 2019 uniu mais de 50 empresas e comunidades, permitindo ingressos com valor simbólico e direito a livro para 1.277 pessoas, além da doação de R$ 25 mil para quatro instituições carentes.

Nosso DNA é unir pessoas e tecnologia, aproveitando nossos participantes com perfil multidisciplinar: desenvolvedores, QA, *sysadmin*, arquitetos, *Product Owners*, gerentes de produtos, *Agile Coaches*, *Scrum Masters*, analistas de negócio, empreendedores, gerentes de projetos, psicólogas, executivos, UX, CX, equipes de RH, recrutadores, analistas de marketing, engenheiros, etc.

Livros já lançados pela Jornada Colaborativa:

1. "Jornada DevOps", com 33 coautores e 4 organizadores
2. "Jornada Ágil e Digital", com 56 coautores e 2 organizadores
3. "Jornada Ágil de Qualidade", com 24 coautores e 4 organizadores

4. "Jornada Saudável", com 26 coautores e 7 organizadores
5. "Jornada Ágil do Produto", com 69 coautores e 4 organizadores

Conheça nossa comunidade e entre no time para os próximos livros:

<https://www.jornadacolaborativa.com.br>
<https://www.linkedin.com/company/jornadacolaborativa/>
<contato@jornadacolaborativa.com.br>

Prefácio

"Quando tudo nos parece dar errado, acontecem coisas boas que não teriam acontecido, se tudo tivesse dado certo". Essa singela frase do poeta Renato Russo traduz consigo a certeza de que, se não somos senhores de tudo a nossa volta, também não é descabida a quimera tese, porém esperançosa, de que o novo não traz necessariamente consigo a ruína, mas, sim, novas oportunidades.

É com essa hermenêutica alinhada ao chamado "novo normal" que este livro em suas mãos se apresenta. Um trabalho colaborativo que conjuga em todos os tempos, modos e pessoas o verbo cooperar. Afinal, não é todo dia que se encontra uma obra idealizada e organizada por cinco grandes mestres, e confeccionada com todo zelo e afinco por nada menos que 86 profissionais de mercado. O próprio livro serve ao propósito de estudo de caso quanto a sua temática central, a liderança.

Embora a cadência de transformações seja inédita na história da humanidade, nunca se precisou tanto entender e explorar as qualidades, os atributos e as peculiaridades que envolvem o papel do líder. Não somente pelo exercício do conhecimento em si, mas, fundamentalmente, pela necessidade de difusão da sua capacidade de aglutinação e de inspiração. Nesse sentido, o próprio papel do líder vem passando igualmente por mudanças deliberadas e, por vezes, involuntárias sobre sua atitude e comportamento.

É curioso pensar que, em meio a um contexto cada vez mais automatizado, com florescente avanço da inteligência artificial e proliferação de autômatos, seja exatamente nossa característica mais explícita, fulcral e congênita, aquela que irá nos diferenciar. É aquele amálgama heterogêneo que nos faz ser únicos e ao mesmo tempo interdependentes, que nos faz sentir e experimentar, a despeito de interpretações diferentes. Que nos faz seguros e inseguros, tranquilos e ansiosos, raivosos e amorosos, às vezes, de forma contundente.

Nunca a nossa conexão emocional foi tão relevante. Nunca nosso exercício de conhecermos e regularmos a nós mesmos foi tão demandado. Nunca nossa capacidade empática e de relacionamento foi tão decisiva e determinante. Para todo lado que olharmos são pessoas à nossa volta, são valores diferentes, culturas, educação, desejos, frustrações e acúmulos de experiências distintas. Até mesmo se tivermos o arrojo e o destemor de olhar para dentro de nós, vamos encontrar um ser que ocasionalmente é líder, mas, eventualmente, é também liderado pelas circunstâncias da vida.

Eis que, no meio desse tsunami de emoções, surge o livro da "Jornada Ágil de Liderança" como uma espécie de nau que, se não liberta, ajuda sobremaneira a navegar nesse deleitoso e, por vezes, belicoso enredo da liderança. Tratar com pessoas é sempre um desafio. É beleza e agrura em dose insana, contínua e permanente. Seja cliente, chefe, fornecedor, patrocinador ou membro de equipe, no final é tudo gente.

Se sempre foi assim, poder-se-ia perguntar a razão de tanta eloquência. Ocorre que o mundo não é mais o mesmo e, de tanto modificar-se, acabou virando semente de uma nova perspectiva de atuação da liderança. Ainda que concorde que a expressão "ágil" poderia ser diferente, é irrefutável e, ao mesmo tempo, reconfortante, que traga em seu âmago a delicadeza incessante e a angústia perene quanto à geração de valor. Dessa forma, traz também a responsabilidade da liderança sobre essa transformação de costumes, hábitos e comportamentos. Daí deriva a importância da diversidade, da mentalidade ágil, da liderança polímata, dos pontos de atenção na liderança ágil e tantos outros elogiáveis temas abordados de forma prática, objetiva e empírica pelos autores. Não bastasse sua bravura na produção de um compêndio tão competente, ainda nos brindaram com um "toolbox" de liderança contemporâneo, palpitante e em total sintonia com as técnicas utilizadas no desenvolto e engenhoso mundo ágil.

O mundo continuará mudando e, assim como ele, as pessoas de maneira desconcertante. É por isso que liderança influencia tanto, com tal furor e de maneira constante. Não resta dúvida que liderar e aprender são progressivamente indissociáveis. Nesse sentido, este livro carrega consigo um enorme manancial de conhecimento e experiência tácita acumulado. Por outro lado, coloca em você, leitor, a fascinante, valorosa e intransferível responsabilidade de aprender com ele e aplicar, na medida da ambição ou até do apuro, os ensinamentos e sugestões nele descritos. Desfrute ao máximo da leitura, leia na ordem ou fora dela, mas, acima de tudo, aproveite.

André B. Barcaui
Professor, consultor e autor

Prefácio

Quanto mais os rumos da humanidade são orientados pela inovação e novas tecnologias, mais o **fator humano** ganha relevância para o sucesso – ou fracasso – dessas escolhas. As pesquisas do *Great Place to Work* (GPTW) no mundo todo, nos últimos 30 anos, envolvem milhares de organizações de todos os tipos e portes e capturam as percepções de milhões de trabalhadores sobre o ambiente de trabalho.

Apesar de o mundo ter mudado tanto nesses anos, assim como os modelos de gestão e organização, as principais conclusões dessas pesquisas têm se mantido consistentes: as melhores empresas para trabalhar, ou seja, aquelas que criam um melhor ambiente de trabalho – físico ou remoto – geram resultados de negócio muito superiores a seus pares no mercado. São organizações mais produtivas, com índices de satisfação de clientes superiores, maior qualidade em seus produtos e serviços, menor rotatividade de pessoal, além de apresentarem índices bastante inferiores de problemas de saúde física e mental.

Como resultado de um trabalho diferenciado, que coloca as pessoas no centro da estratégia, despertando em cada um seu pleno potencial, essas empresas recebem do GPTW um selo mundial de certificação. A excelente notícia é que esse reconhecimento não depende do porte da organização, do segmento de atividade, da localização geográfica: de gigantescos conglomerados multinacionais até minúsculas e promissoras *startups*, passando pelas ONGs e pelos novos unicórnios, todas as organizações podem receber esse reconhecimento. Organizações estas que conquistam os corações e as mentes de seus colaboradores, fixos ou virtuais, e que por isso são melhores para as pessoas, para os negócios e para a sociedade.

Mas o que essas organizações, tão diferentes entre si, apresentam em comum? São basicamente três pilares que sustentam a base da sua gestão e que permitem que elas sejam reconhecidas como excelentes lugares para trabalhar. E quer mais uma ótima notícia? Qualquer organização, das mais hierarquizadas às mais horizontais, pode implementar esses pilares em suas estratégias. O ponto de partida é que elas sabem criar um **ambiente de confiança**, ou seja, ambiente de transparência, que estimula o diálogo e a aprendizagem; onde as pessoas escutam umas às outras, respeitam e enaltecem as diferenças e pregam a justiça. Tudo isso com base em um ambiente diverso e inclusivo.

O segundo pilar está diretamente relacionado ao tema deste livro e ao prefácio anterior, descrito muito bem pelo André: **a liderança**. E deixando claro que não estamos falando de chefes, mas de qualquer pessoa conectada à organização que exerça influência, cumpra o que promete e lidere pelo exemplo. É aquele profissional que transmite uma força inspiradora na rede, independentemente de sua posição, cargo ou status. Uma liderança efetiva é aquela que consegue demonstrar o significado do trabalho da equipe e de cada pessoa em particular, que explicita em palavras e ações o propósito da organização, do projeto e, por que não, estimula os sonhos de cada pessoa. Sonhos, acredite neles!

O terceiro pilar refere-se ao trabalho em equipe e ao espírito de **colaboração**. E por mais que este tema seja discutido há séculos, ainda reside aqui nosso maior desafio como pessoas, profissionais e cidadãos. Diversos aspectos no mundo de hoje têm nos estimulado a desenvolver um espírito competitivo. Mas cuidado! O espírito competitivo deve servir para buscarmos nos superar a nós mesmos todos os dias, fazer mais e melhor pelas pessoas e pela sociedade. Quando esse espírito significa que para um ganhar todos os outros têm que perder, estamos destruindo valor, destruindo equipes, destruindo pessoas. Só encontraremos soluções realmente efetivas se trabalharmos com espírito colaborativo, trazendo benefícios para todos. As profundas desigualdades ainda gritantes dentro das organizações e na sociedade em geral estão na raiz dos grandes problemas que precisamos enfrentar. Enquanto nossa maior habilidade não for o trabalho em equipe e o espírito colaborativo, não conseguiremos avançar em soluções realmente efetivas e um mundo melhor. Enquanto acharmos que um herói sairá de um *game* virtual e salvará a todos, estaremos apenas nos omitindo.

Por isso, quando estiver tomando uma decisão sobre o seu projeto, sua organização ou sua vida pessoal, pense sempre nesses princípios: tem que ser melhor para as pessoas, melhor para os negócios, melhor para o mundo.

Uma fantástica jornada ágil de liderança FOR ALL!!

Ruy ShiozawaCEO at Great Place to Work® Brasil

Apresentação da Jornada Ágil de Liderança

Por que a liderança comando e controle está na contramão da inovação e dos resultados sustentáveis? Considerando que as pessoas precisam ter *ownership* do resultado final, quais ferramentas colaboram para a criação de verdadeiros times empoderados? Por que no mundo acelerado em que vivemos não é possível que o chefe tradicional tenha todas as respostas e comande pessoas como dono da mão de obra?

Com a grande empolgação de três livros colaborativos lançados em 2019, pensei na possibilidade de juntar novas pessoas apaixonadas para construir uma série da Jornada Colaborativa e aprofundar alguns dos 30 modelos e *frameworks* que abordamos no livro "Jornada Ágil e Digital". Meu *roadmap* tinha 30 livros e passou de 40 quando abri a planilha para o time opinar.

Como a liderança é um assunto pelo qual tenho profunda paixão e torna-se fundamental para qualquer transformação organizacional, resolvi priorizar este novo livro, mas precisava escolher o time organizador, que exerce importante papel na jornada colaborativa. Minha decisão foi tomada no *Summit* de lançamento do livro "Jornada Ágil de Qualidade", na PUC-SP, dia 07 de dezembro de 2019, quando observei toda a empolgação do Victor Gonçalves com a Jornada Colaborativa. Com o aceite do Victor para o papel de líder do time organizador, convidei minha grande parceira Carol Villas Boas e dois outros grandes amigos que ganhei nessa jornada: Júnior Rodrigues e Gean Pereira.

O passo seguinte foi buscar talentos para o time de coautores e tivemos 85 pessoas comprometidas com o resultado final, a maior marca da Jornada Colaborativa até o momento. Um dos grandes desafios da escrita colaborativa é a curadoria que garante a qualidade para nossos leitores, e parabenizo nosso time organizador e em especial o grande amigo Victor pela paixão e comprometimento durante essa jornada incrível. A sinergia do time gerou grandes inovações para a Jornada Colaborativa, como o manifesto da liderança ágil e a gravação de vídeos complementares para entregar ainda mais valor para nossos leitores.

> **A jornada ágil de liderança aprofunda temas importantes para quem deseja ser protagonista no mundo atual e destaca que o trabalhador do conhecimento gera mais valor quando sua motivação intrínseca está aderente aos objetivos corporativos.**

Considerando que a transição do comando e controle para a liderança ágil é uma jornada, observe na tabela a seguir os diferentes comportamentos nesses dois mundos.

Cultura comando e controle	Jornada Ágil de Liderança
Poder do cargo é suficiente para ser chefe	Times exigem líder inspirador
Todos têm medo e vergonha de falhar	Confiança, experimentação, MVP
Chefe tem que ter todas as respostas	Time empoderado, *data driven*
Chefe é o mais inteligente, mas sofre solitário	Diversidade do time enriquece soluções
Competição entre departamentos	Colaboração multifuncional, comunidades
Departamento grande simboliza poder	Times em redes, *squads*, tribos
Objetivos e metas *top-down* (BSC)	Objetivos e resultados colaborativos (OKR)
Equipes limitadas ao trabalho local	Times com *ownership*, *customer centric*
Maior esforço é controlar a mão de obra	Maior esforço é destravar a criatividade
Foco na motivação extrínseca e ameaças	Motivação intrínseca e segurança psicológica

Muito se fala que somos resistentes à mudança e existe explicação científica que confirma essa crença universal: nosso cérebro busca manter o padrão atual para economizar energia, pois, embora represente menos de 3% da massa corporal, ele consome cerca de 20% da energia que gastamos. Sabendo que a criação de um novo hábito demanda esforço, principalmente no início, experimente os novos comportamentos praticando a melhoria contínua.

Devido ao seu impacto positivo nas organizações, a "Jornada Ágil de Liderança" está chegando também no alto escalão das organizações (*C-level*) e este assunto foi capa da renomada revista Harvard Business Review na edição de maio de 2020 com o título "The Agile Executive". Por incrível coincidência, li esse artigo quando estava terminando a revisão final antes de encaminhar este livro para a editora e há uma parte que cita o "Manifesto da Equipe de Liderança Ágil" com base nos quatro princípios do Manifesto Ágil original de 2001. Considero que o Manifesto da Liderança

Ágil na Era Digital, que faz parte do nosso livro, representa um conteúdo ainda mais completo que reflete a realidade brasileira, e sinto ainda mais orgulho do nosso time que acreditou nesse sonho!

Conforme será detalhado em cada capítulo, a liderança ágil é uma jornada que pode e deve ser iniciada independentemente de quantos anos de experiência cada pessoa tenha em sua trajetória profissional. Considero que seus benefícios são bem maiores do que a dedicação necessária para alcançar esse hábito tão importante para inspirar pessoas.

Líderes melhores incentivam o potencial das pessoas, que criam organizações melhores e geram oportunidades para o crescimento de todos!

Parabéns a todo o time de coautores e organizadores: tenho certeza de que cada leitor potencializará sua jornada ágil de liderança com esse conteúdo incrível!!

Antonio Muniz
Fundador da Jornada Colaborativa e JornadaCast

Sumário

PARTE II.
ESTILOS DE LIDERANÇA NO MUNDO ÁGIL E DIGITAL

PARTE VI.
PONTOS DE ATENÇÃO NA LIDERANÇA ÁGIL (*FAIL*)

PARTE I.
A IMPORTÂNCIA DA LIDERANÇA ÁGIL

1. A era do intangível e as organizações antifrágeis

Victor Gonçalves
Fernando Hannaka

O fluxo contínuo de mudanças que caracteriza a única certeza do mundo é uma discussão cada vez mais presente, seja na pauta executiva das grandes organizações, seja para o líder empreendedor no início de sua jornada. No entanto, registros apontam que esse pensamento emerge em discussões filosóficas provocadas por Heráclito (500 a.C.), mais de 2.500 anos atrás.

Para o filósofo, tudo é considerado um grande fluxo perene onde nada permanece a mesma coisa, pois tudo se transforma e está em contínua mutação. Exatamente por isso todas as coisas estão sujeitas ao tempo e à sua relativa transformação.

Compreendendo os princípios da agilidade, onde devemos abraçar a mudança e satisfazer o cliente por meio da entrega frequente de valor, por exemplo, é inegável que devemos adotar estratégias derivadas da agilidade no contexto corporativo para a criação de produtos e no exercício da liderança. Como toda a empresa estrutura seu negócio para gerar valor, é necessário assumir e abraçar a incerteza, visto que nada é constante, exceto a mudança.

Isto é, a constante geração de valor é condicionada ao fato de que, em uma organização, cada profissional deve manter em mente a possibilidade de que tudo pode mudar a todo instante, trazendo então caos, incerteza, volatilidade e complexidade à tomada de decisões, alterando assim toda a dinâmica estratégica, tática e operacional de um negócio.

Somado a esse contexto, a revolução digital não tem apenas trazido uma adoção massiva de tecnologias por parte das empresas, como também tem acelerado a forma como os clientes **procuram**, **consomem** e **percebem** valor. Portanto, as necessidades de consumo também podem ser consideradas incertas e voláteis à medida que o mundo progride na revolução tecnológica.

Assumindo a necessidade de uma empresa se tornar adaptável às novas demandas do mercado e garantindo frequentemente valor a partir de diferenciação e foco na experiência do cliente, o principal desafio de uma empresa é preparar a sua cultura, de maneira integrada, para um pensamento que transcende a **previsibilidade**, os **resultados imediatos** e **conhecimento organizacional**.

Previsibilidade diz respeito às expectativas baseadas em certezas, e ao longo do tempo o ser humano aprendeu a fazer negócios com base em previsões para lhe trazer segurança. Dentre todos os tipos de segurança, destaca-se a financeira. Mas quando considerada no cerne da estratégia em um mundo incerto, a previsibilidade infere diretamente no *forecasting* e no fluxo de caixa da organização. Os resultados imediatos, derivados da clássica e natural ansiedade presente na camada executiva dos negócios, começam a ruir à medida que o mundo avança para uma economia baseada em experiências. Isto é, para criar valor é necessário descobrir o que é valor para o cliente, e processos de inovação se encaixam perfeitamente nesse momento. Sabendo que inovação se relaciona com descobertas e experimentação, e apesar de termos metodologias para experimentação acelerada e validação de hipóteses, não existe fórmula para resultados imediatos. E, por fim, o conhecimento organizacional se conecta com o fato de que a experiência passada determina o quanto se conhece sobre algo. É a atribuição de autoridade em algum tema com base nas vivências relacionadas naquele contexto específico. Contudo, a incerteza sugere experimentação para validação de hipóteses de novos negócios, produtos ou serviços, tornando em alguns casos irrelevante a experiência contextual, e destacando características que têm seu combustível na confiança criativa e outras características apresentadas no Capítulo 30 – Características comportamentais do líder ágil – deste livro.

Um pouco mais de caos: a era do intangível

Sabendo que um dos principais agentes influenciadores na estratégia das organizações é a incerteza, a experiência do cliente é cerne da estratégia e a dinâmica cultural deve ser repensada. Alguns conceitos da administração moderna começam a ser questionados, como o fato de que uma empresa existe apenas para lucrar.

O lucro é consequência da confiança do cliente em uma marca que gera valor a todo instante. E um dos pilares que sustenta a geração de valor a todo instante, inspirando pessoas a se conectarem com marcas, é a relação entre diferenciação e experiência do cliente. Vale destacar que desenvolver e manter uma marca é algo que gira em torno de muitas incertezas, onde pequenos atos podem ter grande repercussão, tanto positiva quanto negativa.

O cliente do século XXI tem novas demandas e continuará se adaptando ao longo do tempo, portanto, uma empresa precisa compreender que a entrega de valor não é apenas um produto ou serviço que funciona, pois foi bem construído através de métodos e técnicas, mas que narre uma história emocional em torno da oferta.

O ser humano não compra produtos e serviços embalados em ofertas sem valor, ele compra impactos emocionais que se conectam com o que há de mais íntimo, suas próprias histórias. É um relacionamento, e que se estabelece com valores, visão e respeito.

Essa era do intangível destaca a necessidade de as empresas atuarem de forma mais humanizada concentrando esforços estratégicos em fatores que não podem ser tocados, apenas sentidos ou percebidos. É nesse momento que a inovação em processos, o valor para o cliente e os resultados para o negócio realmente se encontram.

Para tal, é imprescindível uma estratégia que considere abordagens como *design thinking*, *lean startup*, *moonshot thinking*, entre outras dezenas para sistematizar o aprendizado. Contudo, o mais importante não está na destreza do uso de ferramentas, e sim na compreensão e no desenvolvimento de uma mentalidade capaz de se beneficiar em meio ao caos.

Antifragilidade

O conceito de antifragilidade foi concebido por Nassim Taleb (2012) e sustenta que algumas coisas podem se beneficiar de todo esse caos citado anteriormente. Elas evoluem quando são expostas à volatilidade, a agentes externos estressores (fatores que estão fora do seu controle e vontade) e à desordem. Além de apreciarem a incerteza, a aventura e o risco.

A definição de antifragilidade está diretamente relacionada à compreensão dos seguintes conceitos:

- ✓ **Fragilidade:** pense em um objeto, um copo de vidro, por exemplo. Certamente um copo não se beneficiaria de um evento imprevisível como um terremoto ou ainda uma queda aleatória pelo simples fato de alguém esbarrar no objeto posicionado na ponta de uma mesa. E caso o copo caísse, considerando fatores físicos específicos, este quebraria. Tudo o que é frágil é linear, e tudo o que é linear precisa de predição e previsibilidade para existir. Agentes externos estressores tendem a pôr fim naquilo que busca conforto ou estabilidade.

- ✓ **Robustez:** a robustez pode ser considerada o oposto da fragilidade. Tudo o que é robusto resiste, e seja qual for o impacto que sofrer, nada alterará sua forma básica de existência. Em primeiro instante parece sedutor ser robusto, pois o ser humano em geral busca conforto, comodidade e prefere aquilo que conhece, portanto não parece má ideia ser resistente diante de adversidades e aleatoriedades. Contudo, já que nada afeta aquilo que é robusto, não existe oportunidade de transformação e evolução. Tudo é o que é, independentemente da circunstância.
- ✓ **Resiliência:** a resiliência é uma qualidade vital para tudo aquilo que, ao passar por uma situação inesperada, precisa recomeçar e "seguir adiante". A ideia da resiliência passa uma mensagem de orgulho por aquele que é capaz de se reerguer após situações que quebram com a linearidade e previsibilidade. Pense que você está indo para uma festa de casamento dirigindo seu carro até o local. No caminho, seu pneu fura; o que você faz? Este é um evento imprevisível, um agente externo estressante e você não tem controle sobre o fato dele acontecer ou não, mas simplesmente aconteceu. É esperado que você saiba lidar emocionalmente com a situação e proponha uma solução para o aparente problema e "siga em frente". A resiliência é a sua capacidade de recomeçar, mas não necessariamente melhorar algo nesse recomeço. Ser resiliente é levantar-se após um tombo, mas não significa que você vai mudar sua maneira de andar após a segunda tentativa. Ao contrário do antifrágil.
- ✓ **Antifrágil:** ser antifrágil está além da resiliência, pois o resiliente enfrenta choques e se mantém da mesma forma. O antifrágil se torna melhor e evolui a cada contato com eventos que possam ser desconfortáveis. Pense em práticas esportivas, como a musculação. Os agentes externos estressores são os equipamentos dispostos na academia. E você submete seu corpo a uma realidade que o tira do conforto e da comodidade, resultando, após algum tempo de prática, em crescimento muscular, vigor e benefícios para a saúde, por exemplo. O antifrágil, ao ser exposto por eventos caóticos, não apenas recomeça e "segue adiante", como absorve aquela experiência, aprende e fica mais forte. A cada evento que permite a evolução, o antifrágil se torna mais imune a erros previsíveis e fica mais protegido em relação a eventos prejudiciais.

Em outras palavras, a antifragilidade traz respostas comportamentais para o cenário de extrema incerteza que impera na era do intangível, onde uma empresa bem-sucedida é aquela que experimenta mais, melhor e mais rápido. E como toda experimentação pressupõe o erro, é importante considerar a falha como algo possível (mas não necessariamente provável) em alguma tomada de decisão.

Veja a seguir alguns processos nos quais uma empresa pode materializar comportamentos antifrágeis e se beneficiar do caos:

1. **Planejamento (estratégico, marketing, vendas).** A incerteza não exclui a necessidade do planejamento em uma organização antifrágil, mas aponta um caminho para a flexibilidade. Planejamento é um norte, não necessariamente uma rota fixa, expandindo a consciência sobre ser mais importante gerar valor do que seguir um plano.
2. **Criação e experimentação (produtos, serviços, validação de hipóteses).** Uma das características mais relacionadas ao sucesso das organizações exponenciais é exatamente a capacidade que possuem de aceitar a falha como parte do processo de experimentação inerente à inovação. O sucesso de uma empresa também é medido pela sua capacidade de descobrir rapidamente aquilo que não funciona.
3. **Operação (realização e entrega de projetos, rotinas).** Tal como o planejamento, a execução precisa ter processos macros definidos, mas ao mesmo tempo ser flexível para ajustar sua capacidade de acordo com a realidade. Para isso, é necessário empoderar os membros do time e permitir respostas rápidas e eficientes diante dos estressores.
4. **Aprendizado (gestão do conhecimento produzido por toda a organização).** A gestão do conhecimento em uma organização é sua fonte de lições que permite a evolução sobre fracassos e sucessos já vividos. Aprender com falhas e compartilhar o aprendizado é ser antifrágil, isto é, se preparar gerando mais proteção para novos eventos prejudiciais e ter consciência do que não fazer.

Somada aos processos anteriores, destaca-se a necessidade de mais um elemento vital para o sucesso das organizações antifrágeis:

5. **Liderança (seja hierarquizada ou horizontalizada).** A resiliência diante das mudanças constantes é importante, mas limita a evolução. O *mindset* antifrágil traz perspectivas, ajudando o líder a pensar diferente e a aproveitar o contexto para promover a evolução do seu time em cima do novo aprendizado gerado e compartilhado. A liderança antifrágil cria mecanismos para que o time seja capaz de enfrentar momentos de incerteza e gerar valor a partir desses desafios.

Liderança antifrágil

Uma organização jamais será antifrágil se seus líderes não permitirem o novo. Os líderes precisam ser o exemplo prático (e não apenas no discurso) apresentando as quatro características da antifragilidade aplicadas à liderança, sendo elas:

- ✓ **Senso de urgência.** Não significa correria. A partir da consciência de que a incerteza domina o contexto de negócios, o líder deve sempre estimular no time o desenvolvimento de hipóteses que devem ser submetidas frequentemente a uma validação. Progressos tecnológicos só puderam acontecer devido à agilidade na resposta a mudanças e através de incansáveis experimentações realizadas por inúmeros e corajosos líderes, o que nos leva à próxima característica.
- ✓ **Ousadia.** Líderes antifrágeis abraçam os riscos porque sabem que são inevitáveis e não se escondem em uma bolha fictícia buscando proteção psicológica. O líder antifrágil encoraja e cria ambientes para aprendizado mais cedo e compartilhamento das lições de forma ágil e transparente entre os membros da equipe e a nível organizacional.
- ✓ **Empatia.** Empatia para estruturação de um time antifrágil, onde o líder possa identificar fragilidade e robustez da equipe para encontrar formas antifrágeis de se organizar. Liderando pelo exemplo de forma empática, gera nos membros as mesmas atitudes para enfrentar os momentos de incertezas e gerar valor nas soluções.
- ✓ **Espírito inovador.** Há pessoas que fogem da vida, isto é, preferem viver em um conforto fictício sustentadas por uma ilusão transitória enquanto as empresas ainda possuem tempo e fôlego financeiro para tolerar comportamentos que não geram valor. Um líder antifrágil age com autenticidade no seu dia a dia, estimulando pensamentos diferentes no time e engajando-os empaticamente a ações que permitam resultados fora do convencional.

Portanto, o líder antifrágil permite a criação de novas raízes cada vez mais autênticas, fortes e preparadas para a incerteza. Ser antifrágil é ser livre e explorar possibilidades com uma única certeza: a criação do novo. E cabe à cultura corporativa evoluir da tolerância ao novo para o estímulo e a propagação das novas singularidades que florescem em meio ao caos.

2. Mudança de era ou era de transformações

Júnior Rodrigues
Matheus Antonio Ventura
Gean Alex Pereira

Com as transformações que o mundo corporativo (e a sociedade de forma geral) vem enfrentando, é extremamente importante que as empresas e profissionais atentem para uma nova forma de gestão, mais aderente a esse novo cenário.

Complexidade nos negócios

As organizações cada vez mais estão atentas a esse contexto em que se encontram, denominado de mundo VUCA, termo criado pelo Colégio de Guerra das Forças Armadas dos Estados Unidos para denominar o mundo pós-guerra fria. O termo é um acrônimo para tratar dos seguintes desafios:

- ✓ **Volatilidade (*Volatility*)**: o volume das mudanças e a agilidade com a qual elas têm ocorrido tornam muito difícil prever cenários como era feito tempos atrás.
- ✓ **Incerteza (*Uncertainty*)**: apesar da grande disponibilidade de informações atualmente, elas não necessariamente são úteis para compreender o futuro. Mudanças disruptivas pressupõem novos paradigmas.
- ✓ **Complexidade (*Complexity*)**: a conectividade e a interdependência são fatores que ampliam a complexidade. Os modelos tradicionais de tomada de decisão não são suficientes para lidar com isso.
- ✓ **Ambiguidade (*Ambiguity*)**: existem muitas formas de interpretar e analisar os contextos complexos, trazendo falta de clareza e concretude.

Esse mundo traz desafios até então impensáveis para os líderes e para a forma tradicional de definição das estratégias das organizações, o que geralmente é associado a algo extenso e demorado de realizar.

Porém, vivemos em um mundo onde a única coisa certa é a mudança, sendo preciso que se tenha uma estratégia adaptável, que foque na visão e não no plano, que seja capaz de dar o direcionamento claro às equipes sobre onde se quer chegar, como visto no capítulo anterior.

Sendo assim, é impensável que as organizações continuem gastando um esforço de planejamento para além de poucos dias, como era de se observar nos planejamentos feitos em semanas ou meses, já que boa parte disso ficará obsoleta rapidamente. E, da mesma forma, não é concebível que essa ação permaneça restrita a um seleto grupo pertencente à alta gestão.

Uma abordagem ágil para o planejamento estratégico, conforme apresentado no Capítulo 57 (*Agile strategy*), mostra como é possível se valer de um processo imersivo e colaborativo, e como aplicá-los nas organizações para maximizar o alcance de resultados.

Isso é corroborado pela emergência de uma sociedade cada vez mais colaborativa e com um foco maior no ser humano, o que traz enormes impactos para as empresas, seja no desenvolvimento de produtos, seja na dinâmica das relações no ambiente de trabalho.

Há ainda o surgimento das *startups* e, com isso, das organizações exponenciais, que crescem até dez vezes mais que aquelas que crescem de forma incremental, introduzindo um modelo totalmente diverso de funcionamento organizacional.

Nesse contexto no qual as organizações estão inseridas, a complexidade se torna algo inerente ao ambiente de negócios, fazendo com que seja necessário buscar modelos que apoiem uma tomada de decisão mais efetiva.

O Capítulo 52 (*Cynefin*) apresenta uma abordagem capaz de ajudar nesse processo, uma vez que considera elementos importantes na definição de uma solução com base no cenário identificado (simples, complicado, complexo e caótico).

Cabe acrescentar que saber identificar de forma efetiva o cenário real em que se encontra traz a enorme vantagem de poder se adequar a ele, se valendo de soluções mais aderentes para tal, que vão desde um processo já definido (cenário simples) até o uso de métodos para descoberta do problema, como *design thinking* (em cenários caóticos).

Mudança de era

Passamos não só por uma era de mudanças, mas, sim, por uma mudança de era, onde modelos de negócio se liquefazem e surgem as organizações exponenciais, que apresentam um foco cada vez maior em aspectos intangíveis e ligados ao propósito.

De acordo com Marcos Batista (Figura 2.1), a era rural tinha foco em produzir apenas o necessário para o consumo de quem produzia, de forma principalmente manual, em um ambiente simples e controlável, onde a evolução era previsível e lenta.

Com o surgimento da era industrial, o mundo todo se transforma para esse modelo, produzindo-se em abundância e passando-se a consumir mais que o necessário, e, cada vez mais, tudo isso possibilitado pelo crescimento da tecnologia.

Na era digital surge o consumismo, causando a ruptura para o pensamento exponencial, entrando-se na velocidade das informações e das rápidas mudanças. Serviços, inteligência, digitalização e experiência do cliente dão o tom das transformações.

A era pós-digital permitiu o consumo de internet com mais frequência, mas a velocidade de conexão trouxe novos comportamentos e modelos de negócios, bem como um questionamento quanto à posse dos bens de consumo *versus* a experiência em seu uso.

Olhando por uma ótica mais ampliada, é possível identificar que a digitalização possibilitou um crescimento sem precedentes do conhecimento humano, permitindo que a economia colaborativa ganhasse cada vez mais espaço, com o uso compartilhado dos recursos.

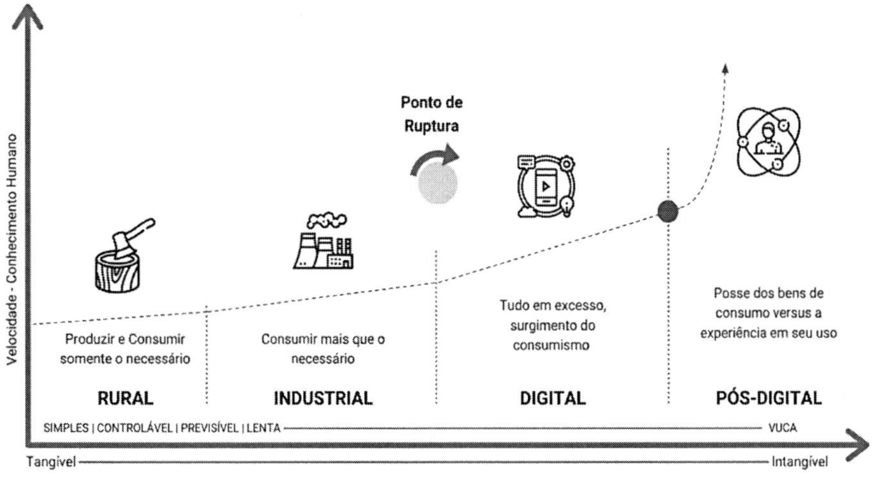

Figura 2.1. Mudanças de era.
Fonte: adaptado de Batista (s.d.).

Revolução Industrial 4.0

Muito tem se falado a respeito desse tema e seus impactos na sociedade em geral. Sobretudo nas drásticas mudanças que ela poderá causar nas profissões e na oferta de emprego, impactando a forma como trabalhamos e, com isso, como vivemos.

De acordo com Klaus Schwab (2016), "moldar a quarta revolução industrial para garantir que ela seja empoderadora e centrada no ser humano – em vez de divisionista e desumana – não é uma tarefa para um único interessado ou setor, nem para uma única região, ou indústria ou cultura. Pela própria natureza fundamental e global dessa revolução, ela afetará e será influenciada por todos os países, economias, setores e pessoas".

A Indústria 4.0 teve início no ano de 2010, a partir de um projeto estratégico de alta tecnologia do governo alemão, cujo objetivo era promover a informatização da manufatura, devido ao aumento expressivo na demanda por produtos personalizados.

Inicialmente usado para englobar algumas tecnologias para automação e troca de dados no ambiente industrial, começou com apenas quatro pilares (*big data*, computação em nuvem, cibersegurança e IoT) e chegou a seis pilares (acrescentando impressão 3D e robôs) em 2012.

Entretanto, o termo Indústria 4.0 foi aumentando sua abrangência ao longo dos anos, até chegar aos nove pilares atuais, sendo:

- ✓ **Robôs autônomos:** substituição de todas as operações repetitivas e mecanizadas, e que oferecem riscos à saúde ou à segurança dos seres humanos.
- ✓ ***Big data***: grandes volumes de dados armazenados em conjunto, possibilitando análises complexas, com intuito de auxiliar a tomada de decisão.
- ✓ **Realidade aumentada:** interligação do ambiente real ao virtual, possibilitando um aumento de eficiência e ajudando a prever diversos problemas.
- ✓ **Impressão 3D:** ou manufatura aditiva, aplicando-se na fabricação de peças para manutenção e produção, acelerando o tempo de reposição e, consequentemente, reduzindo o tempo de parada.
- ✓ **Computação em nuvem:** um dos pilares fundamentais, pois permite que todos os dados coletados sejam armazenados em servidores na nuvem, garantindo escalabilidade e baixo custo.
- ✓ **Cibersegurança:** com toda essa gama de informações, é preciso garantir a segurança dos dados coletados, que contêm informações preciosas e sigilosas.

- ✓ **Internet das coisas (IoT):** interconexão digital de objetos com a internet, usando sensores que ficam colhendo dados de tudo que acontece e transmitindo em tempo real para a nuvem.
- ✓ **Integração de sistemas:** tem o objetivo de centralizar todas as informações dos diversos sistemas para facilitar sua análise posterior.
- ✓ **Simulação:** realizar antecipadamente alguns testes para otimizar processos e produtos ainda em sua fase de concepção, reduzindo custos e tempo de fabricação.

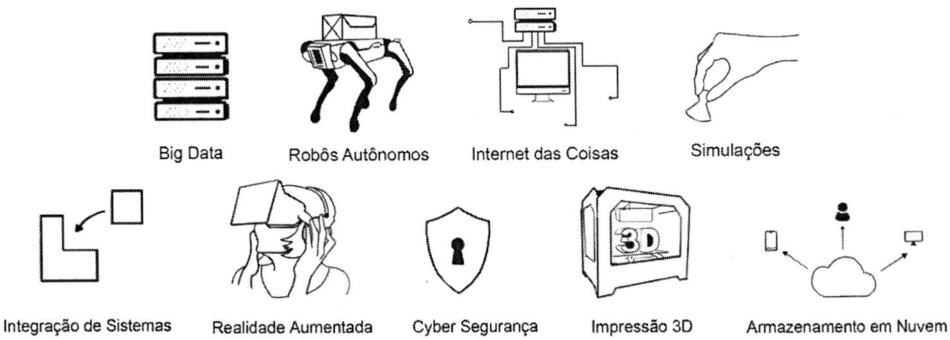

Figura 2.2. Nove pilares da Indústria 4.0.
Fonte: adaptado de Schwab (2016).

Basicamente, todos os pontos mencionados até aqui se referem a avanços que são permitidos pela transformação digital, ou com um forte componente tecnológico e de sistemas. E é nesse sentido que os conceitos sobre as mudanças se misturam. A transformação digital é o que acontece com as organizações quando elas adotam formas novas e inovadoras de fazer negócios com base em avanços tecnológicos, se aplicando a todo tipo de organização, inclusive a indústria.

Tempos pós-normais

Todas essas transformações aqui apresentadas causam profundas mudanças na forma como a sociedade se comporta e como as empresas tomam suas decisões e realizam as suas ações no dia a dia.

O fato é que a complexidade e a incerteza que compõem o mundo VUCA já viraram o novo normal, fazendo com que tenhamos que nos imaginar em uma nova era para além dessa normalidade, em um amplo espectro da rica diversidade de culturas humanas.

É observado, então, o surgimento dos chamados tempos pós-normais, nas palavras de Sardar (2010), onde não se pode confiar no cenário lá fora, uma época caracterizada pela mudança rápida, pelo realinhamento de poder e pelo comportamento caótico, além dos aspectos citados anteriormente.

Vivemos um período em que novos paradigmas ainda precisam nascer e as coisas em geral parecem não fazer mais sentido, onde a flexibilidade e adaptação a diferentes meios se tornam essenciais e um enorme diferencial para aqueles que entenderem as regras vigentes e, por isso, terão condições de quebrá-las.

Segundo Gidley (2010), "os tempos pós-normais exigem que abandonemos as ideias de controle e gestão e repensemos as estimativas de progresso, modernização e eficiência", o que traz um impacto direto na liderança das organizações.

É preciso, dessa forma, que os líderes estejam preparados e se antecipem às mudanças desse mundo líquido, onde tudo é tão incerto e volátil que pode mudar em minutos, tendo a capacidade de levar as pessoas e, consequentemente, as organizações a alcançar resultados em um cenário assim.

3. Mudança de cultura corporativa

Sonia Lopes
Carlos Henrique Ughini

As mudanças, que sempre ocorreram, agora acontecem com frequência e amplitude jamais observadas, o que leva à necessidade de desenvolvermos novas habilidades, principalmente os líderes.

A velocidade faz parte do dia a dia, a comunicação é instantânea, e isso se transforma em um ciclo que precisamos acompanhar. As empresas precisam se atualizar como resposta às novas exigências do mercado e às alterações nas condições do meio em que está inserida.

As transformações na cultura organizacional muitas vezes incluem novas formas de pensar e não apenas a aplicação de processos, por isso, segundo Daft (2006, p. 345), "é necessária uma mudança nos valores e nas normas subjacentes à cultura organizacional". Tornar uma equipe ou organização ágil requer que os indivíduos adotem novos valores e novas maneiras de executar o trabalho. Assim, as mudanças na cultura organizacional devem ser conduzidas de forma estratégica, para que se consiga o engajamento dos envolvidos e que a mudança se consolide.

Mas o que é cultura organizacional?

Robbins (2004, p. 242) define cultura como a "argamassa social que ajuda a manter a organização coesa fornecendo os padrões adequados para fundamentar o que os funcionários vão fazer ou dizer".

Há um consenso entre diversos autores de que cultura organizacional se refere a um sistema de valores compartilhados pelos membros de uma organização. A cultura organizacional é considerada a personalidade da organização e vai diferenciá-la de qualquer outra.

Não há dúvida de que as organizações são formadas por pessoas e são elas que compartilham e acreditam na cultura de uma organização, fazendo com que esta permaneça ou se perca.

O grande desafio das empresas é possuir uma cultura consolidada o suficiente para que não haja subculturas, mas que seja flexível a fim de conseguir se adaptar às novas realidades do mundo globalizado com suas mudanças contínuas. Segundo Daft (2006, p. 299) "uma cultura organizacional forte pode produzir um impacto poderoso no desempenho da empresa" e esclarece que a "força da cultura refere-se ao nível de acordo entre os componentes de uma organização quanto à importância de valores específicos. Quando existe um consenso generalizado quanto à importância desses valores, a cultura é coesa e forte; quando existe pouco acordo, a cultura é fraca".

A cultura organizacional é composta por artefatos visíveis e invisíveis, como pode ser observado na Figura 3.1. Os componentes visíveis e publicamente observáveis são orientados para aspectos operacionais e de tarefas, enquanto os componentes invisíveis, afetivos e emocionais, são orientados para aspectos sociais e psicológicos.

Os artefatos visíveis e invisíveis devem ser aprendidos pelos que entram na organização, para que haja compatibilidade entre suas atitudes e comportamentos com o esperado pela organização.

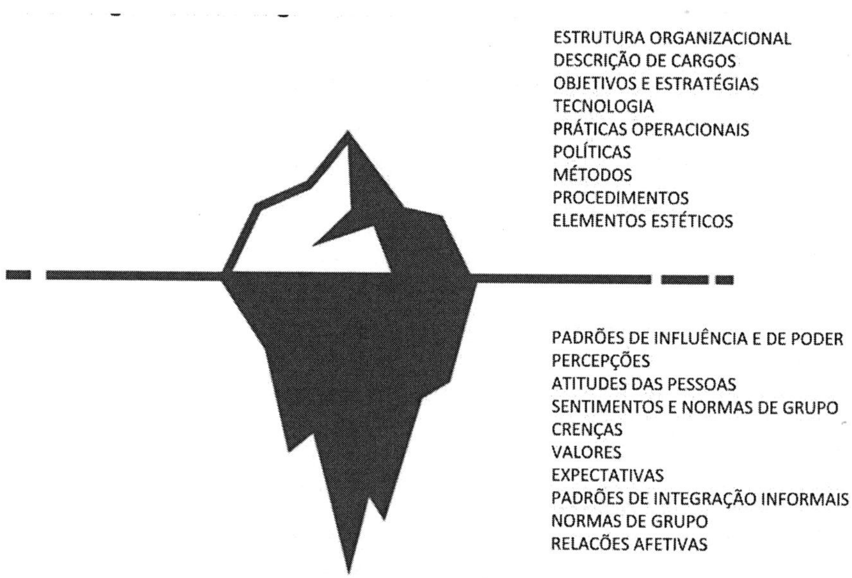

Figura 3.1. Iceberg da cultura organizacional.
Fonte: Adaptado de Daft (2006).

Processo de mudança

As organizações não são estáticas, ao contrário, continuamente mudam como resposta ao que acontece dentro e fora delas. O desafio dos administradores, cada vez mais, é antecipar e gerenciar os processos de mudança necessários (VECCHIO, 2000); afinal, sobrevive a empresa que melhor se adapta ao ambiente, que está em mutação.

O conceito de mudança na organização é frequentemente associado ao rompimento de hábitos e costumes e definido como um processo.

Kurt Lewin, um dos primeiros a estudar a mudança como um processo, propôs o modelo de que a partir de uma situação existente haveria uma desconstrução e uma posterior reconstrução de algo novo, haveria assim um descongelamento antes do recongelamento, ou melhor, de estabilizar um novo padrão de comportamento.

O modelo simples proposto por Lewin foi a base para o trabalho de diversos autores que o complementaram ao longo do tempo. Neste capítulo não temos a pretensão de esgotar o tema, mas vamos apresentar alguns deles.

Oito passos para liderar a mudança – John Kotter

Um dos modelos mais divulgados mundialmente é o de John Kotter, conhecido como "os oito passos para liderar a mudança". Para Kotter (2015) as janelas de oportunidade se abrem e fecham cada vez mais rápido e é preciso ter agilidade e criatividade para que sua organização se beneficie delas. Seu diferencial como líder pode estar em perceber a onda de transformação e seus riscos (econômicos, sociais, ambientais e políticos) e, na sequência, agir, criando redes e liderando as mudanças.

Nesse sentido, criar na rede o sentimento de urgência em relação à mudança é o primeiro de oito passos que podem ser vistos na Figura 3.2. O modelo dos oito passos de Kotter é organizado em três etapas macro: criar um clima para a mudança, engajar e envolver toda a organização e implementar e sustentar a mudança (KOTTER, 2013).

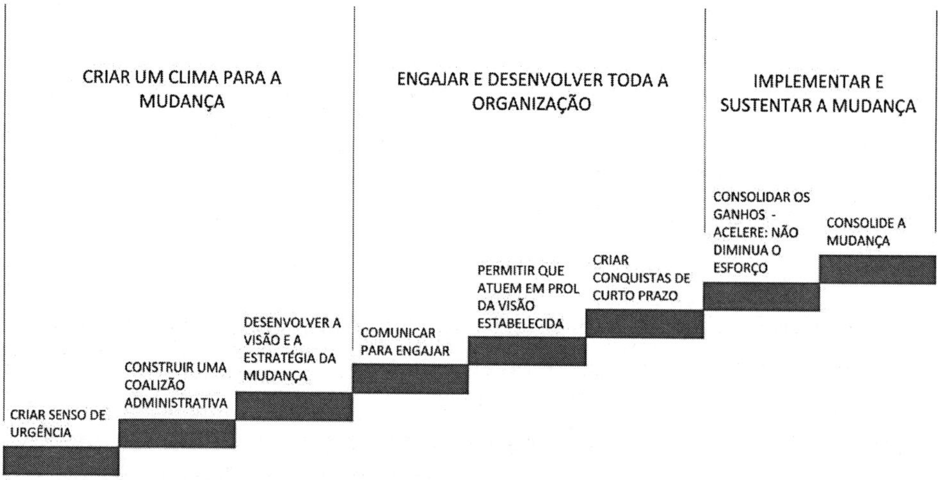

Figura 3.2. Três etapas e oito passos para liderar a mudança.
Fonte: elaborado com base na teoria de John Kotter (2013)

O processo em oito passos para liderar a mudança é uma metodologia proposta por Kotter que tem sido elaborado continuamente e aplicado em diversas organizações. (KOTTERINC.COM). Seguem os oito passos:

1. **Criar senso de urgência.** Ajude outras pessoas a ver a necessidade de mudança por meio de uma declaração de oportunidade ousada e aspiracional que comunica a importância de agir imediatamente.
2. **Construir uma coalizão administrativa.** Um exército voluntário precisa de uma coalizão de pessoas eficazes – nascidas de suas próprias fileiras – para guiá-lo, coordená-lo e comunicar suas atividades.
3. **Desenvolver a visão e a estratégia da mudança.** Esclareça como o futuro será diferente do passado e como você pode torná-lo realidade através de iniciativas ligadas diretamente à visão.
4. **Comunicar para engajar.** Mudanças em larga escala só podem ocorrer quando muitas pessoas se reúnem em torno de uma oportunidade comum. Elas devem estar engajadas para conduzir a mudança – movendo-se na mesma direção.
5. **Permitir que atuem em prol da visão estabelecida.** A remoção de barreiras, como processos e hierarquias ineficientes, oferece a liberdade necessária para trabalhar entre silos e gerar impacto real.
6. **Criar conquistas de curto prazo.** As vitórias são ingredientes para manter o engajamento. Elas devem ser reconhecidas, coletadas e comunicadas – de imediato e frequentemente – para a equipe acompanhar o progresso e ser incentivada a persistir.

7. **Consolidar os ganhos – acelere: não diminua o esforço.** Pressione com mais força após os primeiros sucessos. Sua crescente credibilidade pode melhorar sistemas, estruturas e políticas. Seja implacável ao iniciar mudanças após mudanças até que a visão proposta seja uma realidade.
8. **Consolide a mudança.** Articule as conexões entre os novos comportamentos e o sucesso organizacional, garantindo que eles continuem até que se tornem fortes o suficiente para substituir velhos hábitos.

Por estar no mercado em aprimoramento contínuo há mais de quatro décadas, esse é um dos modelos mais conhecidos. Mas vamos apresentar resumidamente outros dois.

Teoria U – Otto Scharmer

Outro modelo que merece destaque é a Teoria U, proposta por Otto Scharmer, professor do MIT (*Massachusetts Institute of Technology*).

A Teoria U se propõe a ajudar a implementar mudanças e a aumentar a produtividade em organizações diversas. Funciona como uma espécie de passo a passo com etapas que fazem parte de uma jornada com começo, meio e fim (Figura 3.3).

Para Scharmer, a liderança de sucesso depende da "qualidade da atenção e da intenção" de um líder em cada situação, o que emana de um espaço interior a partir do qual age. Essa predisposição individual aparece refletida, por exemplo, nas formas de escutar e se envolver com o outro, com o ambiente e com a situação.

Dessa forma, o líder precisa estar com a mente e o coração abertos para conectar-se; entender seu propósito e conectar-se com ele; realizar, integrando cabeça, coração e mãos; convocar e envolver os atores corretos na cocriação do novo.

Para Scharmer, o processo de mudança envolve toda a equipe e passa não só por habilidades do líder, mas por cinco etapas bem definidas, que vão desde a construção de objetivos comuns, passando por sentir e observar, estar presente conectado com o que efetivamente está acontecendo, cocriação que envolva os atores certos até chegar a um novo *status quo*, como pode ser visto na parte externa do U representado na Figura 3.3. Tudo isso deve partir do princípio de que os indivíduos se livrem dos padrões do passado.

Na área interna ao U, podemos observar as sete habilidades necessárias ao líder em um momento de mudanças, conforme proposto por Scharmer (2017).

**Figura 3.3. Teoria U: representação das etapas e habilidades necessárias à mudança.
Fonte: elaborado a partir de Scharmer (2017).**

Para Scharmer, o ouvir é estabelecido em diversos níveis, como: confirmar informações que você já sabe; para identificar fatos, dados novos ou falsos; criar empatia a partir de um diálogo real e cuidadoso; e permitir uma conexão em uma esfera mais profunda além das palavras.

Essas formas de escuta estão interligadas com as três habilidades seguintes: observar (prestar atenção com a mente aberta), sentir (conectar-se com o coração) e estar presente (conectar-se com o nível mais profundo de seu ser e de sua intenção).

O estar presente é um exercício contínuo e uma das habilidades mais difíceis hoje em dia, com as muitas demandas digitais às quais se está sujeito.

A seguir têm-se mais três habilidades: cristalizar (conseguir impulso suficiente de um pequeno grupo de pessoas comprometidas e com propósito claro), prototipar (integrar cabeça, coração e mãos) e realizar (convocar a equipe correta e atuar para fazer as coisas acontecerem).

HCMBOK (*Human Change Management Body of Knowledge*) proposto pelo HUCMI (*Human Change Management Institute*)

O modelo proposto no HCMBOK (GONÇALVES; CAMPOS, 2016) está estruturado nas etapas: iniciação e planejamento; aquisição; execução; implantação; encerramento e produção.

Esta metodologia é decomposta em processos e orientações relevantes para o acompanhamento dos líderes da transformação.

> **O que propomos seria um modelo que consolida as diversas teorias apresentadas.**

Sonia Lopes (2019) defende um modelo de mudança de cultura organizacional construído a partir do proposto por John Kotter (8 passos para Liderar a Mudança), por Otto Scharmer (Teoria U) e pelo HUCMI (*Human Change Management Institute*).

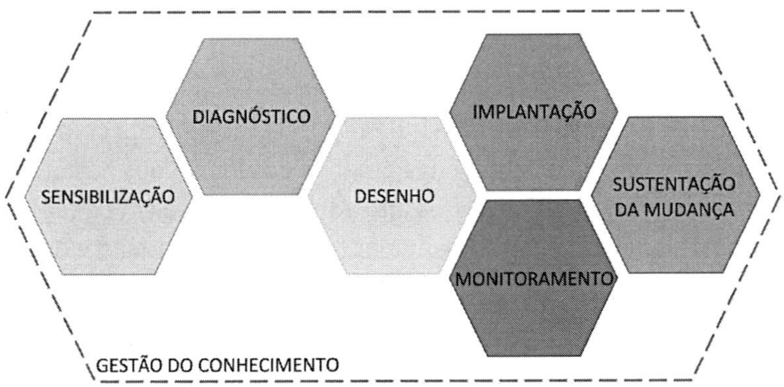

Figura 3.4. Sugestão de modelo para transformação cultural.
Fonte: *slides* da palestra de Sonia Lopes sobre "Gestão de mudanças e projetos" (2019).

O modelo anterior considera as seguintes etapas:

- ✓ A **sensibilização** dos envolvidos no processo, etapa que deve gerar o engajamento dos indivíduos desde o início da transformação e para obter sua participação efetiva durante o diagnóstico. A sensibilização, como ação, deve ocorrer ao longo de toda a transformação.

- ✓ O **diagnóstico** deve, pelo menos, mapear onde estamos, aonde queremos chegar e quais as ameaças identificadas inicialmente.
- ✓ O **desenho** é o plano de como chegaremos aonde queremos. Podemos trabalhar a partir da visão geral, detalhando-a em conjunto com a **implantação** e o **monitoramento** de forma iterativa.
- ✓ Ao final, ocorre a **sustentação da mudança** em uma etapa de operação assistida em que há a verificação se o novo *status quo* foi estabelecido.

Um ponto relevante neste modelo é a preocupação com a **gestão do conhecimento**, já que as experiências anteriores podem ajudar a construir soluções mais adequadas.

Resistências à mudança

A implantação de uma mudança (de qualquer tipo e porte) está sujeita a forças, internas e externas, impulsionando para que a mudança aconteça ou criando barreiras. Hoje já existe a consciência de que uma iniciativa (ação, projeto) que leva a algum tipo de mudança só terá sucesso se for estruturada desde o início considerando boas práticas de gestão de mudanças e as resistências que podem surgir. Não as considerar e depois simplesmente dizer que não deu certo porque as pessoas foram resistentes é amadorismo.

Quando entendemos as origens das resistências à mudança é mais fácil lidar com elas e construir antídotos. O trabalho, de modo geral, começa com uma boa comunicação (clara e direta) e com o engajamento dos indivíduos nos diversos níveis hierárquicos, conseguindo patrocínio da alta administração, além de ter facilitadores dos processos de envolvimento apoiando as pessoas na transição e demonstrar os ganhos com a implantação do novo *status quo*. Essas são algumas das boas práticas para lidar com as resistências.

Quando os indivíduos se sentem seguros, se engajam mais facilmente com princípios ágeis, como: aprender com o erro, errar rápido para aprender rápido, dar e receber *feedback*; e também transitam melhor por um processo de transformação de cultura organizacional.

No caso das organizações ágeis, também espera-se que a cultura valorize a criatividade, desenvolva estruturas menos hierarquizadas compostas por equipes colaborativas, auto-organizáveis ou autogerenciáveis, processos participativos de cocriação (inclusive com clientes e fornecedores), tolerância ao fracasso, capacidade de questionar continuamente seus paradigmas organizacionais para reagir rapidamente aos imprevistos e ameaças não identificadas e, especialmente a capacidade de gerir as mudanças radicais que estarão por vir (GONÇALVES; CAMPOS, 2016). Se queremos tudo isso, nada mais natural que haja o envolvimento e a participação de todos na implantação da nova cultura.

As mudanças individuais ou corporativas dependem das pessoas e devem ser abordadas de forma estratégica. Os diversos modelos apresentados podem ser úteis e se aplicados podem ajudar bastante para chegar a uma nova cultura com base em valores ágeis, e que essa cultura esteja preparada para absorver novas mudanças. Afinal, o mundo continua girando.

4. Estrutura hierárquica/estruturas organizacionais (vertical *versus* horizontal)

Maria Heloiza Rodrigues Magrin

Toda atividade coletiva com intuito de gerar um resultado, desde os primórdios quando o homem saía para a caça em grupos, demanda um esforço organizacional. Com o passar do tempo, conforme a sociedade se organizou em famílias, grupos, comunidades e cidades, essa organização do trabalho foi evoluindo e foram aparecendo as organizações em especializações e os rótulos.

No início da era industrial, essa organização passou a ter uma atenção maior, sendo foco de estudos para o aumento da produtividade e competitividade nas empresas. O mais conhecido estudioso desse tema foi Adam Smith, considerado o pai da economia moderna. Considerado também o mais importante teórico do liberalismo econômico do século XVIII, ele analisou em seu livro, "A riqueza das nações" (SMITH, 2017), a divisão do trabalho por especialização como um fator evolucionário poderoso para propulsionar a economia.

Ao longo do tempo diversas formas de estruturas de trabalho foram criadas, e até hoje as organizações que possuem alguma forma de estrutura organizacional definida, de forma a engajar seus colaboradores, possuem mais produtividade que as organizações semelhantes e de mesmo tamanho que não possuem essa estrutura definida e conhecida. Uma estrutura organizacional bem definida é uma das principais chaves para o sucesso das organizações.

Para que a estrutura organizacional seja efetiva, ela precisa ser aderente aos valores da empresa, representando a missão e a visão, que declaram o que a empresa faz, para quem ela faz, quais são seus diferenciais e como ela faz para se manter competitiva.

Ao ser definida uma estrutura organizacional, um dos pontos importantes é a sua escalabilidade, pois a estrutura não muda de acordo com os novos produtos ou mercados. Uma estrutura organizacional só é reestruturada se a empresa resolver se reinventar e se reorganizar por completo, revendo sua missão, visão e principalmente a forma de atuar para entregar seus resultados. Essa mudança exige um esforço enorme da empresa e de todos os seus colaboradores.

A estrutura organizacional, independentemente do modelo que seja adotado pela organização, representa a divisão do trabalho a ser feito por todos os colaboradores, e hoje podemos dizer por todos os componentes da empresa, ou seja, tudo que envolve a cadeia de valor dos resultados que as empresas se propõem a entregar.

O maior benefício que uma estrutura organizacional traz para uma empresa é mostrar para os colaboradores seu papel e sua responsabilidade através de:

- ✓ melhor identificação das tarefas necessárias;
- ✓ melhor gestão do tempo;
- ✓ boa organização de funções e responsabilidades;
- ✓ mais informações, recursos e *feedbacks* aos colaboradores;
- ✓ medidas de desempenho compatíveis com os objetivos;
- ✓ propósito para atuar.

Uma das grandes contribuições para a criação dos modelos de estruturas organizacionais da forma tradicional que conhecemos ainda hoje é a teoria clássica da administração, que surgiu na França em 1916 com Henri Fayol. Essa teoria valoriza a estrutura organizacional, através da visão do Homem Econômico e da busca da máxima eficiência. Essa teoria tem como alicerce 14 princípios: divisão do trabalho, autoridade, responsabilidade, unidade de comando, disciplina, prevalência dos interesses gerais, remuneração, centralização, hierarquia, ordem, equidade, estabilidade dos funcionários, iniciativa e espírito de equipe. A teoria clássica é totalmente comando e controle.

A outra teoria que influencia a estrutura organizacional tradicional até hoje é a teoria da administração científica, criada pelo americano Frederick Winslow Taylor e divulgada em 1903 no seu livro "Administração de Oficinas". Essa teoria dá maior ênfase às tarefas realizadas pelos operários como forma de elevar o nível de produtividade, conseguindo que o trabalhador produzisse mais em menos tempo.

Taylor introduz o estudo dos tempos e movimentos, e que os operários deveriam ser escolhidos com base em suas aptidões para a realização de determinadas tarefas, e que fossem treinados para que executassem o trabalho da melhor forma possível em menos tempo. Taylor também defende que a remuneração do trabalhador deve ser feita com base na produção, como forma de incentivo para produzir mais.

No seu segundo livro, "Princípios de Administração Científica", publicado em 1911, Taylor define os princípios da teoria da administração científica: princípio de planejamento, princípio de preparo dos trabalhadores, princípio da execução, desenho de cargos e tarefas e padronização. Vários estudiosos e diferentes formas de estruturas organizacionais surgiram ao longo do tempo, mas, como pode ser visto nos princípios e definições das teorias citadas, estas foram as grandes influenciadoras de princípios que são seguidos até hoje.

As estruturas organizacionais, principalmente as tradicionais, são representadas graficamente através dos organogramas. São sete as estruturas mais utilizadas:

- ✓ **Linear:** baseada na autoridade linear. A autoridade linear é uma decorrência do princípio da unidade de comando: significa que cada superior tem autoridade única e absoluta sobre seus subordinados.
- ✓ **Funcional:** a empresa deve ser departamentalizada, ter um órgão administrativo e demais departamentos funcionais por especialidades: produção, finanças, marketing, contábil, etc., e cada funcionário deve responder a um único chefe (unidade de comando).
- ✓ **Linha-*staff*:** é o resultado da combinação dos tipos de organização linear e funcional, isto é, constituída pela combinação de características dos dois tipos.
- ✓ **Divisional:** é formada por divisões separadas e autossuficientes. Cada divisão é responsável por um produto ou serviço de acordo com os objetivos organizacionais.
- ✓ **Matricial:** usada em empresas que trabalham por projetos. Significa que cada colaborador tem dois chefes, o do departamento ao qual se encontra e o chefe do projeto em que está alocado.
- ✓ **Colegiado:** no lugar do chefe, existe um comitê com vários membros de diferentes especialidades ou departamentos, uma comissão, preservando a unidade de decisão e direção, que representa a vontade da maioria e faz cumprir a decisão do colegiado.
- ✓ **Redes:** estruturas organizacionais horizontais, descritas a seguir.

Teoria organizacional horizontal

> *Qualquer companhia desenhada para ter sucesso no século XX está destinada a fracassar no século XXI.*
>
> *David Rose*[1]

[1] Citado no livro "Gestão do Amanhã" (MAGALDI; NETO, 2018, p. 61).

A teoria organizacional horizontal visa reduzir os níveis hierárquicos da estrutura organizacional a praticamente um só. A redução dos níveis hierárquicos contribui para aproximar o processo decisório das operações e, dessa forma, acelerar a capacidade de resposta da organização para seus clientes. Essa teoria visa alcançar o maior potencial de contribuição de todos os colaboradores da organização através de maior autonomia e liberdade, o que é mais difícil de ocorrer nas organizações que seguem estruturas mais tradicionais, uma vez que a responsabilidade é assumida pelas lideranças, não sendo compartilhada em todas as camadas, o que diminui o comprometimento dos que não se sentem envolvidos no processo decisório.

Entre as principais vantagens de adotar a gestão horizontal estão:

- ✓ Equipe versátil e plurivalente.
- ✓ Colaboradores interessados.
- ✓ Decisões tomadas de forma mais rápida.
- ✓ Melhor custo-benefício para a empresa.
- ✓ Trabalhos feitos de forma colaborativa.
- ✓ Maior agilidade dos colaboradores.

A gestão horizontal dá à empresa uma certa emancipação, pois faz com que os processos internos se tornem mais eficazes, o que pode refletir positivamente no ambiente externo.

Não ter a necessidade de prestar contas diretamente a um gerente não significa desorganização. O diferencial da gestão horizontal é investir o suficiente na capacitação de funcionários para que eles sejam capazes e tenham conhecimento pleno de como tomar as melhores decisões para executar as suas tarefas da melhor maneira possível.

Adotar uma estrutura horizontal é um desafio muito grande, pois todas as pessoas envolvidas precisam ter o pensamento e o comportamento de compartilhamento e respeito. Participar de uma estrutura organizacional horizontal exige que todos respeitem a opinião dos outros e abram mão das suas ideias em favor das ideias que mais agregam valor à organização como um todo. Por conta desta e de outras dificuldades é que muitas organizações utilizam modelos intermediários, adotando algumas práticas da teoria organizacional horizontal e avançando na horizontalização conforme for treinando as pessoas e ganhando maturidade nos passos dados.

Segundo Jacob Morgan, em seu livro "The Future of Work: attract new talent, build better leaders, and create a competitive organization" (2014), além da estrutura organizacional hierárquica existem quatro tipos de estruturas horizontais, descritos a seguir.

Ao contrário da hierarquia tradicional, que normalmente vê a comunicação unidirecional e todos no topo com todas as informações e poder, em uma **estrutura horizontalizada** a visão é "mais plana" e procura abrir as linhas de comunicação e a colaboração com sentido bidirecional enquanto remove as camadas da organização. Este é o modelo inicial de horizontalização para o qual a maioria das grandes organizações em todo o mundo está se movendo.

Ainda existe alguma forma de hierarquia nesse modelo, mas não é necessariamente ruim, pois há um forte foco em comunicação e colaboração, melhorando a experiência dos funcionários, desafiando o *status quo* em torno dos modelos de gerenciamento tradicionais e assim por diante. Mas em vez de reinventar completamente toda a empresa e introduzir uma nova estrutura e abordagem radical para o trabalho, ela obtém resultados semelhantes em um prazo muito mais curto e com muito menos esforço e alocação de recursos.

É importante ressaltar que esse tipo de modelo não pode existir sem alguns pontos cruciais:

- ✓ Um conjunto robusto de tecnologias que atuam como o sistema nervoso central para a colaboração entre todos.
- ✓ Compreensão por parte de executivos e gerentes de que os funcionários não precisam trabalhar na sua empresa; eles devem querer trabalhar lá, e, como resultado, tudo deve ser projetado em torno desse princípio.
- ✓ Compreensão de que os gerentes existem para apoiar os funcionários e não vice-versa. Isso também significa que os líderes seniores se concentram em reduzir o poder da autoridade para outras pessoas, em vez de diminuir a informação e a comunicação.
- ✓ A organização deve aceitar que a maneira como trabalhamos está mudando e, portanto, deve se sentir confortável com coisas como: acordos de trabalho flexíveis, livrar-se das avaliações anuais dos funcionários e descontinuar outras maneiras desatualizadas de trabalho.

Estrutura horizontal seria uma estrutura organizacional totalmente horizontal. Significa que não há nome para os cargos, nem cargos de gerentes e executivos, todos são vistos como iguais. Organizações com essas características também são chamadas de organizações **autogerenciadas**.

Estrutura falso horizontal são organizações que possuem uma estrutura mista, entre a estrutura hierárquica dominante e equipes que trabalham com estruturas horizontais, que normalmente são utilizadas em incubadoras internas de inovação.

Por fim, temos a **Holocracia**, cujo objetivo básico é permitir a tomada de decisão distribuída, dando a todos a oportunidade de trabalhar no que fazem de melhor. Ainda existe alguma forma de estrutura e hierarquia, mas ela não se baseia tanto em pessoas quanto em círculos ou no que a maioria das pessoas pensaria como departamentos. As informações são abertamente acessíveis e os problemas são processados dentro da organização durante reuniões especiais e contínuas.

Uma gestão não tem a necessidade de ser complexa para ser eficiente. Na verdade, quanto mais simples, melhor para todos os colaboradores. Michael Gerber indica em seu livro, "O Mito do Empreendedor" (2011), que as divisões e os departamentos das empresas devem se comportar como se fossem franquias, mesmo que elas não sejam realmente uma franquia, cada uma assumindo a responsabilidade pelo fluxo completo do processo naquela unidade. Quebrar o todo em pequenas partes é mais fácil de administrar e principalmente de dar autonomia a cada parte da organização. O grande ponto de atenção é que não haja sobreposição, ou seja, mais de uma pessoa ou área tomando decisões diferentes para o mesmo problema a ser resolvido. Dessa forma, quanto mais um negócio for transparente e acreditar em seus colaboradores a ponto de deixar que eles tomem as decisões, mais dinâmica e atraente para o público isso pode ser.

A horizontalização da hierarquia não é uma coisa tão nova. Desde os anos 1960 há práticas de gestão mais flexíveis sendo implementadas no mundo. O modelo chegou ao Brasil nos anos 1980, época em que Ricardo Semler fundou a Semco, uma das primeiras empresas a implementar um modelo horizontalizado de gestão.

Um dos *cases* mais conhecidos no Brasil é o da Vagas.com, empresa de recrutamento *on-line* que implementou a gestão horizontal de forma radical no Brasil. Nela não há nenhum nível hierárquico, todas as decisões são tomadas por consenso e não existem metas financeiras, nem para a área comercial, segundo Mário Kaphan, o fundador, que acredita que empresas focadas em resultado financeiro estão desperdiçando energia.

Grandes empresas multinacionais se baseiam no formato de gestão horizontal, como Netflix, Google, Grupo Ideal Trends e Tesla.

A Netflix, assim como a Google, tem uma gestão parcialmente horizontal que ficou famosa quando, em 2009, Patty McCord, então *Chief Talent Officer*, Reed Hastings, cofundador e CEO da empresa, e mais alguns colegas fizeram uma apresentação chamada "Netflix Culture: Freedom & Responsability" (HASTINGS, 2009) explicando a cultura da empresa. Sheryl Sandberg, COO do Facebook, declarou que este era o documento mais importante do Vale do Silício de todos os tempos.

A estrutura organizacional do Facebook Inc. pode ser descrita como híbrida e combina certos elementos de estruturas organizacionais hierárquicas e de divisões horizontalizadas. Com mais de 12.600 funcionários em todo o mundo, a estrutura organizacional hierárquica de Facebook integra vários níveis de comando. Do CEO Mark Zuckerberg a programadores e designers comuns, existem divisões baseadas em produtos e equipes globais que focam produtos específicos, como Facebook, Instagram, Messenger, WhatsApp e Oculus. As equipes baseadas em produtos também se envolvem no desenvolvimento e aprimoramento de uma ampla gama de serviços oferecidos pela empresa. Por exemplo, serviços como Perfil, *Feed* de notícias, Messenger, Grupos e Eventos oferecidos no site de redes sociais do Facebook são o resultado do trabalho realizado pelas divisões baseadas em produtos.

A grande diferença entre organizações que possuem estruturas organizacionais hierárquicas e as que possuem estruturas organizacionais horizontais está nos princípios e valores que acreditam e seguem.

As organizações estruturadas de forma hierárquica acreditam que para ter sucesso elas precisam tomar boas decisões e estar no controle de tudo que acontece através da sua camada de gerentes e executivos, enquanto as organizações horizontais acreditam que elas terão sucesso através do conjunto dos colaboradores, e para isso precisam passar para todos uma visão clara dos seus objetivos e apoiá-los para alcançar a meta através de seus próprios esforços e decisões.

5. Transgeracionalidade

Stella Souto
Cristina Garcia Moreira

Nos últimos anos, o país experimentou uma melhora em diversas áreas como a medicina, o saneamento básico, a alimentação, a educação, entre outras. Com a melhora na qualidade de vida veio também o aumento na expectativa de vida. A figura a seguir ilustra essa tendência entre 1940 e 2018:

Figura 5.1. Expectativa de vida do brasileiro ao nascer.
Fonte: adaptado de Gutierrez; Silveira (2019).

Esse aumento na expectativa de vida leva as pessoas a serem economicamente ativas por mais tempo e, consequentemente, a estenderem sua participação no mercado de trabalho, ou seja, as pessoas se tornam produtivas até mais tarde. Por conta disso, cada vez mais gerações coexistem nos locais de trabalho. Hoje em dia chegamos a encontrar até cinco gerações compartilhando um mesmo escritório. Porém, as trocas entre essas gerações ainda são vistas como um grande desafio que o mercado e os líderes precisam enfrentar para se adequar a essa nova realidade.

Primeiro é necessário conhecer quais gerações estão compartilhando os espaços de trabalho no momento atual:

- ✓ **Veteranos (1927-1944):** a maioria já está aposentada, mas alguns permanecem no mercado de trabalho. Já passaram por muitas crises econômicas e tendem a ter uma personalidade mais inflexível. Preferem uma hierarquia mais rígida e conservam a mentalidade de passar muitos anos na mesma empresa.
- ✓ ***Baby boomers* (1945-1960):** nascidos da explosão demográfica após a Segunda Guerra Mundial, sofreram a influência da disseminação da grande mídia, especialmente o rádio e a televisão, e de movimentos como o feminismo, a luta pela igualdade racial e sexual. Como funcionários, são assíduos e prezam a estabilidade, permanecendo muitos anos na mesma empresa, na maioria das vezes no mesmo cargo.
- ✓ **Geração X (1961-1980):** foram os primeiros a pensar que "a empresa não é tudo". Valorizam a hierarquia, mas preferem as menos rígidas. Estão no auge da carreira, esperam mais reconhecimento profissional e, para isso, não necessariamente têm de estar dentro de um escritório. São ativos, dinâmicos, pensam em empreender.
- ✓ **Geração Y (1981-2000):** também são chamados de *millenials,* já entraram no mercado de trabalho com domínio da tecnologia, enquanto seus antecessores precisaram ser treinados para lidar com ela. São informais e globalizados e acham que a empresa deve se moldar ao indivíduo, não o contrário.
- ✓ **Geração Z (a partir de 2001):** esta geração tem conectividade espontânea com o mundo virtual. Não conhecem o mundo sem tecnologia e a utilizam no dia a dia, não só no trabalho. A partir de 2019 iniciam a sua carreira profissional nas empresas por meio de estágios. Por cultivarem relações extremamente superficiais, é desafio da gestão da empresa pensar em como as interações vão se dar com a entrada dessa geração no mercado de trabalho.

Quais são os principais desafios dos líderes com relação à transgeracionalidade no ambiente de trabalho?

Cada geração tem maneiras diferentes de responder aos obstáculos do dia a dia. Portanto, o maior desafio do líder está em promover a comunicação e a colaboração entre os times. Além disso, é necessário distribuir as tarefas tendo em mente demandas não homogêneas de forma a manter motivados os variados grupos de gerações e ainda assim não perder de vista os objetivos da empresa.

Para superar os desafios do conflito de gerações no mercado de trabalho, seguem dicas importantes aos líderes.

Abandone os estereótipos e as generalizações

Cada geração possui ideias preconcebidas sobre as demais no mercado de trabalho e isso não é nada saudável. O líder que trabalha com a transgeracionalidade deve entender muito bem como essa dinâmica se opera no dia a dia e estar atento aos focos de conflito gerados por esses estereótipos.

Acima de tudo, estamos lidando com indivíduos que, independentemente de sua geração, têm suas necessidades e objetivos e devem ser tratados com equidade.

Encontre um terreno comum

Quando se trata de transgeracionalidade, o líder não deve focar apenas nas diferenças entre as gerações, é preciso reforçar o que elas têm em comum, embora isso não seja uma tarefa fácil.

Apontar os objetivos das tarefas e explicar os ganhos tanto individuais quanto para a empresa pode ser um grande fator motivador para unir todos os colaboradores em torno da mesma atividade ou projeto.

Quando todos trabalham com propósito, se satisfazem como indivíduos, se unem como grupo e criam uma identidade única e difícil de ser dissolvida. A transparência da liderança agrega valor ao time e deixa todos cientes das decisões que precisam ser tomadas e qual o papel de cada um nessa missão.

Apontar os benefícios evitará quaisquer sentimentos internos de favoritismo. Portanto, saiba envolver as pessoas em propósitos, e elas trabalharão mais e melhor.

Estimule a comunicação e a colaboração

A liderança tem em suas mãos uma solução potente para aumentar a cooperação entre membros de várias gerações em um mesmo time: as plataformas de comunicação *on-line*. Elas compreendem um espaço virtual em que o time inteiro pode compartilhar documentos e mensagens em tempo real uns com os outros e com isso minimizar o ruído de interpretação gerado pela diferença entre as formas que as diferentes gerações têm de se expressar.

A comunicação mediada pela tecnologia permite mais conexões. E são esses relacionamentos individualizados que, em última análise, ajudam a derrubar as barreiras geracionais. Estimular o engajamento nessas plataformas tende a reduzir as falhas de comunicação e aumentar a sinergia entre as equipes.

Invista em treinamento, aprendizagem e desenvolvimento profissional

Cada geração tem seus desafios. Veteranos e *baby boomers* têm preocupação com automação. A geração Y tem preocupação com a falta de formação necessária para o sucesso profissional. Mas a maior parte dos colaboradores é capaz de compreender a importância que o aprendizado contínuo tem na evolução de suas carreiras e na sua manutenção no mercado de trabalho.

Como líder, você deve buscar um ambiente propício para o que hoje chamamos *lifelong learning,* que nada mais é do que o aprendizado constante ao longo de toda a vida (mais detalhes no Capítulo 27). E dentro desse viés, você deve também promover oportunidades de capacitação voltadas a preencher as lacunas de cada uma das gerações que estão sob sua liderança de forma personalizada.

Organizações de sucesso enxergam a transgeracionalidade como uma oportunidade incrível de inovação. Uma força de trabalho diversificada com diferentes faixas etárias contribui para ampliar seu público-alvo e, quando bem aproveitada, constitui um ativo que confere uma grande vantagem competitiva sobre os concorrentes.

Case: comunidade de metodologias ágeis – *Agile* 40+

Se há alguns anos as pessoas maiores de 30 anos eram consideradas "velhas" para o mercado de trabalho, hoje em dia a faixa de obsolescência se estendeu para os 40 anos. O conceito de "prazo de validade" no mercado de trabalho, no entanto, ainda não foi abandonado.

De olho nessa lacuna entre vida economicamente ativa e tendência do mercado em absorver profissionais mais maduros, algumas iniciativas já surgem para incluir maiores de 50 anos em postos de trabalho. Apesar de bem intencionadas, a maior parte delas é voltada para o empreendedorismo. A tendência é incentivar o profissional a se reinventar para retornar ao mercado como consultor, dono de franquias, palestrante, mentor, entre outros. Para o caso de pessoas sem a mentalidade empreendedora, e não há nada de errado nisso, a dificuldade de recolocação e valorização profissional persiste.

Nesse panorama, a faixa etária de 40 a 49 anos experimenta uma espécie de "limbo", sendo muito "velhos" para empregos formais no mercado de trabalho e muito "jovens" para iniciativas empreendedoras geradas por programas de incentivo.

Foi para fechar essa lacuna e oferecer mais visibilidade a essa faixa etária que em maio de 2019 foi criada a Comunidade Agile 40+. Desempregada e com 43 anos à época, sua fundadora Stella Souto entendeu que grande parte da dificuldade que sentia para se recolocar, apesar de qualificada e experiente, se dava pela idade considerada "avançada" por muitas empresas. As alegações iam desde a impossibilidade de pagar o alto salário que um profissional sênior requer até o fato de algumas empresas modernas acharem que este profissional não se adequaria a uma cultura mais jovem.

A exemplo de muitas comunidades que trabalham com segmentação de mercado, a Agile 40+ lançou seu olhar para os profissionais entre os 40 e 49 anos com a intenção de mostrar que não há motivos para desprezar essa faixa etária, visto que esses profissionais estão ativos e se atualizando, além de ainda serem jovens o suficiente para acompanhar novas tendências tecnológicas e também comportamentais.

Nos encontros, a troca de conhecimentos é realizada através de palestras (*talks*) e rodas de conversas com profissionais da área. Os membros que assistem a essas palestras são encorajados a escolher um tema de sua preferência, relacionado a métodos ágeis ou a alguma vivência profissional e a dividir com o grupo. É uma experiência enriquecedora para quem assiste e também para quem compartilha.

6. *Mindset* ágil

Maria Heloiza Rodrigues Magrin

Como já citado nos capítulos anteriores, o mundo passa por um período de mudanças em um ritmo nunca antes visto. Essa mudança é sem dúvida influenciada pelos avanços tecnológicos, mas não é apenas uma mudança tecnológica; é uma mudança impulsionada pela tecnologia que atinge a forma de ser e de agir das pessoas e das organizações, exigindo um esforço grande de adaptação e flexibilidade de todos.

Cada um tem uma forma de reação aos acontecimentos, e isso está diretamente ligado a um conjunto de fatores que nos identificam como organismos únicos. Há muito tempo estudiosos do comportamento humano vêm pesquisando os tipos de influências que diferenciam os indivíduos, desde a composição biológica até os fatos marcantes e a influência do meio.

Os estudos mais recentes englobam todos esses fatores e os classificam nos chamados modelos mentais ou atitudes mentais, *mindsets*. Segundo Daniel Goleman, autor do *bestseller* "Inteligência Emocional" (1997), "modelos mentais são as formas pelas quais os humanos organizam e dão sentido às suas experiências". Com base nessas definições podemos entender *mindset* como as características da mente humana que vão determinar os pensamentos, comportamentos e atitudes dos seres humanos. Extrapolando para as organizações, trata-se dos valores que guiarão os comportamentos e atitudes das pessoas que delas participam.

A professora e pesquisadora Carol S. Dweck, em seu livro "Mindset: a nova psicologia do sucesso" (2017), classifica dois tipos principais de *mindset*:

- ✓ ***Mindset* fixo** acredita que suas qualidades são imutáveis, cria a necessidade constante de provar a si mesmo seu valor.
- ✓ ***Mindset* de crescimento** se baseia na crença de que você é capaz de cultivar suas qualidades básicas por meio de seus próprios esforços.

O mais importante conceito preconizado por Carol Dweck (2017) é que nada está escrito em pedra. Existe, sim, uma tendência maior para um ou outro modelo que influenciará as reações e atitudes de cada um, mas com estudo e prática é possível alcançar um equilíbrio que ajudará na busca por progresso e sucesso. Para isso é preciso vontade e persistência.

Um dos grandes influenciadores da mentalidade que impulsiona a mudança nesse período de transformação é o Manifesto Ágil, que é a base para todos os *frameworks*, metodologias, ferramentas e práticas ágeis disponíveis. Mesmo as adequações feitas em metodologias ou práticas já existentes, para se adequarem ao movimento ágil, como *Lean* e *Kanban*, têm como foco utilizá-los através dos princípios e valores descritos no Manifesto Ágil (2001) e nos pilares do *Scrum*.

Manifesto Ágil – valores:

- ✓ **Indivíduos e interações** mais que processos e ferramentas
- ✓ **Software em funcionamento** mais que documentação abrangente
- ✓ **Colaboração com o cliente** mais que negociação de contratos
- ✓ **Responder a mudanças** mais que seguir um plano

Ou seja, mesmo havendo valor nos itens à direita, valorizamos mais os itens à esquerda.

Tabela 6.1. Os 12 princípios do manifesto ágil de desenvolvimento de software. Fonte: adaptado de BECK et al, 2001.

Nossa maior prioridade é satisfazer o cliente através da entrega contínua e adiantada de software com valor agregado.	Software funcionando é a medida primária de progresso.
Mudanças nos requisitos são bem-vindas, mesmo tardiamente no desenvolvimento. Processos ágeis tiram vantagem das mudanças visando vantagem competitiva para o cliente.	Os processos ágeis promovem desenvolvimento sustentável. Os patrocinadores, desenvolvedores e usuários devem ser capazes de manter um ritmo constante indefinidamente.
Entregar frequentemente software funcionando, de poucas semanas a poucos meses, com preferência à menor escala de tempo.	Contínua atenção à excelência técnica e bom design aumentam a agilidade.
Pessoas de negócio e desenvolvedores devem trabalhar diariamente em conjunto por todo o projeto.	Simplicidade – a arte de maximizar a quantidade de trabalho não realizado – é essencial.
Construa projetos em torno de indivíduos motivados. Dê a eles o ambiente e o suporte necessário e confie neles para fazer o trabalho.	As melhores arquiteturas, requisitos e designs emergem de equipes auto-organizáveis.
O método mais eficiente e eficaz de transmitir informações para e entre uma equipe de desenvolvimento é através de conversa face a face.	Em intervalos regulares, a equipe reflete sobre como se tornar mais eficaz e então refina e ajusta seu comportamento de acordo.

É totalmente possível o uso de qualquer das ferramentas ou práticas ágeis em ambientes tradicionais, e isso não significa que a organização se tornou ágil. Para ser uma organização ágil, os princípios e valores do ágil, além dos pilares e valores do *Scrum*, devem estar incorporados no âmago da organização e das pessoas que a ela pertencem, criando o *mindset* ágil, que é evidenciado através da forma de pensar e agir das pessoas e dos valores praticados pela organização.

O Manifesto Ágil mudou o foco das organizações, antes centrado no produto e suas funcionalidades, para as pessoas, suas necessidades e expectativas. Essa revolução, que iniciou com a área de software, se estende hoje para todas as áreas produtivas e, inclusive, para a vida das pessoas.

Segundo Susan McIntosh (2019), "um *mindset* ágil é o conjunto de atitudes que sustentam um ambiente de trabalho ágil. Estas incluem respeito, colaboração, melhoria e ciclos de aprendizagem, orgulho na propriedade, foco na entrega de valor e capacidade de adaptação à mudança. Este *mindset* é necessário para cultivar equipes de alta performance, que, por sua vez, oferecem um valor incrível a seus clientes".

Conforme descrito no *Scrum Guide*, quando os valores de comprometimento (coragem, foco, abertura e respeito) são incorporados e vividos pela equipe *Scrum*, os pilares do *Scrum* de transparência, inspeção e adaptação ganham vida e constroem confiança para todos.

Em um ambiente em que a confiança e o respeito à opinião dos outros prevalecem, as pessoas têm coragem de arriscar e errar o quanto antes, favorecendo o aprendizado principalmente em ambientes complexos e disruptivos. Isso exige toda uma mudança comportamental das pessoas de todos os níveis da organização, principalmente das camadas de gestão.

Em organizações com *mindset* ágil:

- ✓ as chefias dão lugar às lideranças;
- ✓ a concorrência dá lugar à colaboração;
- ✓ sai o orgulho e entra a coparticipação;
- ✓ as críticas dão lugar ao incentivo;
- ✓ os erros passam a ser reconhecidos como forma de aprendizagem e evolução; e
- ✓ a confiança vigora em todos os níveis.

Uma grande contribuição para a visão de liderança em ambientes ágeis é dada pelo movimento *Modern Agile*, que resume em quatro princípios os pontos básicos do ágil, abrangendo todo o ecossistema envolvido:

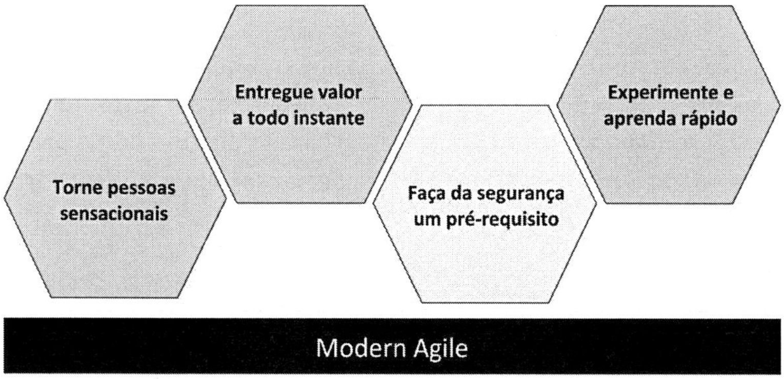

Figura 6.1. *Modern Agile*.
Fonte: adaptado de Modern Agile, s.d.

- ✓ **Torne pessoas sensacionais:** isso inclui as pessoas que usam, fabricam, compram, vendem ou financiam os produtos ou serviços. O importante é aprender o contexto e os pontos problemáticos, e o que os impede de alcançar o que aspiram.
- ✓ **Entregue valor a todo instante:** qualquer coisa que não seja entregue não está ajudando ninguém a se tornar mais incrível ou seguro. Na agilidade moderna, é feita a pergunta: "como um trabalho de valor pode ser entregue mais rapidamente?". A entrega de valor continuamente exige que sejam divididas grandes quantidades de valor em pedaços menores que podem ser entregues com segurança.
- ✓ **Faça da segurança um pré-requisito:** tornar ativamente a segurança um pré-requisito, estabelecendo-a antes de iniciar qualquer trabalho perigoso. Proteger o tempo, as informações, a reputação, o dinheiro, a saúde e os relacionamentos das pessoas. Fazer os esforços necessários para tornar as colaborações, os produtos e os serviços resilientes e seguros.
- ✓ **Experimente e aprenda rápido:** não é possível tornar as pessoas incríveis ou tornar a segurança um pré-requisito se não houver aprendizado contínuo. Aprender rapidamente experimentando com frequência. Tornar os experimentos "seguros para falhar", por isso não pode haver medo de realizar mais experimentos. Quando ficar preso a uma ideia ou não estiver aprendendo o suficiente, considere isso um sinal de que é preciso aprender mais executando mais experiências.

O comportamento esperado de uma liderança ágil deve ser no sentido de apoiar e ajudar as pessoas e organizações em seu crescimento e adequação ao ambiente disruptivo e complexo que atuam para enfrentar os desafios dessa fase de transformação e crescimento em velocidade exponencial.

Mindset ágil é o conjunto de atitudes com base em respeito à opinião do outro que incentiva a colaboração de todos através da transparência e sustenta um ambiente de trabalho de confiança e crescimento, tanto para as pessoas como para as organizações, demonstrado no dia a dia pela forma de pensar, agir e se comportar de todo o ecossistema.

7. O papel dos executivos na transformação ágil e digital

Wesley de Sá Teles
Fernando Hannaka

A tecnologia da informação transformou as relações pessoais e comerciais com uma velocidade estrondosa, tornando rapidamente obsoletos muitos métodos de gestão implantados em grande parte das corporações. Especialistas e consultores de gestão estão constantemente alertando os executivos de todos os níveis sobre as mudanças nas relações trabalhistas e na forma como o trabalho e a prestação de serviços serão afetados nas próximas décadas com a adoção das tecnologias móveis conectadas à internet.

A inovação, aqui definida como uma ideação transformada em um produto ou serviço que possa ser comercializado, está democraticamente ao alcance de todos! Muitas ideias surgem de mentes criativas com poucas rodadas de ideação e prototipação. Consumidores já estão se acostumando a buscar em aplicativos móveis soluções para pequenas demandas diárias, que antes nem mesmo eram problemas.

Esse movimento de transformação tomou proporções inimagináveis ao redor do mundo. Inovação disruptiva é uma das melhores definições para os novos mercados que nascem com os novos produtos e serviços criados por empreendedores para suprir necessidades não atendidas pelas organizações públicas ou privadas. Em busca de soluções para pequenos e específicos problemas, esses empreendedores encontraram soluções eficientes ao aliar criatividade e tecnologia. Os resultados podem rapidamente alcançar a escala global e concorrer com grandes organizações e mercados preestabelecidos.

A forma como nos comunicamos foi drasticamente alterada com as redes sociais, aplicativos de mensagem instantânea e chamadas em vídeo. Estamos cada vez mais distantes fisicamente e mais pertos digitalmente. Um novo mundo, uma nova realidade, novos desafios.

Executivos de todos os níveis e áreas de atuação estão vivenciando essa transformação. Coordenadores de equipes estão organizando seus times para trabalharem de forma remota e autônoma. Gerentes estão se especializando em *business intelligence* e *analytics* para alinhar a estratégia com a execução. Para tomada de decisão, muitos diretores já se apoiam em projeções com ajuda de *machine learning* e inteligência artificial. Executivos *C-level* discutem como prosperar em um mercado no qual a inovação já não depende somente de investimentos financeiros, mas de boas ideias e grandes novidades.

Com base no exposto, podemos dividir a "**transformação**" em duas vertentes: **ágil** e **digital**. Nos próximos tópicos serão apresentados conceitos que o ajudarão na definição de papéis e estratégias, do ponto de vista executivo, para lidar com as profundas mudanças que a transformação ágil e digital exerce nas estruturas organizacionais.

Transformação ágil

Por transformação ágil podemos conceituar todo movimento organizacional para incentivar ciclos curtos de entregas através da participação efetiva de todos os envolvidos no desenvolvimento. Esse desenvolvimento deve ser sustentável, com revisões constantes, e sempre patrocinado pelos executivos.

Não se limita ao universo da tecnologia da informação, área na qual o **Manifesto Ágil** surgiu, mas pode ser aplicada em várias outras áreas com pequenas adaptações. Um time pode se organizar para alterar um processo industrial com aplicação dos conceitos de Manufatura Enxuta e reduzir o tempo e os custos de desenvolvimento de um produto. Um grupo de colaboradores de recursos humanos pode redesenhar todo o fluxo de contratação de colaboradores, reduzindo tempo com a eliminação de etapas ou processos desnecessários.

Nesse contexto, ágil não é única e exclusivamente sinônimo de rápido. É muito mais um estudo aprofundado de um problema com a participação de todos os envolvidos com o objetivo de otimizar um fluxo, processo ou produto. Esse estudo ocorre em rodadas semanais com cadência bem definida e é apoiado por metodologias como *Scrum, design thinking* e outras com características semelhantes. A proposta também inclui possibilitar a experimentação, criando possíveis soluções e aprendendo o mais rápido possível através de erros e acertos. Ao final de todo o processo obtém-se um resultado melhor que o anterior, com redução de custos, tarefas ou até mesmo com a criação de um produto totalmente novo, com tempo de entrega da solução menor que nos métodos tradicionais.

Transformação digital

Por transformação digital podemos conceituar o processo de mudança na estrutura organizacional de uma empresa na qual a tecnologia da informação tem um papel essencial. As mudanças são profundas e a tecnologia da informação é o principal agente de mudança.

Mas a transformação digital é um desafio de gestão muito mais do que um desafio de tecnologia. As grandes transformações digitais são conduzidas por executivos que buscam eficiência operacional em suas empresas, que nem sempre são bem-vindas. Quando conduzidas por executivos, o resultado da transformação digital pode criar produtos e serviços, novas empresas e até mesmo mudar por completo a estrutura atual de negócio.

Novos tempos, novos executivos

Por se tratar de transformações que envolvem mudanças organizacionais, espera-se dos executivos a liderança desse processo. A visão que os executivos devem trazer para o negócio envolve: análise do cenário econômico e concorrência, planejamento das metas, objetivo da transformação, coordenação da equipe, gestão do plano de ação e definição de indicadores de desempenho. Todos esses elementos são importantes para medir e acompanhar a transformação.

Liderar a transformação exige muita negociação com várias áreas da empresa com resistência à mudança. Algumas transformações, tanto ágil quanto digital, chegam a acabar com áreas inteiras, que são substituídas por processos inovadores. Negligenciar que muitos serão contra a mudança é um dos principais fatores de fracasso de projetos de transformação.

Como líder, um executivo deve desempenhar diversos papéis junto à empresa, à equipe e aos clientes que estão diretamente conectados nessa transformação. Dentre esses papéis podemos citar quatro como essenciais: **inovador, patrocinador, motivador e estratégico**.

Papel inovador

Um dos maiores papéis que um executivo pode assumir ao liderar um processo de transformação é o **inovador**. A inovação está ligada à criação de valor através de novos produtos e serviços. Um inovador busca constantemente melhorias nos processos internos, nos produtos e nos serviços, e a transformação ágil e digital é um excelente ingrediente nessa fórmula.

Um executivo inovador também é um visionário. Se essa visão estiver focada no cliente final, as chances de a inovação alcançar resultado em um curto espaço de tempo são grandes! Tanto colaboradores quanto clientes gostam de empresas inovadoras que continuamente atuam em alternativas para os problemas atuais. Se essa inovação for contínua, pode estar aí uma ótima oportunidade de sucesso!

Papel patrocinador

Outro grande papel que um executivo pode exercer na transformação ágil e digital é o de **patrocinador**. No mundo ágil as mudanças são bem-vindas! Mesmo que tardias, como consta no Manifesto Ágil. Assim, o executivo patrocinador deve exercer forte liderança sobre o time para que o processo de transformação seja sustentável.

Patrocínio não é só financeiro, apesar de ser muito importante. Temos o componente inovador que traz consigo a possibilidade de erro. Se o erro não for aceito pela alta administração, as equipes não encontram um terreno fértil para a criatividade. O conhecimento obtido através dos erros e acertos, quando gerenciado, possibilita inovar com maior confiança.

Outro patrocínio muito importante que um executivo pode agregar à transformação é com relação à mudança organizacional. Sem patrocínio para as equipes que estão na frente do processo de mudança, conflitos profundos e grandes discussões podem atrapalhar e até mesmo impedir o processo. Um executivo patrocinador levanta a bandeira da transformação junto com toda a equipe para que as mudanças ocorram, eliminando todas as barreiras que possam impedir o processo de avançar.

Papel motivador

Executivos buscam selecionar os melhores talentos. Profissionais com excelente formação técnico-acadêmica, anos de experiência de mercado, com vivência em diversos processos e passagem por outras grandes companhias. Qual o problema em deixá-los tomar decisões que irão beneficiar toda a organização?

Confiar na equipe e deixá-la decidir é um desafio para os executivos! Mas não se trata de cargo, hierarquia ou controle. Trata-se de confiança!

Colaboradores que trabalham para líderes que confiam em seu trabalho tendem a inovar mais em todos os processos da companhia. Times que podem se auto-organizar e decidir não aceitam problemas, gargalos ou erros no processo. Uma vez que eles aparecem, tratam logo de resolvê-los para que o fluxo permaneça contínuo.

Como executivo, seu papel como líder em organizações com times auto-organizáveis é justamente o **motivador** e não o operacional. É o de conduzir todos estrategicamente, empoderando as equipes para a tomada de decisões alinhadas com os objetivos da organização e a visão para o futuro.

Papel estratégico

Faz parte da rotina de todo executivo lidar com **estratégia**. Não existe uma estratégia melhor do que a outra. A melhor forma é encontrar respostas para perguntas pertinentes ao estado futuro que a organização deseja alcançar:

- ✓ Como a tecnologia pode agregar valor para clientes internos ou externos?
- ✓ Como é possível reduzir custos e despesas para agregar valor ao produto?
- ✓ Qual time estratégico pode ser reorganizado para entregar valor continuamente?

A transformação deve ter um objetivo claro para que a seleção de uma estratégia possa trazer os resultados esperados. Algumas estratégias são mais adequadas para a transformação digital do que para a transformação ágil. Outras podem alcançar as duas transformações, onde os impactos de sua implantação são ainda maiores.

Estratégias para transformação

O desafio do executivo é encontrar um conjunto de estratégias para trazer a essência da transformação ágil e digital para sua organização. A seguir apresentamos quatro estratégias utilizadas por executivos para iniciar a jornada da transformação ágil e digital.

Área dedicada para inovação

Como executivo inovador e patrocinador, esta é uma das estratégias mais rápidas e práticas de ser implementada. Separe um grupo de colaboradores estratégicos para liderar os serviços e procure fomentar a criação de times auto-organizáveis que possam criar produtos e serviços inovadores, prototipar soluções, utilizar novas tecnologias, testar conceitos, desenvolver pesquisas e outras atividades ligadas ao processo inovador. Lembre-se de que tolerar o erro é um dos melhores patrocínios que um executivo pode fornecer a esse grupo.

Trabalho com *startups* e *hubs* de inovação

Uma segunda estratégia que colabora muito com a primeira é permitir o trabalho com *startups* e centros de inovações. Esse trabalho pode ser com base em inovação aberta ou através de um contrato fechado de troca de tecnologia.

Em vez de conceber uma solução desde o começo e passar por todo o ciclo de desenvolvimento, estabelecer uma parceria com *startups* que já estão trabalhando em uma solução pode acelerar o processo de mudança.

Design organizacional com *squads* para resolução de problemas específicos

Uma estratégia para iniciar a transformação é através da organização de *Squads*, que têm como base os times auto-organizáveis do *Scrum*, com um pouco mais de autonomia para tomar decisões, como se fosse uma *startup*. Todos os envolvidos compartilham o mesmo *workplace* e o esquadrão tem todas as habilidades necessárias para conceituar, desenvolver, testar e implantar as soluções em produção.

Digitalização de processos

A digitalização de processos é um dos primeiros desafios da transformação digital. Apesar de não se resumir somente nesta fase, digitalizar processos pode dar uma visão clara do estado atual da companhia e como ela enfrentará os desafios futuros. Pode parecer uma etapa simples, mas ela já envolve uma grande reestruturação no modelo organizacional. Nesta etapa podem ser desenvolvidos softwares e aplicativos internos, caso o processo tenha etapas específicas, ou se valer de uma grande quantidade de soluções propostas por *startups*.

PARTE II.
ESTILOS DE LIDERANÇA NO MUNDO ÁGIL E DIGITAL

8. Gestão 3.0

Luiz Felipe Bernardo
Paulo Alves
Vitor Cardoso
Renata Castro

O trabalho da gestão moderna é projetar e executar os produtos e serviços que suportam a empresa para alcançar seus objetivos, mas como evoluímos nosso estilo de gestão para alcançarmos isso?

Os termos gestão 1.0, 2.0 e 3.0 foi como Jurgen Appelo, autor do livro "Management 3.0" (2011), classificou os estilos de gestão até então conhecidos no mundo corporativo. Neste capítulo contamos um pouco sobre como evoluímos o estilo de gestão e chegamos a um estilo onde entendemos que a principal atividade de um líder é **gerir o sistema e não as pessoas.**

Antes de explicar os modelos de gestão temos que contextualizar o tempo onde vivemos. Quando a gestão 1.0 fazia sucesso tínhamos tudo em abundância o foco era produzir muito, de softwares até produtos de manufatura. O mundo de hoje é focado em reduzir o desperdício, fazer mais com menos, pessoas, softwares, hardwares, estruturas, tudo. Esse é o princípio do *Lean*. Com isso, fomos obrigados a mudar nossa forma de pensar e sentir. O papel do líder também sofreu alterações no jeito de cuidar do time e das pessoas, mas antes de falar desse novo modo vamos passar pelos dois primeiros.

Gestão 1.0

A gestão 1.0 foi o primeiro estilo de gestão (embora não fosse chamada assim). Era focada em hierarquias, estabilização e otimização de processos, ficando mundialmente conhecida através do modelo "comando-e-controle": poder na mão de poucos em uma estrutura de decisões *top-down*. Esse modelo de gestão não permitia liberdade nas decisões e criações. Não havia possibilidade de erro ou experimentações. O modelo de gestão se apoiava no Princípio da Unidade de Comando, proposto por Henri Fayol na Teoria Clássica da Administração em 1916. Não possuíamos um líder, e sim um chefe.

A postura do chefe era gerir de forma hierarquizada para conduzir uma equipe a fim de alcançar o sucesso da empresa. O funcionário era visto como um executor de tarefas planejadas por um chefe que, após sua conclusão, revisava e se necessário melhorava o trabalho executado, ou seja, um mandava e o outro obedecia.

Gestão 2.0

Com a revolução cognitiva, muito aprofundado na Escola Comportamental de Administração, de 1947, notou-se que era preciso mudar a forma de gestão. Termos como abertura e transparência, meritocracia, flexibilidade e colaboração começaram a ser falados, visando a colocação do funcionário como um ser pensante dentro de uma organização. As empresas entendiam que precisavam mudar, porém não sabiam como. Abrir mão do poder e do status que estavam enraizados era difícil.

A ideia era ter um líder que impulsiona e que vai junto com o time, mas o ego não permitiu, então foi onde começamos a escrever inúmeros processos tentando ter previsibilidade de todos os possíveis desvios de rota, criando assim metodologias como *Balanced Scorecard* e *Six Sigma* para direcionar pessoas a uma produção mais efetiva e manter a gestão em cima desses processos. Era muito duro abrir mão do controle vivido por tanto tempo.

Quando algumas empresas conseguiam entrar nessa nova forma de gestão muitas vezes causavam rivalidade entre as equipes, pois gerava competitividade e alguns líderes usavam essas vulnerabilidades para se manter no poder.

Gestão 3.0

Antes de entrarmos propriamente no estilo de gestão 3.0 gostaríamos de trazer um pouco da teoria da complexidade que ajudou a construir o pensamento desse estilo de gestão.

Como lidamos com a mudança e a incerteza? Como podemos trabalhar com a complexidade? Essas são algumas questões por trás da teoria da complexidade. Buscamos naturalmente tentar responder a perguntas como essas de forma simples e não ver todas as variáveis, tratando de forma reducionista.

O reducionismo é um procedimento ou teoria que reduz dados complexos e fenômenos para termos simples, não para deixar o conhecimento simples de ser entendido por qualquer um, mas para manter a essência de questões complexas nas mãos de gestores. Algumas práticas que levam ao reducionismo são pensar em números e não em pessoas, confiando na instrução ao invés de comunicação, tentar controlar o futuro ao invés de descobri-lo, apontando para as coisas ou pessoas como a causa dos problemas.

A gestão 3.0 coloca os colaboradores como parte de uma organização entendendo que esta é um sistema complexo e adaptativo, porque consiste em partes (pessoas) que formam um sistema (organização).

O papel do líder nessa nova gestão consiste em potencializar as pessoas, motivar e engajar, alinhar restrições, delegando atividades com o intuito de promover auto-organização.

Temos diversos perfis de líderes, técnicas e ferramentas que serão abordados mais adiante neste livro e que irão auxiliar nesse caminho tão árduo.

9. Holocracia

Rodolfo Colares
Vitor Cardoso

Hólon é um termo grego utilizado para descrever um mecanismo que é completo por si só, mas simultaneamente também é uma parte de um todo, como engrenagens de um relógio – cada uma tem sua complexidade e, quando juntas e com determinadas restrições e com objetivos em comum, trabalham e formam uma máquina ainda mais complexa. A relação entre essas engrenagens (*hólons*) interagindo entre si é chamada de holarquia ou holocracia.

Trazendo para o mundo corporativo, a holocracia é o resultado de experimentação de novas formas democráticas de governança organizacional; se substituirmos engrenagens por produto ou *squad* e o relógio por uma empresa, podemos aplicar o mesmo conceito dentro de uma organização.

A expressão "aqui todo mundo é adulto" se encaixa perfeitamente, pois os *hólons*, que são compostos por pessoas com um objetivo em comum, possuem autonomia e autossuficiência para existirem por si só, mas ainda dependem da totalidade para sua própria existência. Em uma holocracia, os *hólons* recebem o nome de **círculo**. Cada um promove um direcionamento de um trabalho – é como se uma nova empresa nascesse dentro do Círculo Âncora, incorporando todos os outros círculos e regendo o objetivo global da organização. Representado visualmente, ficaria similar à imagem a seguir.

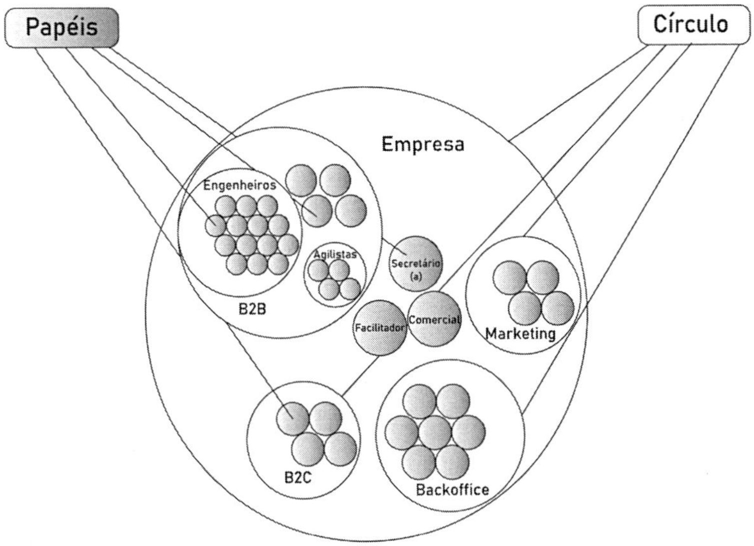

Figura 9.1. Representação de círculos e papéis.
Fonte: os autores.

Dentro dos círculos existem entidades que são energizadas para agrupar diversas funções. Esses são os **papéis** – independentemente de seu cargo ou função dentro da empresa, qualquer pessoa dentro de um círculo pode assumir um papel, seja facilitando reuniões, promovendo o propósito, controlando domínios ou executando responsabilidades assumidas, o que deixa o modelo de gestão compartilhado e direcionado aos objetivos de cada um dos círculos. Os papéis reconhecidos são:

- ✓ **Elo principal:** papel que representa o círculo inteiro, é quem define as estratégias e métricas dentro do círculo, bem como a alocação de recursos.
- ✓ **Elo representativo (eleito):** papel que representa as tensões do círculo menor para o círculo maior quando um problema parece não estar mais na alçada do círculo menor.
- ✓ **Elo transversal:** papel que conecta círculos de maneira horizontal, representando o objetivo do círculo dentro de outro.
- ✓ **Secretário (eleito):** papel que ajuda a organizar e gerenciar os requisitos formais das reuniões alinhando a governança e a operação do círculo.
- ✓ **Facilitador (eleito):** facilita e promove a comunicação entre os parceiros nas reuniões táticas e de governança.

Para estruturar e dar cadência aos círculos existem duas reuniões que o sistema propõe: a reunião tática e a reunião de governança.

Reunião tática

Promove a visibilidade e a transparência de todas as ações que estão acontecendo dentro do círculo, bem como a resolução de problemas ou tensões operacionais que se entende ser necessário resolver. O papel do facilitador é quem conduz a reunião com a intenção de tomar novas ações e/ou projetos.

Reunião de governança

Aqui é revista a atuação do círculo, podendo alterar sua estrutura, realizando eleições para energizar os papéis eleitos. Não obstante, círculos podem ser criados ou destruídos com base nas tensões sentidas.

O sistema holocrático de organização foi desenvolvido e experimentado pela Ternary Software em 2007. Brian Robertson é considerado um dos precursores das práticas de uma estrutura mais leve e em 2010 escreveu a constituição da holocracia (publicado em 2016 no Brasil com o título de "Holacracia"). Desde então vem apoiando empresas na sua adoção.

A principal crítica que a holocracia propõe é referente à forma de distribuição de poder e organização flexível da estrutura organizacional. Quando falamos em organizações tradicionais hierarquizadas, quem está no topo da pirâmide é quem tem o maior poder e conhecimento para tomada de decisões, mas muitas vezes quem tem as melhores informações operacionais e maior contato com o cliente para tal é quem está na linha de frente, na base da operação. Se alinharmos os objetivos e definirmos o propósito, por que não darmos poder a essas pessoas? Mas, é claro, precisamos deixar o ego de lado, pois, para que a estrutura funcione, você como líder precisa estar disposto a abrir mão de tomar decisões e delegar isso para seus liderados.

A Valve (empresa americana de desenvolvimento de jogos) é o novo "modelo Spotify" para a estrutura de empresas *managerless*: com mais de 400 funcionários, não há gerentes nem chefes. Quando um novo colaborador entra na empresa é apresentado aos fundadores Gabe Newell e Mike Harrington e então pode ser instruído a escolher onde quer trabalhar. Claro que isso só se sustenta por conta de sua infra de um produto digital, que é altamente escalável e sustenta o modelo. Outras empresas vêm adotando modelos horizontais de gestão, como é o caso da Zappos, Vagas.com, até mesmo a WaTech (escritório de tecnologia da informação de Washington).

E como liderar pessoas em uma estrutura totalmente "liberal" relacionada à liderança?

Os antigos "chefes" (CEO, presidentes, diretores, donos da empresa) abdicam do "poder legítimo" e empoderam os colaboradores para que eles elejam seus próprios líderes, conforme a situação necessita, ou seja, a liderança é/pode ser exercida por todos. É fundamental que haja a rotatividade nesse papel, a fim de todos se sentirem parte do comando e com engajamento, pois um dia podem ser líderes também. A comunicação deve ser vista de forma totalmente horizontal, fluida e ampla, afinal não há uma hierarquia que burocratiza as conversas.

Não pretendemos deixar nenhuma conclusão, afinal esse é um modelo filosófico. Não queremos gerar nenhuma caça aos gestores, mas levantar uma questão para se pensar.

Quantas vezes estávamos trabalhando para realizar a melhor entrega possível, o produto estava plenamente de acordo com a necessidade do cliente e com o objetivo da empresa, mas para garantir o alinhamento da gestão o assunto era/é barrado por diversas reuniões, entrando em um nível de detalhes operacionais para entender e documentar o que e por que foi desenvolvido daquela forma, e com isso a única coisa que ganhamos é desperdício de tempo, discussões políticas e burocráticas de *compliance* e governança na camada de *middle management*?

Será que um indivíduo empoderado e capacitado não deveria ter uma maior flexibilidade para tomar decisões sem precisar passar por um processo moroso de aprovação e validação? Afinal, todo mundo aqui é adulto.

10. *Project leadership* x *product leadership*

Stella Souto
Matheus Antonio Ventura

Antes de diferenciar a liderança de projeto (*project leadership*) da liderança de produto (*product leadership*), é importante compreender bem a diferença entre o conceito de projeto e o conceito de produto. Dessa diferenciação vão surgir as características necessárias para liderar um projeto e para liderar um produto.

O que é projeto?

As definições podem variar de autor por autor, mas há um consenso em definir projeto como "um esforço temporário empreendido para criar um produto, serviço ou resultado exclusivo" (*PMBOK® Guide*, 2017).

Quando citamos que o esforço é temporário, concluímos que o projeto tem início e fim definidos e etapas delimitadas. Dessa forma, o recurso tempo deve ser gerenciado dentro do projeto. Um projeto tem escopo bem definido. Vem da própria definição a orientação de que está sendo criado um produto, serviço ou resultado exclusivo. Dessa forma, já sabemos qual é o fruto desse projeto desde a sua concepção.

A conclusão que se depreende disso é que se a equipe consegue, ao final do prazo de tempo preestabelecido, com os recursos disponíveis, alcançar o objetivo predeterminado, então o projeto teve sucesso. Do contrário, não.

O que é produto?

Entende-se como produto um serviço, software ou sistema que possua usuários. Um produto pode ser direcionado ao usuário final, aquele que pagará para usar os seus serviços diretamente por ser o principal consumidor dos seus serviços, ou direcionado a empresas que, através desse produto, beneficiarão o consumidor final.

Há ainda uma terceira categoria de produtos, a mista, que resolve tanto o problema do consumidor final quanto da empresa, que, nesse caso, absorve todos os custos.

Ao contrário do projeto, um produto não tem uma data específica de entrega ou um escopo fechado. Ele é o resultado de um processo constante. Ciclos de descoberta, experimentação, implementação e *feedback* são exercitados continuamente na busca de gerar hipóteses para que sejam validadas ou para que promovam mais um ciclo de descoberta.

Principais diferenças entre a gestão de projetos e a gestão de produtos

Em um produto, não há uma definição concreta do que deve ser entregue. Nele estão envolvidas constantes evoluções e adaptações considerando-se o mercado, as demandas tecnológicas e de experiência de usuário, e com isso seu escopo vai evoluindo e se aperfeiçoando ao longo de seu ciclo de vida.

Um cliente que solicita um produto espera novidades sazonais na estrutura de seu produto, de modo a acompanhar as novas demandas digitais do mercado. Assim, concluímos que ser mutável é uma característica inata do produto. Espera-se desde a sua concepção que ele sofra mudanças para se adaptar à concorrência e às novas necessidades dos usuários e das modernas tecnologias.

Os produtos têm um ciclo de vida. Dura desde a sua concepção (que pode ser antes mesmo de se iniciar o projeto que levará à sua criação), passa pela maturidade, momento em que usuários os consomem regularmente, e vai até seu declínio, que é a descontinuidade do mercado por não ter mais utilidade ou por ter sido ultrapassado tecnologicamente.

Ao serem lançados no mercado, as empresas devem realizar grandes investimentos em publicidade para que as pessoas tenham conhecimento do produto. Quando o produto alcança o êxito, experimenta uma fase de crescimento. Nessa fase, o produto deve ser acompanhado. Seu comportamento no mercado deve ser monitorado, bem como a atração e manutenção de clientes, assim como táticas relacionadas aos preços praticados. Por último, vem a fase da maturidade (a maioria dos consumidores potenciais já comprou o produto) e, finalmente, a fase de declínio (a procura reduz ao seu mais baixo nível).

Os projetos, por sua vez, são aplicados para gestão de demandas ocasionais. São fechados por um objetivo de ocasião. Espera-se que o projeto dure o suficiente para atingir um objetivo delimitado no tempo.

Liderança de produtos

O papel do líder de produtos (*Product Manager*) é estratégico. Muitos autores, incluindo Ben Horowitz em seu artigo "Good Product Manager/Bad Product Manager" (2012), costumam descrevê-lo como o "CEO do produto", dado o nível de abrangência da função. O cargo consiste em fazer o que for necessário para o lançamento de um produto que encante o usuário.

São eles que dão um direcionamento geral sobre o produto, desde seu lançamento (que envolve interações com as áreas de marketing e comercial), passando pelo controle do produto enquanto ele cresce no mercado (o que abrange métricas e desenvolvimento, para citar duas áreas), o entendimento dos desejos do usuário e sua tradução em design ou MVP (mínimo produto viável) e finalmente sua descontinuidade no mercado caso tenha se provado inviável ao longo do tempo.

Tudo isso envolve tarefas como:

- ✓ conversar com usuários para coletar requisitos;
- ✓ identificar problemas e oportunidades;
- ✓ decidir quais dessas oportunidades valem a pena ser trabalhadas;
- ✓ criar *roadmaps* e definir funcionalidades;
- ✓ priorizar tarefas de desenvolvimento.

Mas, acima de tudo, as habilidades mais valiosas em um *Product Manager* envolvem um certo senso de produto. Muito do trabalho envolve ter a sensibilidade de entender o momento certo de transformar um produto em testes *alfa* para testes *beta*, ter *time to market* para entender o melhor momento para lançamento no mercado, saber quando não lançar uma funcionalidade por conta de *bugs*, descontinuar uma funcionalidade porque não se adequa mais ou não dá mais lucro e outras questões que alinham o mercado consumidor e a tecnologia propriamente dita.

Porque o *Product Manager* é responsável pelo lucro e pela funcionalidade de um produto, ele deve trabalhar em estreita cooperação com os times de vendas, *marketing*, *customer success*, suporte e desenvolvimento para garantir que o produto atinja seus objetivos de negócio, como ROI (retorno sobre o investimento), vantagem competitiva e satisfação do cliente.

Liderança de projetos

O gerente de projetos (*Project Manager*) é frequentemente confundido com o *Product Manager*. Embora existam muitas diferenças sutis, elas podem ser resumidas dizendo que um gerente de projetos é um papel mais tático, que foca primariamente no lado da execução das tarefas.

O *Project Manager* é mestre em cronogramas e gráficos de *Gantt*. Tem a visão de construir uma linha do tempo em volta deles e planejar o trabalho do time de desenvolvimento a fim de entregar um projeto por vez dentro dos limites de escopo, prazo, custo e qualidade acordados.

Ele é o profissional responsável pelo planejamento, pela execução e pelo acompanhamento de um projeto. O gerente de projetos precisa possuir habilidades e competências específicas para motivar sua equipe, promover a comunicação entre ela e ainda deve ter paixão por novos desafios.

Acima de tudo, ele precisa ser responsável e comprometido com prazos – correr contra o tempo é algo que está no dia a dia de qualquer gerente de projetos.

Fica claro que liderar um projeto e liderar um produto possuem proposições diferentes, embora se relacionem com o objetivo maior de toda organização: engajar seus profissionais na constante produção de valor para o cliente. Nos capítulos seguintes veremos modelos, técnicas e estilos de liderança que potencializam o valor gerado pela agilidade.

11. Liderança situacional

Felipe Oliveira
Hélio Meirim
Rodrigo Cilento

Percebemos que cada vez mais a capacidade de liderança das pessoas afeta a forma como trabalham e se motivam. Porém, quais formas de liderança existem? Podemos buscar, por exemplo, no livro "Liderança: a inteligência emocional na formação do líder de sucesso" (2015), de Daniel Goleman, que propõe seis estilos de liderança que levam as pessoas para o sucesso no trabalho em equipe. Podemos também recorrer a temas como *Management* 3.0, nos textos e ferramentas propostos por Jurgen Appelo, que aponta princípios e diversos conceitos extremamente ricos sobre como lideramos pessoas (APPELO, 2011).

As atitudes de um líder podem influenciar muito nas atitudes das pessoas, na sua capacidade de entregar demandas, de se relacionar, controlar suas emoções e direcioná-las para um melhor engajamento. Com isso, percebemos que:

- ✓ um líder eficaz é capaz de elevar os profissionais próximos a ele;
- ✓ um líder ineficaz é capaz de derrubar todas as esperanças dos liderados.

Pensando no "poder" de um líder, como ele deve agir na prática? Devem ser servidores? Devem apoiar 100% do time em todos os momentos? Devem fazê-los aprender e realizar tudo sozinhos, como times auto-organizados? A resposta mais adequada é (e isso acaba sendo um consenso em vários círculos e ramos da psicologia humana, colocado por autores como Carol Dweck, Verônica Rodrigues, entre outros): pessoas são complexas. Ou seja, cada indivíduo pode e vai reagir de forma diferente, se motiva de forma diferente e vai desempenhar e se posicionar de forma diferente sobre sua inteligência, fracasso, desafios, aprendizado e mentalidade para crescer (DWECK, 2017).

Talvez, após ler o texto anterior, você se questione: "mas você ainda não respondeu minha pergunta. Como eu devo reagir, como líder, se as pessoas são diferentes?". É aí que entra a liderança situacional.

Liderança situacional é um modelo de liderança que, segundo Hersey e Blanchard (1986), conceitualiza os diferentes tipos de abordagens entre líder e liderado e como olhamos a maturidade de um em detrimento do outro.

Quando falamos de liderança, está implícito, segundo Duarte e Papa (2011), que estamos a apoiar e levar as pessoas a um maior amadurecimento. Com isso, apoiados pela visão de que as pessoas sempre terão situações e atitudes diferentes de acordo com o contexto, e, obviamente, de acordo com a própria pessoa, percebemos que a liderança situacional se aplica nesse cenário.

De acordo com Hersey e Blanchard (1986), os precursores do conceito de liderança situacional, existem quatro níveis ou estilos (E1, E2, E3 e E4) que classificam líderes e as situações em que eles atuam para aprimorar pessoas, conforme a imagem:

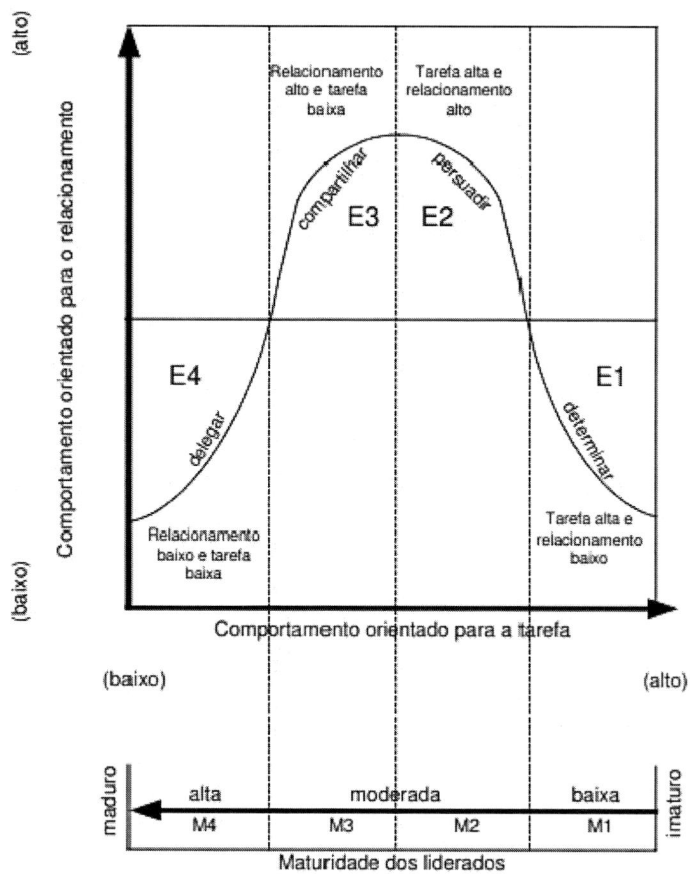

Figura 11.1. Teoria de Hersey e Blanchard.
Fonte: Hersey; Blanchard, 1986.

- ✓ **E1 – determinar:** neste cenário, o líder é quem dá a direção para o liderado do que fazer e como executar sua tarefa. O nível de suporte é acompanhado e alto, pois o profissional pode não ter o conhecimento ou a motivação para executar a atividade. Neste caso, é adequado dizer que o líder "mostra como faz", em detalhes, para tentarem juntos da próxima vez. Foco na tarefa, mas com relacionamento baixo.
- ✓ **E2 – persuadir:** neste cenário, o líder e o liderado possuem um envolvimento diferente, onde o apoio e suporte são altos, porém com um pouco mais de ousadia, isto é, o líder "faz junto" com o liderado, permitindo-o arriscar um pouco mais, questionando e influenciando novas formas de pensar e de solucionar o problema juntos. O foco na tarefa e o foco no relacionamento são altos.
- ✓ **E3 – compartilhar:** neste cenário, o liderado já adquiriu mais experiência e segurança sobre o trabalho, permitindo que o líder mantenha um baixo direcionamento, isto é, se mantenha próximo, mas apenas para enriquecer a qualidade do trabalho e contribuir no processo colaborativo. O foco é no relacionamento, dando ênfase inferior à tarefa.
- ✓ **E4 – delegar:** neste último cenário, o líder sai de cena, colocando-se à disposição para pequenos auxílios. O liderado já possui maturidade e experiência suficientes para executar as tarefas com a qualidade esperada e autonomia bastante para entregá-las sem qualquer validação adicional. O foco volta-se para a tarefa, porém com o liderado a executando.

Desafios do líder situacional

O trabalho de um líder sempre envolve uma árdua capacidade de escuta ativa, inteligência emocional e habilidades de persuasão e percepção além do comum. Por isso, existem alguns desafios que, se percebidos de antemão, podem ajudar durante o desenvolvimento de profissionais.

1. Identificação da maturidade do liderado

Falamos maturidade, como descrevem Hersey e Blanchard (1986), considerando a percepção do líder e, principalmente, a forma como os liderados reagem quando são apresentadas determinadas tarefas.

O líder precisa compreender de antemão quem são as pessoas que irá liderar, seus hábitos, suas habilidades e necessidades dentro e fora da organização (este último, apenas se for possível). Tendo essas informações à sua disposição, consegue então elaborar um plano de desenvolvimento e acompanhamento profissional, provendo *feedbacks* frequentes e criando a confiança necessária para que possam acreditar nele como um líder competente e que acredita nas pessoas.

2. Criar mecanismos individuais

Apesar de conhecer diversos autores e ferramentas e seus artifícios para motivar as pessoas, o desafio é constante. Pessoas são complexas e por isso o estudo para encontrar um caminho que se alinhe com os objetivos do profissional deve ser realizado com cuidado. Às vezes as pessoas estão confusas com seus próprios objetivos, por isso cabe ao líder conseguir ajudar seus liderados da melhor forma.

3. Equilíbrio com a interação

Ninguém gosta de pressão ou daquele tipo de "líder" que fica ao redor como um helicóptero, nos observando. Com o passar do tempo as pessoas acabam entendendo que o líder quer manter algum tipo de microgerenciamento, dando uma péssima impressão. Portanto, permita-se ter o envolvimento correto, no momento correto, criar uma mensagem de suporte, preocupação e companheirismo. Líderes que entendem realmente que liderar é atuar com **pessoas** fazem as pessoas se sentir **incríveis**. O conceito de *Modern Agile*, por exemplo, coloca a expressão (em inglês) *make people awesome* como um de seus princípios.

Estes são apenas alguns dos desafios ao considerar a liderança situacional. No entanto, a estrada para a vitória nem sempre é coberta de flores.

Erros comuns na liderança situacional

Engana-se o líder que pensa que, com a liderança situacional, consegue ser mais eficaz que outros líderes, que trabalham de uma única forma para apoiar seus liderados. Obviamente que, principalmente no início, é preciso tomar o cuidado de manter a mente aberta para as diferentes mudanças de comportamento das pessoas e como se adaptar a essas mudanças.

Mesmo com todo o cuidado e conhecimento sobre os desafios apresentados, ainda é possível que erros, mesmo os mais comuns, sejam cometidos por líderes competentes. Errar faz parte, mas é bom saber um pouco sobre isso.

1. Confundir delegar com mandar

Quando falamos em delegar uma atividade ou decisão estamos permitindo que as pessoas tenham a devida autonomia e liberdade para isso, além de um alto nível de confiança de que irão tomar a decisão certa. Isso difere completamente de uma ordem. Um líder não dá ordens, e sim influencia as pessoas na realização de algo.

Com frequência, vemos a confusão desse tipo de prática, citada por Goleman (2015) enquanto descrevia sobre seus estilos de liderança. Por exemplo, pessoas comandando outras, em um claro modelo de "comando e controle", onde a delegação nada mais é do que uma forma de mostrar o poder sobre outra pessoa, fazendo com que ela faça algo para você não por vontade, mas pelo risco de uma demissão.

2. Subestimar a capacidade das pessoas

Imagine uma organização com diversos profissionais de produtos. Conceitualmente, essas pessoas possuem o *ownership* para decidirem a direção do produto. Porém, você, líder controlador e de pouca fé, não acredita que essas pessoas saibam executar suas tarefas de forma adequada. Sua atitude é nada mais do que definir o *roadmap* do produto, usando até dados e relatórios extraídos por essas mesmas pessoas e ratificados por analistas de sua confiança.

Elas não são competentes? Dê a elas as ferramentas para trabalhar e realizar as entregas. Assim, mantém a motivação e engajamento de que a organização precisa para conseguir melhores resultados de negócio.

3. A falta de compromisso com o *feedback*

Para que você consiga influenciar as pessoas nos resultados e obter a confiança de que um líder precisa, é necessário demonstrar a sua competência como um líder. Para isso, as atitudes, os comportamentos e as habilidades de um líder devem ficar transparentes e ser usados como um exemplo. Um deles é o compromisso com o seu liderado.

O *feedback* a ser realizado entre líder e liderado é um processo extremamente importante, que fornecerá a ambos os insumos necessários para que possam trabalhar melhor e garantir uma evolução contínua. Porém, o líder não acompanha o liderado com frequência, terceiriza o *feedback*, remarca e desmarca alinhamentos e *one-on-*

-*one* com o liderado, etc. Sugestão: mantenha o alinhamento correto com as pessoas para que elas possam acreditar em você.

Case: liderança situacional

Meirim tinha acabado de ser contratado para liderar a área de operações logísticas de uma multinacional que estava passando por uma grande reestruturação. O grupo era constituído de 42 pessoas que estavam assustadas com a reestruturação em curso. Meirim precisava formar um time forte, pois os objetivos dessa nova área eram desafiadores.

Meirim já tinha liderado outros times e tinha aprendido que um time forte era a base de tudo, e que cada equipe é composta por pessoas com competências, habilidades e atitudes diferentes. Por isso, como líder, ele sempre investia uma boa parte de seu tempo no relacionamento, na integração e no desenvolvimento de seu time.

Por isso, logo no primeiro dia em sua nova função, Meirim agendou um papo com todo o time, se apresentou, contou rapidamente suas experiências anteriores e disse o quanto estava contente em fazer parte daquele time. Destacou, com clareza, quais eram os objetivos e as metas da empresa para a área e pediu para que cada um continuasse desenvolvendo suas atividades normalmente.

Em seguida, foi conversando com cada um dos membros de sua equipe, sendo que parte dessa conversa era no local onde a tarefa estava sendo realizada. Ao longo desse papo, Meirim perguntou se podia fazer anotações e, com base em algumas perguntas predefinidas, procurou ouvir atentamente e assim conheceu a trajetória pessoal, profissional, sonhos, onde moravam, se tinham filhos, para que time torcem e como eles achavam que poderiam contribuir para os objetivos e metas traçados para a área. Durante essa rodada de conversas, Meirim teve a oportunidade de conhecer mais sua equipe e eles também conheceram um pouco mais sobre ele. Ao término de alguns dias, Meirim tinha conseguido fazer um "mapeamento de talentos" de sua equipe.

Durante as primeiras semanas, Meirim se dedicou a acompanhar *in loco* as atividades de sua nova área. Ajudou a conferir material, deu entrada de produtos no estoque, separou pedidos, emitiu NF e assim conseguiu identificar, com mais clareza, como cada membro de seu time atuava na prática.

Juntado o "mapeamento de talentos", feito com base nas anotações do bate-papo individual com as observações feitas cotidianamente (*in loco*), Meirim identificou que alguns membros do time precisavam de um acompanhamento mais de perto, ou seja, necessitavam ser direcionados de forma mais direta sobre o que e como fazer determinada atividade. Meirim dedicava um pouco mais de tempo a esse grupo, pois precisava acompanhá-los e orientá-los de forma mais direta. A missão de Meirim era ajudar esse grupo a atingir um outro patamar, em que fossem adquirindo mais confiança e autonomia para realizar as tarefas. Meirim destacou alguns treinamentos para esse grupo, conversava com eles buscando entender como estavam se sentindo em relação às tarefas e ao grupo e, com o passar do tempo, teve a felicidade de ver a evolução deles.

Por outro lado, no extremo oposto da situação anterior, havia um grupo que conhecia muito bem o que fazer e passadas as orientações iniciais eles realizavam as atividades com maestria. Meirim podia delegar tarefas mais desafiadoras para esse grupo, pois sabia que eles iriam realizá-las muito bem. Para esses casos, Meirim ia escolhendo projetos inovadores e sempre pedia que eles apoiassem o time no dia a dia. Alguns novos projetos surgiram e foram realizados com base nas sugestões deste grupo, e eles passaram assim a se sentir ainda mais motivados e engajados com o resultado total da equipe. Passaram também a ter um novo propósito que consistia em "apadrinhar" e passar sua experiência e conhecimento para os demais membros do grupo.

Havia também grupos que estavam entre as duas situações relatadas anteriores e, nesses casos, Meirim se dedicou a entender como poderia ajudá-los a galgar outro patamar.

O importante foi que Meirim entendeu que cada grupo precisava que ele tivesse uma atuação específica e diferenciada. Durante sua jornada nesta empresa, ele promoveu diversos cursos de formação continuada para que sua equipe desenvolvesse cada vez mais suas competências, habilidades e atitudes. Junto com a equipe elaborou os processos e fez reuniões periódicas para juntos entenderem como poderiam melhorar cada processo. Convidou o time de vendas para dar palestras sobre os produtos que a empresa comercializava e que seu time manuseava nas operações logísticas e levou membros de seu time para visitar clientes. Criou também grupos de trabalhos para projetos específicos, promoveu reuniões de alinhamento de resultados (sendo que algumas delas passaram a ser apresentadas por algum membro da equipe) e, é claro, rolaram diversas confraternizações pelos resultados alcançados, pois Meirim acreditava muito que é preciso celebrar as conquistas, mesmo as mais simples. Havia bolo do mês dos aniversariantes, chá de bebê para os futuros papais e mamães, festa para os promovidos, futebol e muito mais.

Meirim passou quatro anos à frente desta área e ficava muito feliz ao perceber a evolução da equipe. Continuavam existindo diferenças entre os membros do time, pois alguns membros novos se juntaram ao time e outros iam atuar em outra função.

Quando chegou o dia de se despedir e seguir para novos desafios, Meirim lembrou de seu primeiro dia na empresa e ficou orgulhoso do time que eles haviam formado. Mas era hora de levar aquela experiência e aquele grande aprendizado para outros lugares. Por onde Meirim foi passando ele ia aprendendo e aprimorando sua competência de liderança situacional.

12. Diferença entre gestão e liderança

Rodrigo Sobral
Patricia Silva Corrêa
Renata Castro
Raphael Fontes

A esta altura é importante falarmos sobre algo que está presente no dia a dia de diversas organizações: a diferença entre gestão e liderança. Por serem conceitos tão parecidos, muitas pessoas confundem. Na verdade, são diferentes e se complementam.

A gestão está voltada para a efetividade das tarefas. O gestor atua junto com os colaboradores, visando distribuir e realizar atividades ligadas às metas e aos objetivos da empresa. Com os objetivos propostos, o gestor é responsável por garantir que tudo que foi planejado seja cumprido dentro dos prazos. Para isso, ele acompanha a execução de cada atividade dos funcionários, o que pode passar, muitas vezes, a impressão de uma "pessoa chata". O gestor possui como objetivos o cumprimento dos prazos estabelecidos e a obtenção dos resultados de que a empresa necessita, avaliando as tarefas e decidindo como distribuí-las para os profissionais de maneira mais apropriada.

Quando falamos em liderança, um dos principais pontos é a avaliação do bem-estar dos colaboradores visando um clima organizacional que seja bom para todos, permitindo assim que as pessoas se tornem mais satisfeitas, realizadas e produtivas. O líder inspira seus colaboradores, conversa com cada um deles para compreender melhor os pontos fortes e os de melhoria de cada um e transcende a visão do profissional, ele busca a compreensão do ser humano, seus valores e motivações.

Todo esse trabalho faz com que a equipe confie ainda mais no líder e serve como estímulo para que seja realizado um trabalho cada vez melhor a longo prazo.

Tabela 12.1. Quadro comparativo das características de líder e gestor. Fonte: autores.

Líder	Gestor
Cria uma visão e propósito	Cria metas e indicadores
É agente de mudança	Mantém o *status quo* (estado atual)
Assume riscos	Controla riscos
Pensamento a longo prazo	Pensamento a curto prazo
Constrói relacionamentos	Constrói sistemas e processos
Voltado para o desenvolvimento de pessoas	Voltado para orientação
Utiliza círculos de influência	Utiliza círculos de poder
Pergunta o quê e por quê	Pergunta como e quando
Inspira confiança	Baseia-se no controle
Utiliza o entusiasmo	Utiliza a hierarquia
Foco nas pessoas, direção e futuro	Foco no negócio, produção e ativos

Agora que as diferenças de cada conceito foram explicadas, a questão que vem em mente é: qual desses conceitos é o mais importante no ambiente corporativo? Tanto um como o outro são importantes e, como dito no início deste capítulo, eles se complementam. Diante disso, tanto liderança como gestão, se forem utilizadas de maneira equilibrada, podem ser responsáveis pelo sucesso de um ambiente empresarial.

Caso você seja um gestor e se questione qual a melhor forma de desenvolver a liderança em um ambiente de trabalho, deve levar em consideração o fato de ter mais contato com os seus colaboradores, conversando, ouvindo-os e percebendo de que forma pode tornar o clima organizacional mais satisfatório para todos a longo prazo.

Entretanto, caso você seja um líder, não deixe a gestão de lado. Ajude o seu time a priorizar corretamente o trabalho, visando maior valor de negócio com entregas em ciclos mais curtos; trabalhe junto com a equipe, estimulando cada colaborador para que haja um sistema de colaboração e *feedbacks* constantes e honestos, contribuindo para uma cultura de melhoria contínua e gerando um sentimento de empoderamento e times automotivados e organizáveis. Ao longo deste livro você conhecerá técnicas e ferramentas ágeis para liderar equipes compostas por diferentes tipos de pessoas, bem como estilos de liderança que podem ser aplicados em diversos contextos.

Case: práticas *Scrum* na vida de um gestor

Patricia Silva Corrêa

Alguns anos atrás, eu desempenhava a função de analista de sistemas quando a minha superior me convidou para assumir um cargo que envolvia atividades de gestão.

Nessa nova função, fiquei responsável por emitir relatórios para a equipe gerencial. Para tornar o processo de gestão mais agregador para os membros do time com quem eu atuava, sem perder o foco de apresentar relatórios mais objetivos, optei pelo uso do *framework Scrum*.

Seguindo os ritos previstos pelo *framework*, como as reuniões diárias, conseguia acompanhar o progresso das atividades junto ao time a fim de ajudá-los com as tarefas e orientações, além de também coletar dados para que ao final do dia pudesse enviar um relatório diário passando o status das atividades. Ao final de uma *Sprint* (duas semanas), todos os relatórios enviados eram consolidados em um único documento e apresentados de forma resumida. Com base nesse documento, a reunião de retrospectiva e o *feedback* para os colaboradores do time eram realizados com muito mais sinergia e foco. Do mesmo modo que os status eram apresentados para o nível gerencial com mais clareza e transparência.

Após o primeiro mês da utilização dessa abordagem e com a repercussão positiva, acompanhada de *feedbacks* dos gestores, o modelo foi indicado para ser escalado na companhia.

13. Liderança de times remotos, globalização e diferenças culturais

Carol Vilas Boas
Raphael Fontes
Isabelle Rodrigues

Times remotos são uma necessidade na nossa realidade

Durante anos, as organizações têm utilizado o modelo de trabalho tradicional. Os funcionários deixam o seu lar pela manhã, enfrentam trânsitos caóticos, chegam no seu trabalho no horário definido, cumprem o expediente, vão embora no horário de costume, enfrentam novamente o trânsito caótico das grandes cidades e chegam em casa para dormir.

Esse modelo guiou o trabalho no século passado. Porém, hoje, com o avanço das tecnologias e a globalização, muitas empresas estão adotando outro conceito de trabalho: os times remotos.

Nesse novo momento os líderes vêm enfrentando desafios de manter uma comunicação saudável, engajamento e todos se sentirem presentes e únicos.

O modelo de trabalho remoto começou como uma alternativa para empresas que precisavam de profissionais "chave" para os projetos. Algumas vezes o profissional estava muito distante e os custos para deslocamento e hospedagem ficavam altos para o projeto. Conforme a tecnologia foi evoluindo, as organizações começaram a perceber que os altos custos para manter o projeto não faziam sentido, quando era possível obter o mesmo ganho utilizando profissionais alocados em diferentes lugares do mundo.

Atualmente organizações de todo o mundo já aplicam a modalidade de times remotos e já estão desfrutando de benefícios como o da infraestrutura.

Com times remotos não há necessidade de um local físico; as equipes trabalham no conforto de suas casas ou onde acharem mais confortável. Outro benefício é a economia com transporte, alimentação, luz, água e outros custos que são dispensáveis. Em um mercado cada vez mais competitivo, reduzir custos desnecessários para alocar no que realmente importa é uma estratégia que é utilizada não só por pequenas empresas, mas grandes empresas. Quando uma grande empresa quer iniciar novos negócios em um país ou estado, primeiro alocam profissionais para conquistar novos projetos. À medida que os projetos crescem, as empresas avaliam se investirão em um escritório no local.

Com o mundo globalizado e cada vez mais conectado, equipes remotas são fundamentais para o desenvolvimento de qualquer projeto ou negócio. As organizações eliminam gastos desnecessários e focam no que realmente importa, nas pessoas que irão fazer o projeto acontecer e nos produtos que serão desenvolvidos.

Times pelo mundo

Segundo Osvaldo Santana, ex-CTO da Olist em seu artigo para Endeavor (2018), "o trabalho remoto não é onde você trabalha, mas o *mindset* que você usa para trabalhar com uma equipe que não está fisicamente com você". Seguindo essa premissa, os times podem estar em qualquer parte do mundo, desde que se apoiem e tenham algumas atividades em horários predefinidos.

Temos uma grande questão: como liderar alguém que não vemos? Nesse novo modelo o líder é muito exigido, pois ele não tem a proximidade para saber se a pessoa está realmente feliz ou concordando com as atividades do time. Vamos falar da complexidade do cenário e como o líder pode usar técnicas já conhecidas para trabalhar o time.

Criatividade também é um ponto necessário, pois para algumas dinâmicas é fundamental ter todos de um time na sala. Para realizar esse tipo de atividade com especialistas em Londres, Lisboa, São Paulo e Jundiaí, por exemplo, uma forma que muitos líderes veem para resolver esse problema é destacar uma pessoa (sempre alternando entre todos do time, para desenvolver o senso de participação) como responsável por facilitar a reunião. O facilitador conduz e projeta o local onde está para o time, assim consegue ter um espaço virtual que simula uma sala com todos presencialmente.

Como vimos em capítulos anteriores, nosso mundo complexo sugere formas de otimizar e agregar valor, pois muitas vezes temos a pessoa exata para uma função no time, porém é inviável para ela estar fisicamente presente. Esse processo não é fácil ou simples, muito pelo contrário: ele exige muita maturidade tanto do time quanto da empresa, e o RH precisa estar preparado para conduzir uma série de avaliações de adaptabilidade do time.

Conheça algumas das ferramentas que são inspiradoras e auxiliam nessa gestão remota.

Google Docs

Umas das ferramentas mais utilizadas para compartilhar conteúdo com as equipes remotas é o Google Docs, que, por ser gratuito, ganhou muitos adeptos. Na ferramenta podemos utilizar o *drive* do Google para realizar *upload* dos documentos da organização e compartilhar com os participantes desejados, limitando, assim, o acesso e garantindo a confiabilidade do documento. Além de criar uma estrutura de pastas com os arquivos desejados, podemos utilizar as próprias ferramentas de edição de texto, planilha, entre outras, para atualizar os documentos sem a necessidade de ter nenhum produto instalado em nosso computador. Precisamos apenas do navegador Google Chrome.

Trello

Utilizado para gerenciar tarefas e projetos, o Trello continua sendo uma ótima ferramenta para organizar, gerenciar e controlar o trabalho da equipe. Tendo um apelo visual simples e intuitivo, a ferramenta trabalha utilizando uma abordagem mais próxima do *Kanban*, onde temos um quadro de trabalho que é dividido em colunas que são os processos da área. Dentro do quadro são criadas as tarefas do projeto, e em cada tarefa é possível determinar esforço, responsável, paridade, tempo, entre outros recursos. Os colaboradores acompanham o quadro e com isso conseguem focar nas tarefas importantes e nas que faltam para atingir o objetivo do projeto.

Dropbox

Uma das pioneiras no mercado, o Dropbox é uma ferramenta que pretende armazenar as informações da organização em uma estrutura *on-line* que pode ser acessada de qualquer lugar do mundo. Os aplicativos para *desktop* facilitam a integração da ferramenta, tendo em vista que basta o usuário inserir o documento em umas das pastas vinculadas no seu computador e pronto; o documento já está *on-line*. Todo o gerenciamento das pastas pode ser feito pelo administrador, que concede os acessos e perfis para que cada colaborador visualize apenas o que deve ser de seu conhecimento.

Microsoft Office 365

Se a sua empresa utiliza o pacote do Office 365, por que não utilizar todas as ferramentas a que tem direito? As contas do Office têm direito ao OneDrive, que serve para armazenar arquivos, documentos e informações *on-line*, com a facilidade da integração por aplicativos e *desktop*. Outro benefício é a utilização da suíte de aplicações para escritórios mais famosa do mundo, o Office, contendo Outlook, Word, Excel e PowerPoint diretamente *on-line*, com isso seus dados na nuvem podem ser atualizados pelo próprio navegador.

E não é só isso que o pacote oferece: com a ferramenta Microsoft Teams é possível ter um *chat on-line* com todos os colaboradores da organização, sendo utilizado de modo privado ou criando um grupo para os participantes da equipe. O sistema ainda suporta reuniões de vídeo e áudio individualmente ou em grupos. Por ser uma ferramenta Microsoft, podemos criar reuniões através do Outlook e enviar o *link* da reunião para os participantes. Ainda dentro do Teams, é possível consultar os calendários da equipe e os próximos eventos que estão para acontecer. Uma funcionalidade importante é a integração com o OneDrive, que disponibiliza no próprio Teams os documentos do projeto, facilitando o envio e a troca de dados. Ainda é possível integrar com o Microsoft Planner. Para quem não conhece, esta ferramenta utiliza a mesma metodologia do quadro de *Kanban*, permitindo que a equipe cadastre tarefas e defina os processos, compartilhando tudo com os integrantes da equipe.

Outra ferramenta muito interessante é o Sharepoint. Nesta criamos um portal interno (intranet) onde é possível termos um local colaborativo onde todos os envolvidos do projeto podem alimentar informações na ferramenta, através de um portal intuitivo e de fácil visualização. Podemos contar ainda com o Yammer, uma rede social corporativa disponível para que equipes e áreas possam postar os acontecimentos recorrentes, com opção de postar vídeos, áudios e apresentações. Todas essas ferramentas podem ser disponibilizadas de forma *on-line*, possibilitando que qualquer colaborador pelo mundo possa acessar.

Como liderar, inspirar e engajar um time remoto

Acreditamos que os cinco processos citados a seguir fazem parte da realidade do líder, pois sem eles a chance de perder um time é muito fácil.

1. **Criar regras de comunicação.** Como o time sempre se encontra remotamente, precisamos definir as regras e deixá-las bem enraizadas em todos. Assim o líder consegue monitorar a saúde da comunicação do time.
2. **Acompanhar o processo de trabalho individualmente.** Observar o que funciona ou não é essencial. Bons líderes sabem a importância de apontar o trabalho em direção dos resultados, de acordo com as características de cada funcionário. Falar e ouvir são os pontos imperativos para o sucesso.
3. **Promover reunião.** Fazer reuniões eficazes, por meio de chamadas em vídeo, é um dos meios de manter a equipe afiada e o andamento de um projeto em um bom ritmo. Além disso, trocar figurinhas sobre o que cada um está fazendo é importante, para que exista transparência no processo.
4. **Autogerenciamento.** Todos sabem o que precisa ser feito e o fazem de forma a não atrasar o trabalho dos colegas. Mantemos uma hierarquia mínima para atribuir responsabilidade a algumas atividades estratégicas da empresa. Essas lideranças são consideradas porta-vozes das áreas, não como gerentes que tomam decisões a serem seguidas pelo time.
5. **Medir, mudar e lançar.** Mais do que nunca, coisas inesperadas acontecem. E, quando acontecem, é preciso mudar a estratégia e ver quais engrenagens mudar e quais não. Ser ágil significa estar disposto a fazer o necessário, e isso leva à mudança.

14. Lideranças em *startups* x lideranças em grandes empresas

Melissa Santi Itimura Vitorasso
Rodrigo Cabral

Este capítulo se dedica a comparar a liderança engajadora e inspiradora encontrada em *startups* e a liderança criada nas grandes empresas, que já foi testada e aprovada diversas vezes. Um dos cuidados que se prezou aqui foi de trazer não apenas uma base teórica, mas também opiniões e visões de grandes líderes da nossa atualidade, por meio de entrevistas.

Primeiro discutiremos a estrutura de grandes corporações e como elas se classificam para depois definirmos o conceito de *startups* e como elas se encaixam no modelo de liderança.

Grandes empresas e estrutura corporativa

Dentro de grandes corporações, é natural que seja forte uma estrutura organizacional para que os colaboradores possam se organizar e desempenhar seus trabalhos da melhor maneira possível. Como vimos no Capítulo 4 – onde abordamos o entendimento de estruturas organizacionais –, uma estrutura corporativa é a forma pela qual as atividades desenvolvidas por uma organização são divididas, organizadas e coordenadas. Não existe uma estrutura organizacional engessada ou perfeita, existe uma estrutura organizacional que se adapta adequadamente às mudanças.

Com isso em mente, essas estruturas podem ser divididas da seguinte forma:

- ✓ **Funcional:** as pessoas são organizadas de acordo com suas funções, onde "departamentalizamos" a estrutura e cada "departamento" tem um líder responsável.
- ✓ **Divisional:** há atuação em diferentes mercados e/ou produtos, e isso acaba por criar a necessidade de estabelecer divisões autossuficientes e cada qual com seus produtos e serviços, tendo suas lideranças baseadas nesses produtos e serviços.

- ✓ **Matricial:** com uma pequena herança da estrutura funcional no que tange à distribuição dos departamentos, ainda conta com uma visão divisional, onde veremos uma liderança distribuída e aplicada de formas distintas, como líder de departamento e líder de projeto. O objetivo primário deste tipo de estrutura é o foco na especialização dentro de cada departamento.
- ✓ **Rede:** tem como premissa a contratação de funcionários de forma distribuída, não carecendo estarem presentes em um mesmo ambiente, explorando assim a existência de funcionários espalhados geograficamente. Mais comum entre as empresas de menor porte a fim de aumentar a competitividade. Contudo, representa um grande desafio para as lideranças, que passam a existir nos mesmos formatos citados, mas com os desafios da não presença física dos funcionários, conforme citado no capítulo anterior.
- ✓ **Projetos:** estruturas baseadas em projetos, onde variamos o dimensionamento da empresa de acordo com os projetos em andamento. É um formato muito comum em consultorias. Nesta estrutura acabamos por deparar com uma liderança distribuída entre a consultoria e o cliente do projeto.

Os modelos de estrutura são necessários para entendermos como as lideranças acabam se apresentando e em alguns casos "justificando" o seu meio de atuação. Muitas empresas grandes apresentam suas diretorias em forma de silos, que acabam por ser a estrutura mais recorrente, como nos casos de grandes bancos e instituições financeiras. Os silos organizacionais nascem da necessidade da empresa de se organizar por disciplinas, fazendo com que cada área apresente um formato de trabalho e de gestão independente das demais, servindo como fornecedoras umas das outras. Empresas mais tradicionais que tiveram um crescimento exponencial costumam apresentar uma estrutura bem firmada no modelo de silos, o que tem sido um grande desafio para os gestores e líderes, ainda mais quando partimos para uma abordagem que envolva metodologias e *frameworks* ágeis.

Conforme dito por Nadine Alves em sua publicação para o site Construct (2017): "Ambientes de trabalho onde os funcionários não se sentem à vontade para expor suas próprias ideias ou contribuir além de suas funções também acabam apresentando os silos como modelo de funcionamento interno". Algumas estruturas baseadas em silos são constantemente encontradas em grandes empresas e é um dos pontos cruciais em nossa análise sobre os modelos de liderança existentes neste cenário – um exato contraponto ao que encontramos em empresas menores e *startups* que buscam ao máximo integrar as partes a fim de obter o melhor de seus times. Nesse exato ponto encontramos um dos maiores desafios para as lideranças de grandes empresas: a gestão das expectativas e carreiras.

As *startups* e os unicórnios

Todas as definições de *startup* convergem para a ideia de uma empresa inovadora com recursos reduzidos em busca de resultados exponenciais. Nem toda pequena empresa é uma *startup* e nem toda *startup* é uma pequena empresa. Como elas atuam em cenários de inovação, inevitavelmente operam com grande incerteza, não sabendo quem são seus clientes ou como devem ser seus produtos (RIES, 2012).

De acordo com Nogueira e Oliveira (2015), no Brasil 25% das *startups* morrem com menos de 1 ano e 75% morrem com menos de 13 anos. Em seu artigo, eles citam que um dos aspectos estudados que resultam na morte de uma *startup* é a quantidade de sócios trabalhando em tempo integral na empresa: "há indícios de que esse insucesso esteja relacionado a problemas, como a menor capacidade de adaptação dos gestores às mudanças e necessidades do mercado, e a maior frequência de problemas de relacionamento entre os sócios".

Note que esse motivo está diretamente relacionado a pessoas, e, como será reforçado no decorrer deste capítulo, a liderança tem um papel fundamental na vida de uma *startup*.

Se ser uma *startup* já é difícil, ser um unicórnio é praticamente impossível. Como o nome nos induz, uma empresa unicórnio é rara, beirando ao quase "não existe", mas adoraríamos tê-las por perto. Segundo Aileen Lee (2013), unicórnios são só de softwares, criadas a partir de 2003 e estão avaliadas em mais de 1 bilhão de dólares pelos investidores. Em média, surgem de três a quatro unicórnios por ano e até hoje tivemos pouquíssimos super unicórnios (acima de 100 bilhões de dólares).

Segundo a CB Insights, existem 445 unicórnios no mundo e no Brasil temos apenas sete: Nubank, Wildlife Studios, iFood, Loggi, QuintoAndar, EBANX e Loft. Somente o Nubank chega a 10 bilhões de dólares de *valuation*.

Segundo o próprio Nubank, não há fórmula mágica para se tornar um unicórnio, mas a empresa acredita que existam três características importantes:

- ✓ Não abrir mão dos seus princípios.
- ✓ Não se perder nas minúcias.
- ✓ Manter o foco em resultado.

Isso reflete diretamente na postura dos líderes. Eles têm enraizados os seus princípios e os princípios da empresa acima de tudo, passando-os para seus times. Isso resulta em uma empresa centrada no seu objetivo. Ter foco em resultado não significa se prender nos detalhes; o líder sabe que não deve gastar tempo com todos os detalhes para entregar um produto ao mercado, e, por isso, em muitos casos, essas empresas seguem metodologias ágeis. No entanto, o líder sabe para onde deve ir, apesar de ter o risco de precisar mudar a rota no meio do caminho.

Mindset e habilidades do líder de *startup versus* líder de empresas tradicionais

Ao perguntar a opinião de David Velez (*co-founder* e CEO do Nubank) sobre se existem diferenças de *mindset* e postura de líder dentro de uma *startup* e de um líder de uma empresa tradicional no mercado e quais seriam, ele nos contou que:

> *Geralmente sim, apesar da nova geração de líderes de um número grande de empresas esteja mudando rapidamente sua forma de pensar (ou sendo substituída). Dada a baixa probabilidade de sucesso de uma startup e a falta de recursos, o líder de uma startup tem mostrado qualidades como senso de urgência, criatividade para fazer muito com pouco, velocidade em decidir (decision-making), ambição e um grande senso de responsabilidade (ownership) e comprometimento (commitment). Ele é diretamente responsável pela vida ou morte da companhia e, portanto, pelo sucesso ou derrota dos colaboradores e clientes. Grandes empresas geralmente mostram o oposto dessas características: baixo senso de urgência, complacência, arrogância e alto ego (se a grande companhia já atingiu o sucesso), sendo geralmente focadas em sacrificar o objetivo de longo prazo pelo sucesso de curto prazo.*

Da mesma forma de pensar que David Velez, Andres Mustchler, *founder* e CEO do *e-commerce* Westwing, acrescentou que a motivação é uma das diversas características que diferem a liderança de *startup* e da liderança das grandes empresas: "a motivação é praticamente por osmose em uma *startup*", disse o CEO no nosso bate-papo. Como todos que decidem trabalhar em *startup* já sabem, a vontade de fazer "dar certo" é inerente e assim o trabalho de motivação pela liderança é de certa forma mais fácil.

No entanto, é necessário colocar a mão na massa. Uma empresa com pouco recurso não pode se dar ao luxo de só ditar as regras ou de cada um ser responsável por só uma parte da empresa. Como Andres diz, há muita flexibilidade, mais do que em empresas consolidadas. "Há quem goste, há quem não goste".

Sanjeev Kapur, VP do LinkedIn, também em uma conversa conosco, acrescentou que, em uma *startup*, é necessário ter uma liderança inspiradora, pois as dificuldades enfrentadas pelo líder e pelos colaboradores são imensas e será um trabalho maior com a motivação do que em grandes companhias. Durante a entrevista, discutimos sobre as competências de um líder (tabela a seguir) e, apesar de todas serem importantes para ambos os líderes, em qual dos tipos de empresas deverá se destacar mais. Classificamos entre alta e crucial, pois entendemos que em ambos os casos o líder precisa ter essas habilidades aguçadas (alta), porém, em alguma delas (ou em ambas), a habilidade pode ser crucial para o sucesso da empresa.

Tabela 14.1. Competências de um líder em uma *startup* e em uma grande empresa. Fonte: autores.

Área	Competência	*Startup*	Grande empresa
Autoconsciência	Autoconsciência emocional	Alta	Crucial
	Autocontrole emocional	Alta	Crucial
	Adaptabilidade	Crucial	Alta
	Orientação para atingir objetivos	Crucial	Alta
	Visão positiva	Crucial	Alta
Consciência social	Empatia	Crucial	Crucial
	Consciência organizacional	Crucial	Alta
Gerenciamento de relações	Influência	Alta	Crucial
	Coach e mentoria	Alta	Alta
	Gerenciamento de conflitos	Crucial	Crucial
	Trabalho em equipe	Alta	Crucial
	Liderança inspiradora	Crucial	Alta

Segundo Kapur, as habilidades de *coach* e mentoria são importantes, mas elas diferem na dificuldade em uma *startup* e em uma grande empresa. Quando foi perguntado sobre como o LinkedIn se posiciona hoje (lembrando que esta empresa é um dos super unicórnios existentes no mundo), ele nos contou que em determinadas *business units* a gestão precisa ter uma "pegada" de *startup* e em outras áreas, precisa de uma gestão de grande empresa. Tudo depende da situação em que a área se encontra. O tema pode ser encontrado com mais detalhes no Capítulo 11 – Liderança situacional.

Case: da Rocket para o Walmart

Foi em meados de 2012 quando chamaram Melissa Santi para ser analista de negócio no grupo Rocket Internet (incubadora alemã responsável pela ascensão de grandes empresas como Dafiti). A princípio ela deveria ser a "porta-voz" do Westwing (na época uma das *ventures* do grupo) dentro da TI compartilhada do grupo Rocket.

Dois meses depois da sua chegada, o antigo CEO da *venture* a convidou para "desencubar" a TI e criar/liderar o time de desenvolvedores responsáveis pelos sistemas do armazém. Assim começou o aprendizado em liderança em *startups*. Assim como todos imaginam, viver uma *startup* é para poucos e é preciso ter "raça": é arregaçar as mangas e colocar a mão na massa.

Melissa Santi costuma dizer que fez pouco em relação à TI. Durante essa época, fez levantamento de requisitos, gerenciamento de conflitos, mudança de armazém, inventário. A diversão era fazer corrida com o carrinho de *pallet* dentro do galpão. Viver uma *startup* é não se esconder atrás do cargo e sim fazer o que a empresa precisa para chegar aonde ela deve chegar. Cada dia é um desafio novo, uma mistura de suor e sentimentos, afinal os maiores líderes são aqueles que nos dão exemplos através de seus atos.

Logo em seguida, seu desafio foi ir para o Walmart.com, a tão sonhada empresa criada por Sam Walton. Apesar de alguns a chamarem de *startup* de mil pessoas, o Walmart.com no Brasil já tinha cara de "gente grande". A mudança era imensa, quase drástica. O "fazer acontecer" que vivia todos os dias dentro do Westwing não existia mais, pois vários processos já existiam, sempre pensando na eficiência do negócio.

Agora o desafio era outro: ser líder focada em melhoria contínua. Enquanto antes o foco era encontrar a fórmula mágica para fazer a empresa dar certo e crescer, no Walmart o foco era fazer crescer. Era a mesma estratégia que Sam Walton fez com cada loja: chegar no mercado, quebrar os concorrentes e ser monopólio.

Ser líder neste cenário requer outras habilidades: era necessário que o time mantivesse o foco em um só assunto, pois havia outras pessoas focadas nos demais. Se em uma *startup* era preciso ser uma líder visionária, no caso do Walmart, pensando nos seis tipos de liderança de Daniel Goleman (2015), era necessário ser uma líder marcadora de ritmo, focada no alto desempenho e na rotina dos processos de trabalho.

15. O líder *coach*

Andre Molero
Renata Castro
Júnior Rodrigues

Em época de crescente adoção dos princípios da agilidade e de uma liderança mais aderente a essa realidade em um número expressivo e cada vez mais diverso de empresas, torna-se mais e mais relevante o papel do líder na evolução da equipe.

Um líder que tem genuinamente a intenção de desenvolver seus times precisa estar atento às tendências explicadas nos capítulos iniciais deste livro, bem como utilizar ferramentas que apoiem os profissionais para que alcancem níveis diferenciados de autoconhecimento, autogerenciamento e autoempoderamento.

Isso pode ser possível aplicando o processo de *coaching* com os membros de seu time para a evolução das capacidades, das habilidades, dos valores e também para a remoção de crenças limitantes dos membros e a criação de uma identidade do time.

Algumas das características destacadas por Ting e Scisco (2012) como sendo básicas de um líder *coach* são:

- ✓ Têm a responsabilidade de realizar *coaching* em sua equipe.
- ✓ Focam no desenvolvimento e no desempenho como compatíveis e retroalimentáveis, sabendo identificar o *mix* ideal entre eles.
- ✓ Entendem que eles próprios são parte indissociável do contexto onde seus *coachees* atuam, necessitando de uma visão sistêmica e, às vezes, um olhar de fora.
- ✓ Têm consciência de suas próprias premissas e vieses, sabem desafiá-los, além de monitorar suas limitações para melhorar o desenvolvimento do indivíduo.
- ✓ Reconhecem quando fatores impedem uma relação significativa com o *coachee*, buscando alguém para substituí-lo ou ajuda para desenvolver mais seus *skills*.
- ✓ Sabem a hora de "tirar o chapéu" de *coach* e assumir seu papel de líder da equipe.
- ✓ Ajudam os *coachees* a identificar respostas variadas às restrições impostas ao seu desenvolvimento.

- ✓ Geram uma alavanca positiva para a mudança a partir dos desafios que os indivíduos enfrentam.

Milner e Milner (2018), por meio de uma pesquisa realizada sobre as habilidades de *coaching* de líderes, apontam *insights* muito interessantes a respeito de gerentes que não sabem realizar *coaching* com sua equipe.

Embora eles tivessem uma avaliação inicial própria e entre pares de que possuíam um nível razoável de tais habilidades, uma análise de especialistas em *coaching* demonstrou que não, classificando-os com um nível mais pobre.

Por fim, a pesquisa demonstrou que, após a realização de algumas ações com o acompanhamento de especialistas, as habilidades de *coaching* dos gerentes tiveram um aumento de 40%, o que reforça a necessidade de estruturar um processo em busca do crescimento desses profissionais.

Os autores destacam, ainda, nove habilidades de *coaching* de liderança que precisam ser desenvolvidas:

- ✓ **Escutar:** desenvolver a capacidade de ouvir de forma ativa sua equipe e não somente escutar para dar uma resposta.
- ✓ **Questionar:** provocar e ajudar seu *coachee* a realizar questionamentos a pressupostos e crenças preestabelecidas.
- ✓ **Dar *feedback*:** aplicar técnicas eficazes e de forma periódica para dar *feedbacks* positivos e focados em melhorias para o futuro (vide Capítulo 47).
- ✓ **Ajudar com o estabelecimento de metas:** ter objetivos e resultados (de acordo com o Capítulo 54) bem definidos e que contribuam para o desenvolvimento do *coachee*.
- ✓ **Ter empatia:** focar nesse aspecto super relevante da liderança, como apontado no Capítulo 1, para que se consiga enxergar os limites e as possibilidades do indivíduo.
- ✓ **Deixar o *coachee* chegar à sua própria solução:** não dar soluções prontas ou que poderiam funcionar para si próprio, mas ajudar o indivíduo a identificá-las.
- ✓ **Reconhecer e apontar pontos fortes:** ajudar o *coachee* a desnudar características relevantes que podem estar submersas devido a barreiras psicossociais.
- ✓ **Fornecer estrutura:** como descrito no Capítulo 16, o líder precisa gerenciar o sistema, dando condições adequadas para o trabalho e pavimentando o caminho.
- ✓ **Incentivar uma abordagem centrada na solução:** ajudar a evitar o desperdício de energia e tempo ao focar nos problemas que acontecem, e não na solução necessária.

O objetivo não é torná-los *coaches* profissionais, mas fornecer a esses líderes a capacidade de compreender o que é o *coaching* e as habilidades necessárias para aplicar com suas equipes.

Importante, também, que estes possam praticar com o acompanhamento de especialistas as primeiras sessões de *coaching* com os colaboradores. Isso evita que algum viés de microgestão se propague.

Além disso, permitir que os gerentes reflitam sobre sua evolução e que igualmente troquem experiências em um fórum com outros gerentes aumenta as chances de sucesso no processo de formação.

Uma boa técnica para promover uma maior integração dos líderes com os colaboradores é o ***rapport***, que consiste em fazer seu *coachee* falar abertamente para ele sentir que está sendo entendido na sua essência. Com a conversa, entra-se em estado de *flow*, onde a sensação de tempo é distorcida, o nível de foco aumenta e a clareza das informações é evidente.

Para fazer um processo de *coaching*, um bom modelo de conversa consiste em identificar o cenário atual, levar o *coachee* a ter foco no cenário futuro e desejado, definindo as opções da jornada para alcançar o cenário desejado, alinhar o plano dessas opções e colocar seus impedimentos, bem como como removê-los.

Nesse processo, o líder *coach* começa a olhar as pessoas sabendo bem seus pontos fortes, pontos de melhoria e motivações pessoais.

Com o processo de escuta ativa, passa a ouvir cada um em sua essência e a levar provocações individuais em torno dos seus motivadores e pontos de melhoria.

Certamente podemos identificar diversas características necessárias a um líder em um ambiente ágil, bem como as dores enfrentadas junto aos gestores e, principalmente, à alta gestão das empresas onde o *Agile* foi ou está sendo implantado.

Isso reforça a necessidade de se realizar um trabalho muito forte para a disseminação do *mindset* ágil na cultura da organização, principalmente focando na capacidade de exercer uma liderança ágil e um *coaching* dos gestores com sua equipe.

Com isso, os gerentes têm a possibilidade de migrar muito mais facilmente para uma posição de líderes *coaches*, deixando para trás a microgestão e a visão de comando e controle, adequando-se, assim, às necessidades desse mundo cada vez mais ágil.

16. O líder facilitador

José Gaby
Alan Fernandes
Carlos Henrique Ughini
Thiago Brant

Para falarmos sobre o líder facilitador, precisamos voltar no tempo e entender como o perfil da liderança evoluiu nos últimos anos:

✓ **Gestão 1.0 – Voltando ao passado:** uma das formas mais conhecidas de gestão foi a gestão 1.0. Os "chefes" trabalhavam com as pessoas como se fossem máquinas, simplesmente substituindo cada "empregado" como uma peça que estava gasta ou com defeito e colocando outro no lugar. Este modelo criou um ambiente de medo onde as pessoas não podiam inovar nem dar sua opinião sobre o seu próprio trabalho.

✓ **Gestão 2.0 – Onde algumas coisas pareciam melhorar:** a desmotivação com o trabalho na gestão 1.0 começou a criar seres humanos mais parecidos com máquinas, piorando o desempenho e levando empresas a uma perda de produtividade. Felizmente, começa a compreensão de que as pessoas são importantíssimas nas empresas e é por elas que tudo acontece. Nesse momento surgem melhorias na gestão de pessoas. O reconhecimento ao funcionário se torna um ponto importante do negócio da empresa. O único aspecto divergente do pensamento vem dos líderes, que não aceitavam perder os seus postos de poder, e isso causou uma completa desordem: inovar era possível, mas só se viesse da liderança.

✓ **Gestão 3.0 – Onde as pessoas têm voz:** um novo grupo de pessoas entende que, além das pessoas serem o ponto mais importante para o sucesso da empresa e seus resultados, todos têm um papel relevante dentro de um processo de trabalho e a gestão poderia ser compartilhada.

Começamos a entender que as empresas são comunidades onde todos se beneficiam do trabalho do próximo e os gestores devem cuidar de todos. Como diz o *Management* 3.0 – Capítulo 8:

> **"O papel do gestor é cuidar de pessoas e gerenciar os sistemas".**

Neste modelo, as pessoas passam a inovar com mais frequência e todos colaboram para o melhor resultado, pois o que faz a diferença é o todo completo e não as partes.

Como um líder facilitador pode alavancar o desempenho e o alcance dos resultados?

Quando falamos de liderança, falamos de pessoas que são exemplos e não somente um gerente ou coordenador. São pessoas que lideram e facilitam o trabalho dos demais membros de um time.

A liderança facilitadora é treinável. Como se fosse à academia para exercitar os músculos, um líder facilitador precisa treinar todos os dias para que se torne um exemplo para os que o seguem como um líder servidor.

Um líder facilitador tem um perfil especial, e é isso que eleva o resultado. Como explicado a seguir, o líder:

- ✓ **Entende o contexto:** ele não sai realizando as coisas sem entender o contexto do que está sendo proposto. Precisa saber "o que" para definir o "como".
- ✓ **Observa sem julgar:** julgamento é uma palavra que não existe no seu dicionário. Prefere observar sem qualquer tipo de julgamento.
- ✓ **Analisa os sentimentos:** após observar, ele avalia quais sentimentos estão sendo expostos para que possa apoiar no que for preciso com as melhores decisões.
- ✓ **Entende a necessidade:** toda necessidade está ligada a um sentimento, então ele avalia a situação e qual necessidade foi ou não atendida, para que possa agir com mais objetividade junto ao seu time.

Existem também alguns sinais importantes que um líder facilitador emite o tempo todo:

1. Gosta de gente.
2. Sabe lidar com as necessidades do próximo.
3. Não reclama de seu trabalho.
4. Motiva-se com desafios.
5. Protege seu time de interferência.
6. Está sempre disponível para ajudar no que for preciso.
7. Desenvolve competências.
8. Descomplica processos engessados, melhorando-os e tornando-os mais fáceis.
9. Sabe ouvir e prestar atenção.

Um líder facilitador gera um ambiente colaborativo, inovador, onde todos se motivam em extrair o melhor de cada membro do time. Com isso, os resultados são surpreendentemente elevados a um nível de maestria, pois todos sentem que são parte do todo e entendem as necessidades a serem atendidas em cada projeto ou entrega que será realizada. Um líder facilitador cria um time que busca resultados, sabe que faz parte de um todo e não de partes que não fazem sentido serem entregues sem um resultado. Ele leva o time a outro nível.

Quando um líder facilitador entende a meta e usa suas habilidades para engajar o time, a meta do time e os resultados são alcançados porque todos têm em mente o que é necessário para que a meta seja alcançada. Os resultados são uma consequência do bom trabalho do líder e de cada membro do time.

Case: gestão 1.0 *versus* líder facilitador

Em uma certa ocasião existiam dois gerentes responsáveis por uma área da empresa. Eles dividiam os times entre os dois, metade ficava com um gerente e a outra metade ficava com o outro.

Nesse momento pode passar pela cabeça do leitor o que isso tem a ver com tema "líder facilitador" – e é aqui que chegamos no ponto. O primeiro gerente tinha um pensamento extremamente voltado para a gestão 1.0 (os funcionários não tinham muitos direitos, ele colocava hora para sair e hora para chegar, trocava os funcionários como se fossem peças, além de não gostar de dar *feedback*).

Já o segundo gerente era totalmente diferente. Gostava muito de dar *feedback*, falava abertamente com os membros da sua equipe e *home office*, por exemplo, era delimitado pelos próprios times.

A grande questão é: a quantidade de pessoas pedindo demissão da primeira equipe era altíssima, enquanto pedidos de demissões na segunda eram raros. O engajamento dos profissionais era totalmente diferente. Enquanto a primeira equipe dependia muito da intervenção dos coordenadores, a outra tinha uma comunicação muito aberta entre si.

Com tudo isso, vemos a diferença que faz você ter em sua área um "gestor 1.0" ou um líder facilitador. Este muda completamente o dia a dia da sua empresa e você passa a olhar não mais o gerente como um gestor, mas como um líder que inspira.

17. Liderança servidora

Rafael Marcos de Araújo
Hélio Meirim
Carlos Henrique Ughini
André Bueno

Liderar é servir

O primeiro estudo sobre liderança servidora apareceu nos anos 70, no ensaio "The Servant as Leader" escrito por Robert K. Greenleaf (1973), onde ele dizia: "o líder servidor é primeiro servidor".

Neste capítulo vamos mergulhar nesse conceito para aprender e compreender essa característica primordial para um líder ágil nesse mundo VUCA (conforme visto no Capítulo 2), em que precisamos de novos líderes!

James C. Hunter (2006) define liderança como sendo "a habilidade de influenciar pessoas para trabalhar entusiasticamente visando atingir objetivos comuns, inspirando confiança por meio da força do caráter".

E o que é servir?

Servir é valorizar o outro, ouvir com atenção, preocupar-se com o sentimento alheio, contribuir para a desenvolvimento de alguém, estar disposto a ajudar sem a necessidade de ser ajudado, todas características resultantes de uma pessoa que pratica empatia. Com isso, se estabelece um ambiente de confiança e respeito, resultando em uma liderança que não seja formal, via poder, mas uma liderança natural, na base da autoridade.

Quando falamos que um líder servidor deve realmente liderar, e não exclusivamente gerenciar, essa é a diferença! Liderar de forma servidora também pode ser entendido como um jeito de multiplicar novos líderes, ajudando essas pessoas, ensinando-as a serem líderes via autoridade em seus afazeres e assim construindo um ambiente apto para a eficácia, adepto da melhoria contínua.

Aqui podemos inclusive fazer uma ponte para o Capítulo 50 sobre o método *Kanban*, cujo quarto princípio fundamental é:

> *Encorajar atos de liderança em todos os níveis.*

O líder servidor é fundamental para esses tempos pós-normais que estamos vivendo. Será através da inovação que vamos romper novas barreiras e novos paradigmas serão criados. O futuro próximo é de muita inovação com responsabilidade e liderança compartilhada e sustentável.

Virá da liderança servidora a formação dos líderes dos próximos tempos, que criarão as oportunidades e inovações que continuarão revolucionando o modo de vida de todo o nosso planeta. As próximas gerações de líderes estarão à frente da força de trabalho que irá pavimentar e construir de forma incremental o novo perfil de liderança.

Características de um líder servidor

No estudo de Robert Greenleaf (1973) , ele propôs que os melhores líderes fossem servidores primeiro. As principais ferramentas para um líder servidor incluem escuta ativa, persuasão, acesso à intuição e previsão, uso da linguagem e medições pragmáticas de resultados.

> *O líder-servidor é servidor antes de mais nada. Tudo começa com o sentimento natural de que ele quer servir, e servir acima de tudo. Então, esta escolha consciente o leva a aspirar à liderança. Essa pessoa é bastante diferente daquela que é primeiramente líder, talvez pela necessidade de atenuar uma 'fome de poder' não usual ou de realizar-se materialmente O 'líder-primeiro' e o 'servidor-primeiro' são dois opostos extremos. Entre eles, há tons e misturas que são parte da infinita variedade da natureza humana.*
>
> *A diferença se manifesta no cuidado que o 'servidor-primeiro' demonstra ao certificar-se de que as maiores prioridades do outro estão sendo atendidas. O melhor teste – e mais difícil de se administrar – é: aqueles que são servidos crescem como pessoas? Enquanto são servidos, eles se tornam mais saudáveis, mais sábios, mais livres, mais autônomos, mais propensos a tornarem-se, eles próprios, servidores?*

Na liderança servidora, os líderes entendem que estão no papel de apoiar as pessoas no alcance de suas metas. Estão constantemente tentando colocar a visão em prática e descobrir as necessidades do seu pessoal para ter um bom desempenho. Na verdade, esses profissionais também não querem que os colaboradores simplesmente os agradem, apenas querem fazer a diferença na vida das pessoas e causar impacto positivo na organização alcançando melhores resultados, entregando mais produtos e serviços em menor tempo, aumentando os lucros, etc. Em resumo, melhoria contínua em escala, com propósito!

A seguir citamos dez características em comum identificadas em um líder servidor:

1. Assistência
2. Compromisso com o crescimento das pessoas
3. Consciência
4. Contextualização
5. Criação de sentimento de comunidade
6. Empatia
7. Escuta
8. Persuasão
9. Previsão
10. Recuperação

O líder servidor precisa entender as pessoas como um todo. Seja mente, corpo, emoção e religião, as pessoas precisam se sentir capazes de liberar todo o seu arsenal de criatividade a favor de uma melhor satisfação no trabalho.

Líder servidor nos dias atuais

Como vimos, a liderança servidora não pressupõe hierarquia, cargos ou que seja formal; todos somos líderes de nós mesmos e podemos sempre liderar como servidor, como sabemos que é o caso do papel do *Scrum Master* dentro do *framework* de agilidade *Scrum*, um grande exemplo de líder servidor nos dias atuais.

O *Scrum Guide* nos diz: "O *Scrum Master* é um servo-líder para o Time *Scrum*. O *Scrum Master* ajuda aqueles que estão fora do Time *Scrum* a entender quais interações com o Time *Scrum* são úteis e quais não são. O *Scrum Master* ajuda todos a mudarem essas interações para maximizar o valor criado pelo Time *Scrum*".

O *Scrum Master* serve o *Product Owner*, o Time de Desenvolvimento e também a organização como um todo, ajudando em todas as esferas onde seja necessária a sua aplicação para entendimento do *Scrum* pelas pessoas dentro da companhia.

Para atuar como um bom líder servidor é necessário saber escutar e apoiar os times na identificação de problemas e tomar decisões; entender e desenvolver a empatia com todos; encorajar e apoiar o desenvolvimento pessoal de cada indivíduo; convencer em vez de usar o poder/cargo; pensar além das atividades triviais do dia a dia; ajudar sem diminuir o compromisso dos outros; treinar o time nas melhores práticas para desenvolvimento e sustentação da cultura ágil.

Ainda é possível ver parte dessas características e entender um pouco mais sobre liderança servidora nos livros "Radical Candor", de Kim Scott (2017), e "Tribal Leadership", de Dave Logan e John King (2008). No primeiro, a autora mostra que é necessário se preocupar e cuidar pessoalmente dos seus liderados, saindo um pouco do campo profissional e compartilhando mais do que apenas assuntos do trabalho. É necessário sempre se preocupar e perguntar como você pode apoiá-los de uma maneira melhor.

O segundo livro mantém um foco em linguagem e comportamento incorporado na cultura de um ambiente. Em "Tribal Leadership" os autores deixam claro que um "líder tribal" se preocupa e ajuda suas equipes a produzir resultados muito superiores ao sincronizar cultura e estratégia. Para esse fim, um dos aspectos mais importantes é estabilizar e desenvolver outras pessoas ao seu redor que lideram a partir de seu papel e experiência.

Case: liderança servidora

A empresa ABC tinha 19 filiais agrupadas em três regionais. Em uma dessas regionais estava a matriz, que tinha uma gestão muito centralizadora. A segunda maior filial da empresa (tamanho, número de colaboradores, faturamento) era considerada o patinho feio e muitas vezes motivo de chacota nas reuniões mensais, pois nenhum projeto era concluído com êxito pela equipe dessa filial. O clima da filial era péssimo, a equipe tinha baixa autoestima. Os resultados eram ineficientes, havia muito retrabalho e a rotatividade do time era alta.

Após muitas trocas de gestores, o presidente chamou Hélio Meirim, um gestor que atuava em outra divisão da empresa ABC. Disse-lhe tudo que achava da filial e de sua equipe, e solicitou a ele que assumisse a gestão dessa filial com o grande objetivo de fazer uma organização com todo o time, pois do contrário iria encerrar as atividades daquela filial.

Hélio pensou um pouco e considerou um ótimo desafio, pois não achava justo o tratamento que a filial recebia nas reuniões da diretoria. Negociou alguns termos com o presidente, como, por exemplo, não admitir que outros gestores ficassem interferindo na filial e tecendo comentários inadequados sobre a equipe. E durante o final de semana se debruçou sobre os indicadores da filial que iria assumir.

Ele já conhecia alguns membros da equipe e no primeiro dia de trabalho se instalou na sala de reuniões. Passou o dia conversando e acompanhando as atividades da filial e no final do expediente reuniu-se com as lideranças. Foi uma conversa franca, onde Hélio colocou de forma muito clara e transparente a situação em que a filial se encontrava. Mostrou os indicadores, os resultados financeiros e contou como muitas vezes viu os gestores daquela filial serem ridicularizados nas reuniões de Diretoria.

Disse que seu propósito era que aquela filial e todo o seu time passassem a ser respeitados pela diretoria, pelos gestores das outras filiais, pelos prestadores de serviço e pelos clientes. Mas que isso somente seria possível se todos ali presentes compartilhassem desse propósito.

Após alguns minutos de silêncio, muitos líderes disseram estar surpresos com a situação apresentada por Hélio e disseram nunca ter visto alguns dos números apresentados.

Hélio pediu a cada líder sugestões para reverter aquele quadro e atentamente foi anotando as sugestões de melhoria nas janelas de vidro da sala de reuniões. A partir daquele dia, a sala de reuniões passou a ser o QG dos líderes, que também se mudaram para lá e deram início a uma equipe mais forte e coesa, onde a comunicação e a colaboração aumentavam a cada dia.

Diariamente Hélio organizava rápidas reuniões para avaliação dos projetos em andamento e de novos projetos. Eram realizadas reuniões para acompanhamento dos principais indicadores de desempenho da filial, que passaram a ser preparados e apresentados pelos líderes que estavam diretamente responsáveis por aquele indicador. A própria equipe organizava pequenas celebrações a cada melhora conquistada e o clima da filial também ia ganhando ares menos pesados. Hélio passou a levar alguns líderes de seu time para participar das reuniões mensais da diretoria, e muitas vezes eles é que explicavam alguns dos indicadores. A cada reunião os líderes ficavam mais fortes, comprometidos com os resultados, e transmitiam aquela experiência para seus pares e para seu time.

Com o passar dos meses, os resultados foram melhorando e Hélio ficava feliz em estar servindo de apoio para aquele super time.

18. Líder transformacional

Juliano Granadeiro
Cristina Garcia Moreira

No dia 28 de agosto de 1963, às 11 horas da manhã, 250 mil pessoas marcharam em direção à capital dos Estados Unidos para ouvir o discurso de um homem. Esse discurso entraria para história e seria popularmente chamado de "I have a dream". Esse homem era Martin Luther King Jr. Nessa época, não havia redes sociais, grupos de WhatsApp, nem outras tecnologias atuais. Ele era um homem negro que, assim como diversos outros de sua época, também sofria com a segregação racial. Contudo, ele foi o único capaz de inspirar milhares de pessoas nessa proporção, envolvendo negros e brancos de diversos estados em torno de um propósito.

Nos anos 80 e 90, quase todos os brasileiros tinham um compromisso domingo pela manhã: paravam para assistir a uma pessoa que foi orgulho para todo um país. Apesar de sua morte, até hoje sua presença é forte no Brasil e fora dele. Ele serviu e serve de inspiração para diversas pessoas, não pelos seus números ou conquistas, mas pela pessoa que era e pelo que ele representava. Essa pessoa era Ayrton Senna. Independentemente do grande esportista que era, ele inspirava e dava orgulho ao país.

As duas pessoas citadas e descritas nos parágrafos anteriores foram seres humanos que, assim como nós, não eram os únicos em suas respectivas áreas de atuação, mas conseguiram gerar diversas transformações em seu meio profissional, ora articulando essas mudanças, ora inspirando pessoas a lutarem por elas.

Se analisarmos Martin Luther King Jr. e Ayrton Senna, veremos neles características de um líder transformacional e inspirador. O conceito de liderança transformacional foi apresentado por James MacGregor Burns (2003). Segundo ele, uma das suas principais características é o líder servir como inspiração para os liderados atuarem em prol de um bem comum, pois assim ele muda as motivações e percepções desses liderados.

Depois, Bernard M. Bass e Ronald E. Riggio evoluíram o conceito (2006), e nessa evolução o líder transformacional passa a ser definido a partir do nível de influência sobre seu liderado. Como consequência, o nível de respeito e admiração passa a ser medido através de uma liderança transformacional.

A liderança transformacional (ou carismática) é uma das abordagens mais relevantes da chamada "nova liderança" (ANTONAKIS; DAY, 2017). Os líderes carismáticos são pessoas que "pela força de suas habilidades pessoais são capazes de ter efeitos profundos e extraordinários nos seguidores" (HOUSE, 1977). É uma visão do líder como uma espécie de inspiração, que teoricamente seria capaz de levar seguidores a resolver problemas complexos através do seu magnetismo pessoal.

Na presença de uma liderança transformacional, o nível de lealdade, admiração e respeito é tão profundo que os liderados são mais motivados e dispostos a se dedicar mais quando comparados à presença de uma liderança transacional.

O líder transacional, mais conhecido como chefe, se importa apenas com os resultados e o cumprimento de prazos e esquece que há uma pessoa sendo liderada. Consequentemente, ignora questões como desenvolvimento, motivação, engajamento, dentre outras.

O líder transformacional possui quatro características:

- ✓ **Carisma:** capacidade de envolver e comunicar um propósito, ganhar simpatia e respeito das pessoas.
- ✓ **Estímulo intelectual:** promove o desenvolvimento pessoal e o uso da inteligência.
- ✓ **Atenção individualizada:** capacidade de realmente atender a cada pessoa individualmente, através de aconselhamento ou ouvindo cada pessoa em vez de tratá-las de forma generalizada.
- ✓ **Inspirador:** capacidade de engajar e transmitir os objetivos de forma simples e altamente impactante.

Agora propomos três exercícios:

- ✓ Pense em Martin Luther King Jr., Ayrton Senna ou outra pessoa que realmente o inspire e que você admire profundamente.
- ✓ Tente lembrar de alguma ação memorável dessa pessoa.
- ✓ Tente definir com exatidão por que você admira essa pessoa e por que ela é tão marcante.

Perceba como é difícil expressar em palavras a razão da sua admiração. Você pode até usar alguns adjetivos ou citar alguns fatos, mas a sensação é de que falta algo.

Isso acontece porque eles são líderes inspiradores. Algumas pessoas tentam copiar essas atitudes, mas não soa tão natural, enquanto outras, como em um passe de mágica, conseguem atingir esse nível de naturalidade e autenticidade.

Segundo Simon Sinek (2018), tais líderes conseguem chegar a esse nível por possuírem um propósito, ou seja, eles começam pelo PORQUÊ. Esses líderes possuem uma visão muito clara e forte de qual é o seu propósito, de qual é a sua causa. Isso é tão forte neles que serve como base para cada palavra, cada atitude, cada gesto no seu dia a dia. A consequência disso é que eles se tornam a materialização desse propósito, e isso comunica direto ao que existe de mais íntimo em cada pessoa.

Essa seria a razão pela qual alguns líderes conseguem realmente nos inspirar e outros não nos impactam tanto. Um líder inspirador se comunicará de dentro para fora, falando do seu propósito, depois de seus valores e princípios e apenas no final o que faz. Já os líderes que não conseguem nos impactar falam primeiro o que fazem, depois falam dos seus valores e princípios e muitas vezes não sabem o seu propósito.

Segundo Sinek (2018), saber essa ordem é importante, pois as pessoas se convencem não pelo o que você faz, mas pelo "PORQUÊ" você faz. Com o intuito de aprimorar nossa liderança e ter algum meio para visualizarmos esse modo de ser, Simon Sinek desenvolveu o Círculo de Ouro, o qual consiste em três círculos, um dentro do outro. No meio temos o PORQUÊ, na segunda camada seria o COMO e na última o O QUE.

- ✓ **Porquê:** este é o principal fator, é o que o tornará um líder realmente inspirador. Você precisa saber qual é o seu propósito, o porquê de você estar na função de líder e qual é a sua causa.
- ✓ **Como:** depois de definido o PORQUÊ, agora você precisa identificar COMO dará vida a esse propósito. Isso se faz através do COMO, que é a definição de princípios e valores que se alinham ao seu propósito e acabam norteando suas ações.
- ✓ **O que:** neste item serão definidas as ações, o que você faz como líder, que são baseadas no COMO e que estão alinhadas ao PORQUÊ.

Somente quando há equilíbrio entre os três círculos é que o nível de autenticidade é atingido, segundo Sinek (2018).

Contudo, a coisa não é tão simples como descrito. Existem três fatores importantes para que o círculo de ouro tenha equilíbrio e se torne real: clareza do PORQUÊ, disciplina do COMO e consistência do O QUE.

O seu PORQUÊ precisa ser muito claro para você, pois ele será sua força motriz. Se isso não for claro para você, com certeza não será para os outros e acabará afetando as demais camadas.

O COMO exige disciplina, pois está relacionado com valores e princípios. Se ser atencioso é um COMO seu, ele exige uma disciplina que o obriga a ser atencioso sempre. Não é de vez em quando, não é quando está de bom humor, não é quando convém, mas, sim, ser atencioso sempre que for necessário, independentemente de qualquer coisa e contra quem você precisar ir contra. Se seu propósito é claro, essa parte acontece naturalmente.

A consistência do O QUE acaba se tornando uma consequência da clareza e da disciplina. Quando ambos são bem definidos e verdadeiros, você acaba tendo consistência em suas atitudes e resultados.

Se hoje você não é um líder inspirador ou transformacional, saiba que um dia poderá se tornar um. Liderança inspiradora é algo que precisa ser construído continuamente e precisa de um propósito real. Se você encontrar o seu, já está no caminho correto. Conforme dito por Sinek (2019), não existe especialista em liderança: somos todos estudantes, uns mais avançados e outros menos. O ato de liderar é algo que está sempre em construção e exige prática. Deve-se tentar todos os dias ser um líder melhor do que você era ontem.

19. Liderança polímata

Michael Araki
Thiago Freire
Júnior Rodrigues

Introdução

Em um mundo com um ambiente de negócios cada vez mais VUCA (já citado no Capítulo 2), qual tipo de liderança se apresenta como mais eficaz?

Esta pergunta fez com que Michael Araki destacasse algo sobre a liderança: embora muitos afirmem que estamos no início de uma mudança histórica muito importante (GOMBRICH, 2016) e que essa revolução acarreta desafios sem precedentes para nossas organizações e sua liderança (ANTONAKIS; DAY, 2017), a maior parte da pesquisa e das práticas atuais sobre o tema ainda se baseia fortemente nos modelos dos anos 80 de liderança carismática/transformacional (DINH et al, 2014).

A liderança polímata nasce, portanto, como uma alternativa, a partir da percepção de que, em vez de carisma, precisamos de um estilo de liderança que honre o melhor de nossas capacidades mais elevadas, alavancando a nossa criticidade, reflexão, empatia e criatividade.

Para isso, é preciso uma abordagem diferente sobre como lidamos com o conhecimento e como negociamos nossas diferenças, especialmente em momentos críticos de estresse, competitividade e de alta pressão, onde a criatividade e a inovação deixam de ser um diferencial e passam a ser elementos críticos para a própria sobrevivência.

Essa abordagem recebeu esse nome porque a polimatia é a forma mais bem-sucedida que se conhece de gerar inovações e de trabalhar a antifragilidade. Isso porque incorpora os valores de amplitude, profundidade e integração, em favor de uma abordagem mais sistêmica, além de honrar a importância do rigor, da precisão e da profundidade do conhecimento (ARAKI, 2018).

Além disso, ser polímata implica ir além das barreiras artificiais e explorar corajosamente lacunas e interseções, além da polimatia nos ajudar a identificar bases comuns que cruzam disciplinas ou outros silos artificiais (BURKE, 2012; COHEN, 2015). Assim, a liderança polímata é definida como "um padrão de comportamentos de liderança que incentiva a obtenção de níveis mais altos de amplitude, profundidade e integração dentro do grupo para superar, coletivamente, problemas difíceis e gerar transformações e contribuições positivas para a sociedade" (ARAKI, 2015).

Em conclusão, é um estilo de liderança centrado no aprimoramento dos níveis de conhecimento, sabedoria e integração dentro do grupo com o objetivo de ir além do pensamento fragmentado e resolver problemas difíceis e complexos que exigem uma abordagem mais sistêmica, complexa ou holística.

O que é polimatia?

Significa a aquisição de conhecimento amplo e profundo (seja de natureza epistêmica, técnica ou empírica), assim como a utilização desse conhecimento para gerar soluções novas e adaptativas (ARAKI, 2018; ROOT-BERNSTEIN; ROOT-BERNSTEIN, 2018) baseadas nos três componentes a seguir:

- ✓ A **abrangência** se refere à extensão (latitude ou amplitude do conhecimento) e à diversidade (qualidade de possuir conhecimento em domínios não adjacentes). Um dos principais méritos da polimatia é permitir que percebamos as lacunas existentes entre diferentes áreas e que consigamos analisar criticamente uma posição por meio de diversos pontos de vista (BURKE, 2012).
- ✓ A **profundidade** é obtida através do aumento constante da sistematização do conhecimento e da experiência. Está ligada ao conceito de expertise (HERLING, 2000). Isto é, a pessoa deve ser capaz de desenvolver métodos e sistemas de resolução de problemas cada vez melhores a partir do conhecimento já cristalizado na sociedade (explícito) ou obtido através da própria experiência (tácito) (NONAKA; TAKEUCHO; UMEMOTO, 1996).
- ✓ Por fim, a **integração** é a capacidade de conectar habilidades, talentos e atividades aparentemente díspares em um todo de forma sinérgica, unindo a abrangência e a profundidade existentes e elevando-as para algo mais do que a soma das partes. A integração é o que torna possível as habilidades discutidas anteriormente, sem as quais torna-se impossível a conexão de ideias, princípios e conceitos.

Assim, a polimatia se dá através da combinação desses três elementos em um ciclo virtuoso: o **ciclo polímata** (Figura 19.1). Nele, cada um dos elementos é vital, necessário e retroalimenta os outros. Conseguir alimentar esse ciclo de forma sustentada e inteligente tem sido o segredo de gênios com pensamento polímata através das eras, desde Leonardo da Vinci até contemporâneos como Elon Musk.

Figura 19.1. O ciclo polímata.
Fonte: os autores.

Como utilizar a liderança polímata?

O líder polímata é capaz de promover a evolução do ciclo polímata na sua equipe e na sua organização, cabendo ressaltar que essa liderança é centrada em um padrão de comportamentos que incentiva o grupo, e não no fato de o líder ser ou não ser um polímata. Tal líder deve, portanto, atentar para as cinco ações-chave e para as cinco qualidades descritas a seguir e consolidadas na Figura 19.2.

As cinco ações-chave da liderança polímata

A obtenção de níveis mais altos de amplitude, profundidade e integração dentro do grupo está, naturalmente, entre os principais elementos da liderança polímata, que deve ter como foco principal o desenvolvimento destes. Se o grupo está coeso demais, mais amplitude é necessária. Se as ideias estão fracas e com pouco conteúdo, mais profundidade é necessária. Se problemas se perdem entre as áreas e nunca são resolvidos, mais integração é necessária. E, para isso ocorrer, são essenciais outras duas ações:

- ✓ **Desafiar com humildade:** atuar com coragem, confiança e desejo de buscar a verdade, conjugando isso com humildade intelectual.
- ✓ **Otimizar o fluxo de ideias:** agir em direção ao equilíbrio, moderando com sabedoria a atividade do grupo, ora promovendo a divergência, ora promovendo a convergência, a depender da análise e da reflexão do líder.

As cinco qualidades do líder polímata

Para que as ações do líder fluam e se atualizem de forma plena e ótima, é necessário trabalhar cinco qualidades:

- ✓ **Visão integrativa:** capacidade de desenvolver e manter traços, valores e ideias opostos em um grupo e em si mesmo, assim como negociá-los e integrá-los em algo maior.
- ✓ **Plasticidade:** capacidade de se adaptar rápida e eficientemente ao ambiente, realizando ações para responder a contingências ou a novas informações, além de utilizar habilidades ou conceitos opostos, igualmente bem e em equilíbrio.
- ✓ **Abertura com visão crítica:** estar aberto a ideias novas e diferentes, mas também consciente e crítico da qualidade, bem como da relevância da informação.
- ✓ **Empatia cognitiva:** capacidade de compreender as ideias de outra pessoa, assim como o verdadeiro significado ou propósito por trás delas.
- ✓ **Força do caráter:** conjunção de autenticidade (relacionamento baseado em ideias e crenças genuínas) com coragem intelectual (fazer o que deve ser feito a despeito das pressões contrárias), que ajuda na mudança face às novas informações e integrações.

Figura 19.2. Liderança polímata.
Fonte: Araki (2015).

A liderança polímata tem como objetivo ser um guia para as coisas darem certo onde há grande perigo para as coisas tenderem ou para o caos, ou para o complexo, ou para o complicado demais (SNOWDEN; BOONE, 2007). Quando as coisas são simples e as melhores práticas funcionam sem disrupções, outros tipos mais tradicionais de liderança podem funcionar de forma ótima. Assim, vale a pena também compararmos a liderança polímata com outras propostas de liderança muito comuns e prevalentes no mercado e na pesquisa sistemática sobre o assunto.

Liderança polímata *versus* transformacional

Como apresentado no capítulo anterior, a liderança transformacional tem suas bases na capacidade carismática do líder. Posteriormente, procurou-se teorizar sobre os fundamentos da interação líder-seguidor, segundo o qual o poder é utilizado pelos líderes transformacionais para melhorar a comunicação com os seguidores e entender seus objetivos e necessidades (CONGER, 1999). Para isso, os líderes devem exibir um comportamento inspirador e altamente motivacional com os seguidores. Com base nessa ideia, Bass e Avolio (1994) propuseram uma estrutura com quatro dimensões da liderança transformacional: (1) influência idealizada; (2) motivação inspiradora; (3) consideração individualizada; e (4) estimulação intelectual. Vamos comparar esses aspectos um a um com os preceitos da liderança polímata.

- ✓ **Influência idealizada.** Também conhecida como carisma, é uma dimensão fundamental da liderança transformacional, mas não é um componente focal da liderança polímata, e nem é desejável em muitos casos. A liderança polímata está calcada em um exame minucioso da realidade para resolver problemas. Idealizar um líder e elevar o que ele pensa e diz devido ao seu "comportamento inspirador" não é conducente à resolução de problemas em um ambiente que requer a criatividade e o pensamento crítico de cada membro; na verdade, o "carisma" costuma ser terrivelmente perturbador para esse fim.
- ✓ **Motivação inspiradora.** Da mesma forma, essa dimensão não é um componente focal da liderança polímata. A liderança polímata se preocupa com o autodesenvolvimento e o desenvolvimento da confiança intrínseca dos membros. Inspiração externa é algo passageiro e visto como não sustentável na liderança polímata.
- ✓ **Consideração individualizada.** Embora todo mundo goste de atenção e carinho, isso também não é um componente focal da liderança polímata. Consideração individual é sempre bem-vinda, mas requer tempo do líder para tal. Na liderança polímata, a pessoa de maior hierarquia não é ninguém especial, dotado

de habilidades magnéticas. É alguém que está em uma posição de poder, pois ele demonstrou alta capacidade de implementar as cinco ações, demonstrando também as cinco qualidades. Dessa forma, o ambiente é sempre de consideração mútua e de bastante comunicação em um nível horizontal, onde as ideias importam mais do que as patentes hierárquicas. Assim, cada membro deve ir desenvolvendo a capacidade de se autorregular na consideração das ideias uns dos outros, seja na presença ou ausência da pessoa com maior nível hierárquico.

✓ **Estimulação intelectual.** Essa dimensão apresenta a maior afinidade conceitual com a liderança polímata, pois se refere a desafiar as normas organizacionais, incentivar o pensamento divergente e incentivar os seguidores a desenvolver estratégias inovadoras, bem como a solicitação de ideias criativas dos seguidores. Contudo, desafiar apenas não basta, é preciso fazer isso com humildade intelectual (empatia) e tendo um conhecimento prévio dotado de profundidade, senão o comportamento é inócuo. Além disso, a liderança polímata é muito mais específica sobre o quê e o como desse estímulo intelectual. Não se solicita "criatividade" na liderança polímata, ela é todos os dias estimulada através das cinco ações e das cinco qualidades polímatas da liderança e dos membros do grupo.

Liderança polímata *versus* autêntica

A liderança autêntica se apresenta como contraponto de exemplos de péssima liderança, baseando-se na autenticidade, a qual, de acordo com Henderson e Hoy (1983), depende de três componentes: (1) aceitação da responsabilidade pessoal e organizacional por ações, resultados e erros; (2) a não manipulação de subordinados; e (3) a importância do eu em relação aos requisitos de função.

Assim, a liderança autêntica foi definida como "um padrão de comportamento do líder que utiliza e promove capacidades psicológicas positivas e um clima ético positivo, para promover maior autoconsciência, uma perspectiva moral internalizada, processamento equilibrado de informações e transparência relacional por parte dos líderes trabalhando com seguidores, promovendo o autodesenvolvimento positivo" (WALUMBWA et al, 2008). É composta pelas quatro dimensões dispostas adiante:

✓ **Autoconsciência.** Refere-se à conscientização e compreensão dos valores, motivos e emoções principais que regem o comportamento. É a dimensão pela qual uma pessoa pode julgar a realidade e estabelecer julgamentos morais. A autoconsciência de forma ampla também é fundamental para a liderança polímata, em especial para desenvolver uma compreensão profunda e manter a força de caráter frente a pressões externas, sendo desenvolvida através da triangulação de várias fontes de informação. Caso contrário, a pessoa julgará a realidade e terá uma base moral restrita.

- ✓ **Transparência relacional.** Refere-se à representação verdadeira de si mesmo para os outros, em oposição a se exibir de maneira falsa ou distorcida. Ela está por trás das ideias centrais de autenticidade e é muito importante para a liderança polímata, uma vez que envolve relacionamentos sustentáveis e significativos. Sem autenticidade e transparência, é difícil construir o nível de relacionamento necessário para a profundidade necessária para as trocas polímatas.
- ✓ **Perspectiva moral internalizada.** São padrões morais e éticos internos da pessoa que superam pressões externas. Está relacionada com a qualidade da força de caráter na liderança polímata. Isto é, dentro de um contexto polimático, cada membro deve colocar para frente as posições nas quais genuinamente acreditam, porém – mais uma vez – é necessária a abertura crítica das outras partes.
- ✓ **Processamento equilibrado.** Significa solicitar diferentes fontes de informações relevantes sobre uma questão. Deve abranger não apenas as opiniões favoráveis às crenças e posições do tomador de decisão, mas também, e especialmente, as opiniões que genuinamente se opõem a elas. No fim, a liderança polímata procura um processo que seja antifrágil em relação a distorções e vieses, com um número pequeno de componentes e comportamentos, fundamentados e integrados.

Hoje estamos nos movendo rapidamente para uma situação cada vez mais desafiadora, na qual temos que lidar com um mundo de grandes problemas e grandes volume de dados, o que exige que cheguemos a soluções igualmente grandes. Como sabemos, grandes soluções raramente vêm de mentes estreitas, contudo, o desafio também é grande demais para qualquer pessoa sozinha resolver, independentemente de sua amplitude. Daí a necessidade de uma equipe ou organização pautada pelos valores polímatas.

Dessa forma, o líder deve promover intercâmbios significativos que aumentem a amplitude, a profundidade e a integração do conhecimento entre os membros do grupo, para que possam ser feitas transformações e contribuições positivas para as organizações, bem como para a sociedade.

20. Liderança feminina

Bárbara Cabral da Conceição
Patricia Silva Corrêa
Cristina Garcia Moreira
Andreia Rodrigues Azevedo

A liderança feminina caracteriza-se por um conjunto de habilidades, mais acentuado nas mulheres, devido a todo um contexto histórico que as associa a cuidadoras e protetoras do lar. Entretanto, essas habilidades podem ser encontradas e desenvolvidas em outros indivíduos, independentemente do gênero.

As habilidades da liderança feminina incluem habilidades técnicas (*hard skills* ver Capítulo 37) e também fortemente as habilidades que envolvem aptidões mentais, emocionais e sociais (*soft skills* – ver Capítulo 29). Por isso, pessoas com essas habilidades são mais objetivas, persuasivas e estão dispostas a assumir mais riscos.

Panorama atual da liderança feminina

No mundo atual, as características da liderança feminina têm sido apontadas como habilidades que qualquer líder deveria ter, independentemente de gênero. Paralelamente a isso, também independentemente do gênero, oportunidades e salários deveriam se semelhantes. Contudo, os dados provenientes de pesquisas realizadas mostram que essa igualdade ainda não foi alcançada, tanto no Brasil quanto no mundo.

A associação europeia *Women on Boards,* com sede em Bruxelas, publicou estudo em janeiro de 2020 identificando que apenas 28 empresas chefiadas por mulheres fazem parte do índice europeu STOXX 600.

Segundo a presidente da associação, a igualdade de gênero ainda está longe de ser alcançada, apesar das boas intenções no mundo corporativo atual. Estudos indicam que nenhum país ainda conseguiu estabelecer essa igualdade, apesar de a União Europeia ter estabelecido um prazo de até 2030 para que isso ocorra.

No Brasil, um estudo da consultoria Bain & Company realizado em julho de 2019 em parceria com o LinkedIn aponta que apenas 3% da alta liderança executiva no Brasil é ocupada por mulheres (BATISTA; MATTOS, 2019). Ou seja, o panorama atual está longe de ser o ideal.

A pesquisa ainda mostra que uma mulher, se comparada a um homem, tem 1,5 mais chance de não ser cogitada para ocupar uma função de liderança, devido a características de relacionamento interpessoal e diferenças de estilo de liderança; tem 1,6 mais chance de receber um menor salário, mesmo desenvolvendo funções semelhantes aos homens; tem 1,7 mais chance de não ser cogitada para ocupar posições de liderança por ser considerada pouco comprometida.

Habilidades mais desenvolvidas na liderança feminina

As pessoas que possuem características de liderança feminina utilizam as habilidades de inteligência emocional (ver Capítulo 23) e possuem um perfil diferenciado. Isso porque praticam o que pregam, fazem *coaching* com sua equipe, delegam e compartilham poder, mantendo um olhar diferente com relação aos aspectos humanos e sobre como lidar com eles, sem perder de vista as metas e os resultados.

Daniel Goleman, Richard Boyatzis e pesquisadores do McClelland Institute desenvolveram o *Emotional and Social Competency Inventory* (ESCI), uma escala que mapeia 12 competências de inteligência emocional essenciais para a liderança. Quem possui habilidades características da liderança feminina destaca-se em todas as 12 competências da escala. A seguir citamos algumas delas:

- ✓ **Empatia.** No ambiente de trabalho é uma característica indispensável para melhorar a qualidade da comunicação e do relacionamento interpessoal. Leva à compreensão de dificuldades dos colegas de trabalho, ajudando a diminuir e até a evitar conflitos, pois traz entendimento do comportamento e das decisões do outro em determinadas circunstâncias.
- ✓ **Adaptabilidade.** Dentro do contexto do mundo VUCA (ver Capítulo 2), essa é uma característica muito relevante para os profissionais que precisarão lidar cada vez mais com diversas mudanças nas empresas, como: processos, tecnologias, modelos de negócios, estratégia, produtos e serviços, necessárias para continuarem competitivas e relevantes. É preciso saber viver em condições diferentes daquelas que nos são comuns, interagindo com facilidade diante de novas realidades e adaptando-se de forma rápida.

✓ **Trabalho em equipe.** Pesquisadores do *Massachusetts Institute of Technology* (MIT) e da *Carnegie Mellon University* concluíram que grupos com maior número de mulheres são os que têm mais inteligência coletiva (CARVALHO, 2010) e a explicação, segundo os cientistas, é o melhor desempenho feminino no item sensibilidade social, ou seja, empatia. Em entrevista, uma pesquisadora informa que essa preocupação em relação à emoção do outro influencia no trabalho em equipe.

Essa maior sensibilidade social permite que as mulheres tenham um ótimo desempenho na leitura da linguagem corporal, resultando na capacidade de conseguir fazer uma leitura rápida do jeito de ser de outra pessoa. No trabalho, isso faz com que elas antecipem como os outros vão reagir, o que ajuda muito nas relações e tomadas de decisões.

Habilidades da liderança feminina no engajamento dos times

Pessoas que possuem característica de liderança feminina destacam-se nas 12 habilidades da escala ESCI, conforme descritas e categorizadas nos quatro grupos a seguir:

Tabela 20.1. Doze habilidades da inteligência emocional. Fonte: Goleman (2016).

Autoconsciência	Autoconsciência emocional
Autogerenciamento	Autocontrole emocional, adaptabilidade, orientação para atingir objetivos, visão positiva
Consciência social	Empatia, consciência organizacional
Gerenciamento de relações	Influência, *coaching* e mentoria, gerenciamento de conflitos, trabalho em equipe e liderança inspiradora

Com essa gama de habilidades disponíveis, a liderança feminina tem grande capacidade de engajar, inspirar pelo exemplo e promover a empatia e a colaboração, criando ambientes seguros para assumir riscos e estimular a inovação, mantendo o foco das equipes orientadas para o atingimento de objetivos com uma visão positiva. Dessa forma, consegue se adaptar rapidamente às mudanças e gera resultados que agregam valor para o propósito definido.

A liderança deve propiciar espaço à gestão democrática e coletiva, diferentemente do passado. Precisa ser catalisadora e inspiradora: que dá poder.

Líderes inspiradoras

A seguir, uma lista com nomes de líderes femininas inspiradoras que merecem ser acompanhadas:

- ✓ Luiza Trajano (Magazine Luiza)
- ✓ Dani Junco (Be2mammy)
- ✓ Talita Matos (Impact Hub)
- ✓ Michelle Obama
- ✓ Camila Farani (Shark Tank)

21. Liderança eficaz: cinco regras do código de liderança

Cristina Garcia Moreira
Juliano Granadeiro

A missão de liderar possui diversos desafios e responder à pergunta "como ser um líder eficaz?" é uma tarefa muito difícil. Diante desta pergunta, os autores Dave Ulrich, Norm Smallwood e Kate Sweetman (2009) resumiram em cinco regras os muitos processos, modelos e estudos sobre liderança existentes com o objetivo de identificar as principais regras que os grandes líderes seguem.

Após a realização de suas pesquisas, os autores chegaram à conclusão de que a liderança pode ser dividida em duas partes principais:

- ✓ **Código da liderança:** representa entre 60% e 70% do que torna um líder eficaz, englobando o básico, o fundamental ou o essencial sobre liderança.
- ✓ **Diferenciadores da liderança:** variam conforme a estratégia e a visão adotada pela empresa, os requisitos necessários para cada tarefa e as características de cada líder.

Dessa forma, concluíram que dominar o código se torna a base sobre a qual se sustenta a liderança, e os fatores diferenciadores a complementam.

O código da liderança foi dividido em cinco regras e mapeado em duas dimensões da seguinte forma: foco (organizacional e individual) e tempo (curto e longo prazo). As regras 1 e 2 referem-se ao foco organizacional, e as regras 3 e 4, ao foco individual. A regra 5 é a regra central, que fornece apoio para as outras duas dimensões e está relacionada à competência do líder (autogerenciamento).

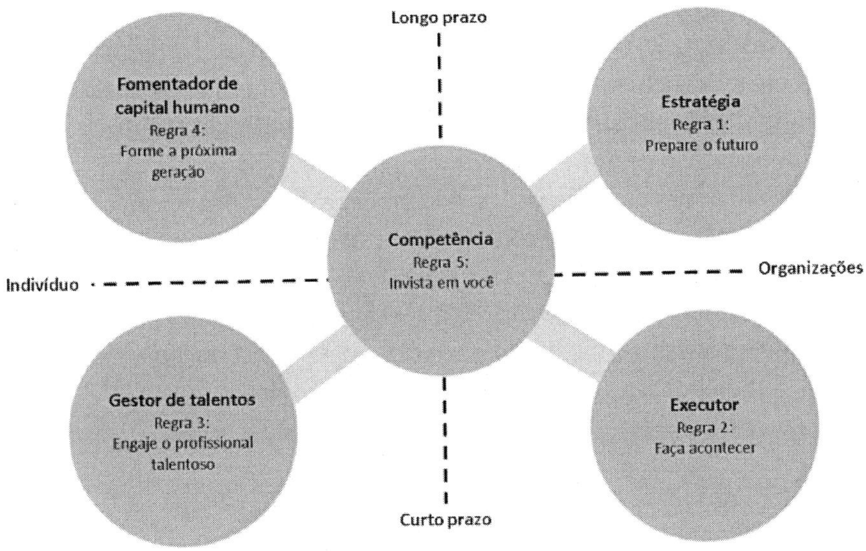

Figura 21.1. As cinco regras do código da liderança.
Fonte: adaptado de Ulrich; Smallwood; Sweetman (2009).

Nos próximos tópicos, segue a descrição sintetizada das cinco regras sugeridas pelos autores.

Regra 1: prepare o futuro – seja um estrategista

- ✓ Seja curioso e desenvolva uma visão acerca de seu futuro; saia da zona de conforto.
- ✓ Leia sobre todos os assuntos e não apenas sobre sua especialidade.
- ✓ Sempre questione e pense em outras possibilidades, outras ideias, outras formas de fazer; tenha sempre em mente a pergunta: "e se eu fizer de outra forma?".
- ✓ Construa uma rede de relacionamentos diversificada, principalmente com pessoas que pensem diferente de você, para que assim você tenha condições de conseguir ver o mundo de um ponto de vista diferente do seu.
- ✓ Busque conhecimento sobre tecnologia, pois vivemos em um mundo onde ela é indispensável.
- ✓ Coloque-se no lugar dos clientes de sua empresa e olhe para si mesmo com os olhos deles.
- ✓ Prepare-se para o futuro envolvendo outras pessoas no desenvolvimento de sua estratégia. Toda a organização precisa estar engajada, pois ninguém sabe o bastante para fazer tudo sozinho.

Regra 2: faça acontecer – seja um executor

- ✓ Execute mudanças necessárias. O líder executor consegue conectar o presente ao futuro, administrar seu tempo e ganhar o comprometimento do time com o cumprimento de metas e prazos.
- ✓ Adote um protocolo de decisões. A identidade de um líder é caracterizada pela forma com que ele decide e implementa suas decisões.
- ✓ Assegure que a equipe se sinta responsável pelo alcance das metas e dos objetivos. Estabeleça metas claras e forneça *feedback*.
- ✓ Seja pessoalmente qualificado e selecione a equipe com capacidade técnica e com as habilidades necessárias para a ocupação dos cargos.

Regra 3: engaje o profissional talentoso – seja um gestor de talentos

- ✓ Assuma a responsabilidade pelo fracasso e divida com a equipe os créditos do sucesso obtido.
- ✓ Tenha foco na comunicação com o colaborador, mantendo um diálogo aberto e franco dizendo o que é esperado dele e como ele está se saindo com relação às metas alinhadas.
- ✓ Os diferentes talentos que estão sob sua liderança precisam ser admirados. A tendência, ainda que inconsciente, do ser humano é estar rodeado de pessoas que pensem de forma parecida com a sua, mas isso não traz diversidade para a empresa e não contribui para o alcance dos objetivos.
- ✓ Garanta que a equipe tenha as competências necessárias quando fizer a seleção para a vaga. Além disso, após a contratação, o líder precisa treinar e ser o mentor desse colaborador para que ele desenvolva suas competências.
- ✓ Forneça recursos adequados para que o colaborador consiga cumprir suas metas e lide com as pressões inevitáveis de prazos.
- ✓ Mantenha um ambiente positivo no local de trabalho, que não seja tóxico e onde os colaboradores sejam tratados com respeito e não sofram assédio de nenhum tipo.
- ✓ Crie um ambiente divertido no local de trabalho. Isso favorece a diminuição do estresse natural e abre espaço para as inovações, além de tornar o clima mais leve.

Regra 4: forme a próxima geração – seja um fomentador de capital humano

- ✓ Auxilie os colaboradores a desenvolver suas competências e administrar suas carreiras.
- ✓ Realize o mapeamento da força de trabalho. O líder precisa identificar os colaboradores com o perfil adequado para ocupar as principais funções.
- ✓ Identifique e treine a próxima geração de talentos para garantir a construção de um legado de continuidade da empresa no futuro.
- ✓ Delegue e dê poder para que os colaboradores assumam responsabilidades.
- ✓ Incentive relacionamentos e o trabalho em equipe de forma que todos trabalhem de forma colaborativa.

Regra 5: invista em você – seja competente

- ✓ Não se apegue aos detalhes. Coloque em prática a clareza de raciocínio que envolve razão, emoção, intuição e intelecto. Seja ousado e tenha coragem – líderes com essas características também cometem erros, mas não desistem e aprendem com eles.
- ✓ Conheça-se bem. Para liderar, primeiramente você deve se conhecer e saber quais são seus pontos fortes e quais aspectos precisam ser desenvolvidos.
- ✓ Saiba administrar o estresse. Tome como lição aprendida algo que não deu certo em vez de se martirizar. Além disso, é necessário que o líder se mantenha calmo e controlado em situações de dificuldade, assim a equipe também se manterá sob controle.
- ✓ Seja sempre um aprendiz, mantendo-se sempre curioso, não só sobre fatos que acontecem na empresa, mas também sobre fatores externos, como o que ocorre no mercado como um todo.
- ✓ Seja criativo e busque ter novas ideias.
- ✓ Mantenha-se íntegro. Os princípios básicos da liderança são a integridade, a ética, a moralidade e o caráter.
- ✓ Cuide-se. Os líderes passam constantemente por grandes pressões, portanto cuide de seu emocional, seu físico, sua família e sua rede social.
- ✓ Seja exemplo. Tenha paixão pelo seu trabalho, mantenha a energia, lidere pelo exemplo. Os colaboradores da empresa têm necessidade de perceber seu engajamento para permanecerem também engajados. Eles observam o comportamento do líder e seguem.

Diferenciadores da liderança

Segundo os autores, os diferenciadores da liderança são as competências que diferenciam os líderes de cada empresa e alinham os comportamentos do líder com a expectativa dos clientes. Esses diferenciadores são traduzidos como características e competências exclusivas de cada líder, que podem ser claramente identificadas quando os líderes são observados, ou seja, podemos ter dois líderes que cumprem perfeitamente todos os requisitos sugeridos no código de liderança e ainda assim são totalmente diferentes – os diferenciadores é que são responsáveis por essa identidade de cada líder. O líder que domina o código e cria diferenciadores que o tornem único consegue imprimir sua marca e identidade pessoal.

Marca da liderança eficaz

Dave Ulrich e Norm Smallwood (2007) sugerem que a marca da liderança compreende a seguinte fórmula:

Marca da liderança eficaz = código da liderança x diferenciadores da liderança

Segue o gráfico com a ilustração dessa fórmula:

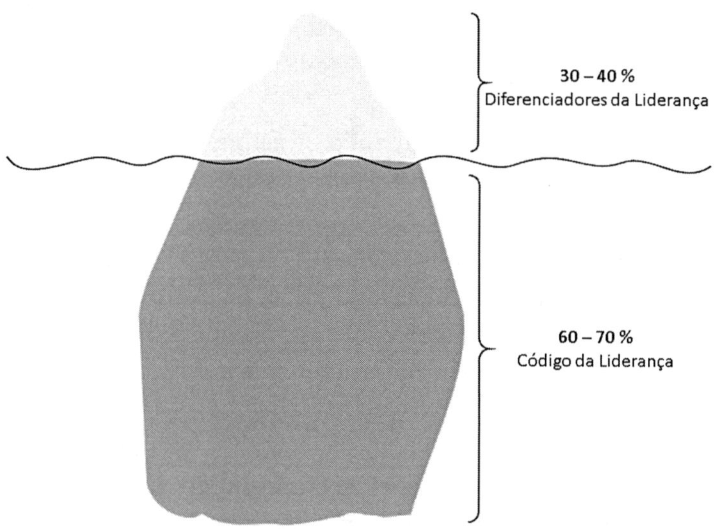

Figura 21.2. Marca da liderança.
Fonte: adaptado de: Ulrich; Smallwood; Sweetman (2009).

É claro que a liderança não é uma "receita de bolo", mas se o líder buscar ter os elementos propostos no código da liderança, que foi proveniente de muitas pesquisas e estudos, e criar sua identidade através do desenvolvimento dos diferenciadores de liderança aliados à identidade e à marca da empresa, o líder terá uma valiosa ferramenta para alcançar a eficácia em sua liderança e consequentemente conseguirá atingir os objetivos da empresa.

22. Liderança criativa

Thiago Freire
Vitor Cardoso
Marcelo Viviani Junior

O mundo dos negócios está mudando rapidamente. Como nos preparamos para liderá-lo?

A economia global está evoluindo mais rápido do que nunca e colocando pressões sem precedentes sobre empresas e seus líderes para que se preparem para os desafios corporativos de amanhã – e rápido. E o quão significativas são essas mudanças para as lideranças das companhias, sejam grandes corporações ou *startups* enxutas?

Desde 2012 pesquisas do *Globalist Talent Competitiveness Index* mostram que a falta de criatividade é vista por empregadores como a falha mais séria em novas contratações. Ainda hoje, criatividade pode ser considerada uma habilidade fundamental. É o que aponta um estudo realizado pelo LinkedIn (CHARLTON, 2019), onde a criatividade é vista como uma das cinco habilidades que as empresas mais precisam e, não por acaso, a liderança foi classificada como a habilidade mais necessária a ser desenvolvida pelos colaboradores em 2019.

Nesse contexto, como podemos preparar os líderes para agir proativamente a partir das demandas do futuro no mercado de trabalho?

É necessário um tipo de liderança especial para orientar e direcionar as ações mesmo sabendo que elas podem não funcionar. Essa mentalidade requer o desenvolvimento da habilidade de criar valor a partir de cenários inesperados.

O que é liderança criativa?

Liderança criativa é um estilo de liderança baseado no conceito de trabalhar em cooperação para desenvolver ideias inovadoras, criando condições que promovam a criatividade.

A expressão "liderança criativa" é comumente usada em estudos organizacionais e foi referenciada pela primeira vez em 1957.

A liderança criativa ganhou mais relevância em 2010, quando a IBM apresentou os resultados do *CEO Global Study*, que apontou, de acordo com os diretores executivos entrevistados, a criatividade como a qualidade mais importante para os líderes construírem empresas de sucesso, superando integridade e pensamento global. As justificativas apontadas pelos CEOs para considerarem líderes criativos tão importantes estão na imagem a seguir (Figura 22.1):

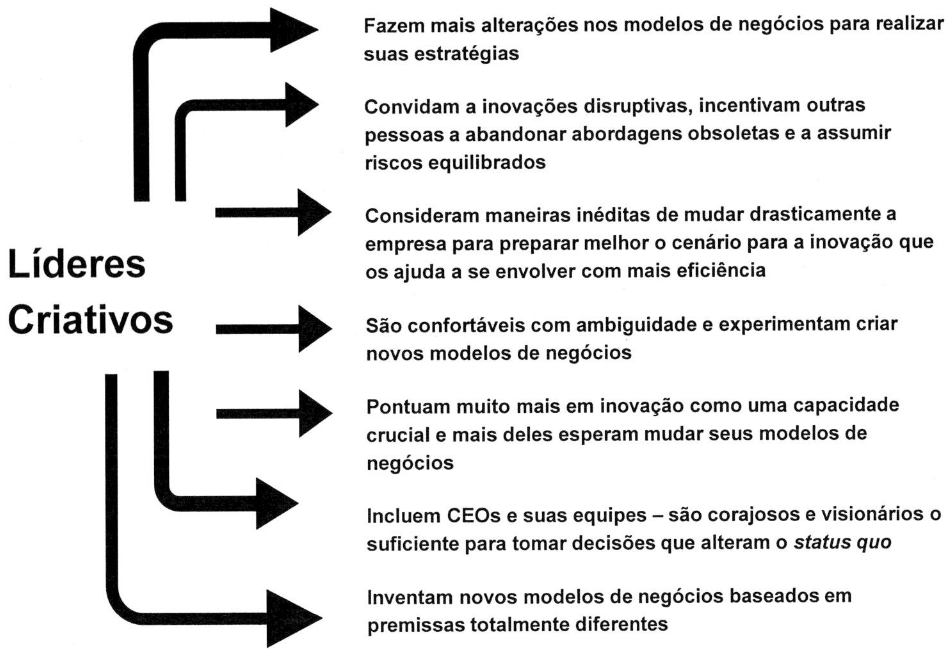

Figura 22.1. Líderes criativos.
Fonte: IBM (2010). Traduzido pelo autor.

Ainda assim, pesquisas sinalizam que, embora as organizações possam alegar que valorizam a liderança criativa, a maioria delas tende a promover líderes que não defendem a liderança criativa e, em vez disso, são avessos ao risco e mantêm o *status quo*.

O porquê da liderança criativa

Conforme estudiosos apontam, tanto a criatividade quanto a liderança são habilidades que podem ser desenvolvidas e ampliadas.

De acordo com a professora Dra. Jo Yudess (2018), do Buffalo State College, um dos maiores centros de estudo sobre criatividade, todas as pessoas são criativas de seu próprio jeito e em seu próprio nível; apenas definem a criatividade de um jeito que elas não se encaixam. Daniel Goleman, psicólogo e especialista comportamental, apresentou os seis estilos de liderança em seu artigo "Leardership that gets results" (2000) a partir de pesquisa realizada pela consultoria americana Hay/McBer, que investigou uma base de 3.871 executivos de todo o mundo, em uma amostra aleatória. O estudo identificou seis estilos de liderança distintos – cada um deles decorrente de diferentes componentes da inteligência emocional, mencionada no Capítulo 23 – e chegou a uma conclusão: os líderes com os melhores resultados não se apoiam somente em um estilo de liderança, mas em vários, dependendo das situações.

A proposta para você, leitor, é que adote um modelo atualizado de liderança, que esteja preparado para os desafios complexos e incertos que a sociedade enfrenta atualmente.

Para formular esse modelo de liderança, tomamos como base a teoria dos seis chapéus do pensamento, de Edward DeBono (2008), psicólogo maltês e professor da Universidade de Oxford. Ela considera ajustes nos nossos comportamentos e formas diferentes de enxergar os problemas por meio do pensamento lateral, que pode ser adaptado conforme a estratégia do líder, seus objetivos e de acordo com as circunstâncias.

Explicando os seis chapéus

- ✓ **Chapéu branco:** é neutro e objetivo, está relacionado a fatos e números objetivos.
- ✓ **Chapéu vermelho:** o vermelho indica cólera, raiva e outras emoções. O chapéu vermelho apresenta a visão emocional.
- ✓ **Chapéu preto:** o preto é sombrio e sério. Está vinculado à cautela e ao cuidado. Aponta para os pontos fracos de uma ideia.
- ✓ **Chapéu amarelo:** o amarelo é ensolarado e positivo. O chapéu amarelo é otimista e está associado à esperança e ao pensamento positivo.
- ✓ **Chapéu verde:** o verde é a cor da grama, da vegetação e de todo crescimento fértil e abundante. Sugere criatividade e novas ideias.
- ✓ **Chapéu azul:** o azul é sereno e também a cor do céu, que está acima de qualquer coisa. O chapéu azul refere-se ao controle, à organização do processo de pensamento e à ordem de utilização dos demais chapéus.

DeBono (2008) orienta que devemos mencionar os chapéus sempre por suas cores e não por suas funções. O motivo, segundo o autor, é que, se pedirmos a alguém que descreva sua reação emocional diante de um fato, é improvável que recebamos uma resposta honesta, pois as pessoas acreditam que é errado manifestar emoções. Mas a expressão "chapéu vermelho" é neutra. E é muito mais fácil sugerir a alguém que "retire o chapéu preto por um momento" do que pedir que essa pessoa pare de ser cautelosa.

E assim sugerimos que seja o modelo de liderança criativa. Que o líder troque de chapéu a cada situação, tomada de decisão ou reunião de equipe. Esse é um exemplo também de líder situacional que abordamos no Capítulo 11.

Comece primeiro em si mesmo, estimulando seu próprio processo de pensamento, outros pontos de vista e evitando o pensamento linear. E depois, aplique em suas equipes, em reuniões e onde mais julgar pertinente.

Se o mundo está em constante transformação – e esta é cada vez mais rápida –, um sistema baseado na linearidade de pensamento cria um modelo de "caixa de situação-padrão", como DeBono (2008) discorre em sua teoria. Buscamos soluções recorrendo a essa caixa, supondo que as situações-padrão do passado continuam valendo para o presente.

O pensamento lateral promove a ideia de não julgarmos o caminho que temos à frente, mas reavaliar "o que pode ser" e não simplesmente "o que é".

Proposta de prática – conduzindo uma reunião

No início da reunião explique que, para examinar o tópico atual de todas as perspectivas, será usada a estrutura dos seis chapéus do pensamento, que ajuda a separar o pensamento em seis perspectivas e papéis claros. Cada perspectiva de pensamento é identificada com um "chapéu de pensamento" colorido e simbólico.

Ao usar e trocar mentalmente "chapéus", o grupo pode facilmente focalizar ou redirecionar pensamentos, a conversa ou a reunião.

Se você quiser, e a cultura da empresa permitir, use diferentes chapéus reais. Materialize a experiência de trocarem de chapéus.

Como inspiração, verifique o seguinte exemplo de como usar seis chapéus pensantes para resolver um problema com uma solução alternativa diferente:

- ✓ **Chapéu branco:** apresente os fatos do problema.
- ✓ **Chapéu verde:** gere ideias sobre como o problema pode ser resolvido.
- ✓ **Chapéu amarelo:** avalie as ideias, listando seus benefícios.
- ✓ **Chapéu preto:** avalie as ideias, listando suas desvantagens.
- ✓ **Chapéu vermelho:** tire o pressentimento de todos sobre as alternativas.
- ✓ **Chapéu azul:** resuma a discussão e concorde com as conclusões.

Facilite a conversa (usando o chapéu azul): você pode decidir qual sequência de uso de chapéu se encaixa melhor para o seu propósito.

Em geral, recomenda-se que cada chapéu seja usado em algum momento.

Incentive cada pessoa a contribuir para cada uma das perspectivas.

Evite colocar pessoas em categorias – todos podem e devem usar todos os chapéus.

Um ou mais chapéus podem ser usados a qualquer momento durante um processo de discussão.

Eles são usados como uma conveniência para direcionar e alternar o processo de raciocínio conforme necessário. Por exemplo, "vamos pensar em um chapéu preto..."

Sequências simples de dois ou três chapéus podem ser usadas juntas para uma finalidade específica:

- ✓ O chapéu amarelo seguido do chapéu preto pode ser usado para avaliar uma ideia.
- ✓ O chapéu preto seguido do chapéu verde pode ser usado para melhorar o design.

Seis chapéus do pensamento são excelentes para suscitar diferentes perspectivas, mas há menos orientação sobre como resolver pontos de vista conflitantes entre os diferentes chapéus. Às vezes, um grupo se moverá naturalmente em direção a uma resolução durante a discussão. Outra estrutura pode ser necessária para resolver o impasse.

Promova momentos de reflexão após a prática e colha depoimentos breves de cada um dos participantes. Dessa forma vocês poderão identificar pontos de evolução e possíveis ganhos oriundos da experiência.

Com o tempo e a prática, é esperado que você consiga desenvolver o seu modelo de liderança criativa e explore o potencial criativo da sua equipe.

PARTE III.
KNOW YOURSELF
(*SELF LEADERSHIP*)

23. Inteligência emocional

Thiago Brant
Renata Castro

Segundo Daniel Goleman (1997), a **inteligência emocional** é pautada em cima de cinco habilidades pessoais: autoconhecimento emocional, controle emocional, automotivação, empatia e desenvolvimento de relacionamentos interpessoais.

Hoje já sabemos que é essencial para o ser humano olhar para esses cinco aspectos da inteligência emocional e estamos cada vez mais cientes de que são esses aspectos que fazem a diferença. Em um mundo em constante evolução e com processos de trabalho pautados por forte mecanização e automatização, permeados pela inteligência artificial e pelo *machine learning*, devemos valorizar ainda mais as habilidades puramente humanas, que comumente chamamos de *soft skills*.

Inteligência emocional tem tudo a ver com *soft skills* (que é conhecido também como habilidades interpessoais – veja um pouco mais no Capítulo 29). O profissional do futuro é aquele que sabe lidar com tudo aquilo que a máquina não é capaz de fazer, e isso recai principalmente sobre as relações humanas e sobre suas emoções.

E já que essa é uma habilidade a ser desenvolvida por todo profissional que quer estar alinhado com o futuro, o que dirá dos líderes, que possuem o papel de fomentar o desenvolvimento dessa habilidade em suas equipes. O líder do futuro é aquele que busca aprimorar essa habilidade e então criar ambientes propícios para que ela se propague.

Adicionalmente à evolução do trabalho humano, atualmente percebemos as seguintes transições:

- ✓ De "para mim" até "para todos".
- ✓ De "comando e controle" para "democrático".
- ✓ De "hierarquia" para "rede".
- ✓ De "material" para "holístico".

- ✓ De "centrado no ganhar coisas" para "distribuir coisas".
- ✓ De "centrado em sobrevivência" para "centrado em trabalhar e viver por propósito".

Nesse cenário, cabe ao líder encarar de frente esse movimento do "para mim" até o "para todos". Não há mais espaço para uma liderança focada no indivíduo. Um líder do futuro deve cada vez mais atuar para todos e focar menos em suas próprias questões individuais. Ao lidar com pessoas, o nosso indivíduo particular deve ser colocado de lado. Para isso, focar em inteligência emocional é fundamental. Sugerimos um percurso exposto pelos itens a seguir:

- ✓ **Autoconhecimento emocional:** observe suas emoções. Não julgue e não tire conclusões. Apenas observe. Procure entender a relação de suas emoções com diferentes situações. Em quais situações determinadas emoções estiveram presentes? Qual era a emoção que você já sentia ao entrar em determinada situação? Qual era seu estado emocional ao despertar? Que relação esse estado tem com as decorrências do dia a dia? A sua emoção em dado momento começou a se formar onde?
- ✓ **Controle emocional:** hoje em dia já está cada vez mais claro que são as emoções das pessoas que interferem nos acontecimentos, e não o contrário. Nós estamos no controle de nossas emoções, porém não sabemos disso. O exercício de autoconhecimento aliado a esse conceito ajuda muito no desenvolvimento emocional. Tendo observado suas emoções, procure entender o quanto suas emoções internas afetam as cenas à sua volta.
- ✓ **Automotivação:** uma vez que somos nós os responsáveis por nossas emoções, a motivação por ter boas emoções também parte de nós. A automotivação é um exercício, onde devemos decidir o foco de nossas emoções e então persegui-lo. Aqui entram muito bem as ideias da psicologia positiva e do foco em boas sensações. Vai começar uma conversa, ou uma negociação/discussão? Antes de mais nada, defina como meta uma boa sensação para esse relacionamento.
- ✓ **Empatia:** um dos conceitos mais amplamente apresentados neste livro, tamanha sua relevância. Diferentemente do que se costuma dizer, empatia não é se colocar no lugar do outro. Cada ser é único, e seria impossível você conseguir se colocar no lugar do outro. A empatia consiste em tentar compreender sentimentos e emoções para experimentar de forma objetiva o que sente o outro. E como é possível experimentar os sentimentos dos outros sem deixarmos os nossos próprios sentimentos de lado? Daí a importância do autoconhecimento e do controle emocional.

- ✓ **Desenvolver relacionamentos interpessoais:** uma vez percorrida a jornada do autoconhecimento emocional até o desenvolvimento da empatia, os relacionamentos interpessoais passam a ser muito mais fáceis e naturais.

Essa é, sem dúvida, uma jornada ágil. Dá para perceber como a inteligência emocional envolve necessariamente a questão da mudança de foco do "eu" para o "todo". Um verdadeiro líder deve trilhar essa jornada para efetivamente criar ambientes mais propícios para que seus liderados vivenciem a mudança de forma prazerosa.

Essa jornada requer muita coragem e confiança, pois seria muito difícil pensar em tirar o foco do eu sem esses ingredientes. Então o autoconhecimento é essencial, para ser um impulsionador dessa coragem e confiança, para que o líder possa realmente desistir de si próprio e focar em todos a sua volta.

Mas não é necessário ter medo nesse processo. As mais básicas necessidades do ser humano são comuns a todos. É fácil ver que, independentemente dos meios utilizados, todo ser humano quer, em última instância, ser feliz. Dessa forma, o desistir de si e focar no outro não significa desistir de sua felicidade, pois ajudar o outro a encontrar a felicidade inevitavelmente nos levará a encontrar a nossa própria. Dar não significa perder ou desistir.

24. Planejando a sua evolução como líder

Samantha Mendes Cabral
Jacqueline Viana
Stella Souto
Regiane M. Mendonça

Conforme acompanhamos nos capítulos anteriores, um dos pilares principais de um líder é cuidar da saúde de seu time e de seus liderados. E para observar e ajudar os outros, o ponto principal a que se deve atentar é pensar em sua evolução como líder.

Conforme afirma o autor Yuval Noah Harari (2015), o ser humano só evolui mediante mudanças externas ou internas. As mudanças internas referem-se a como você se percebe diante do mundo à sua volta e quais características, habilidades ou conhecimentos você entende que precisa adquirir mediante essa observação. Já as mudanças externas referem-se a contextos que você não consegue controlar, por exemplo: demissão, troca de área, mudança de equipe, dentre outros, ou seja, mudanças que levam você a reagir e tomar decisões.

Para analisar e perceber essas ações e mudanças, todo líder deve ter um tempo para si. Esse tempo pode ser diário, semanal, quinzenal, ou mensal, contudo, o objetivo principal desse tempo é realizar a sua autoanálise. A autoanálise faz com que você se inclua no centro e realize uma reflexão sobre seus pontos de melhoria. É como se você estivesse em um quarto com espelhos por toda parte, que permitissem que você se observasse de todos os ângulos.

Um bom líder é aquele que observa a si mesmo, que conhece seus pontos fortes e fracos, e que busca sua evolução constante. Sem essa ação, você não terá argumentos e postura ética para observar e auxiliar seus liderados na caminhada dos projetos em que atuar e estará fadado a ser um chefe demandador de opinião. Logo, sua retrospectiva e seu plano de ação são pontos cruciais para sua caminhada.

Listamos abaixo alguns tópicos para você desenvolver e percorrer o seu caminho de evolução.

Realize sua autoavaliação

A autoavaliação consiste em olhar para si mesmo e identificar com um olhar crítico seus pontos fortes e aqueles que necessitam de melhoria em busca do que podemos evoluir, seja reforçando os comportamentos e as características positivas que já temos, seja transformando aspectos que atrapalham nosso processo evolutivo, em um movimento de aperfeiçoamento.

Para uma autoavaliação objetiva, reflita e faça perguntas poderosas a si mesmo. Suspenda qualquer tipo de julgamento durante o processo e procure afastar sentimentos negativos que inevitavelmente aparecem durante esse momento de reflexão. O objetivo é tão-somente observar e traçar um plano de melhoria para os pontos que podem ser transformados positivamente e não se sentir diminuído ou culpado diante de características que você não considere tão interessantes.

Busque também conhecer seus pontos fortes. Pode ser organização, gentileza, objetividade. Ao identificar aquilo que o destaca como líder, reforce o comportamento e use-o para melhorar a qualidade de vida de todos no seu entorno. De nada adianta uma boa autoavaliação se ela não estiver contribuindo para sua melhora como líder.

Peça *feedback* aos seus liderados

O líder aprende a dar *feedback* e realmente é bastante importante saber conduzir uma conversa dessas sem impactar negativamente os liderados. Mas como ele fica sabendo como está sua performance? Não há dúvidas de que a maneira mais proveitosa para que isso se dê é também através do *feedback* que fornecem os seus liderados.

O *feedback* é um importante instrumento que estimula a pessoa a se manter longe da zona de conforto – um dos principais responsáveis pela estagnação do profissional. Um líder deve estar em constante evolução, portanto não deve abrir mão dele!

Ser avaliado pelos seus liderados é importantíssimo para o desenvolvimento de carreira do líder. A partir do momento em que o gestor tem uma avaliação do seu trabalho, ele identifica como suas ações e seu comportamento impactam no desempenho individual e coletivo dos seus liderados e pode rever conceitos que não estejam sendo bem aplicados. Pode abrir espaço para aprender novas metodologias que possam aprimorar sua atuação e ser um líder cada vez melhor.

Tempo para leitura

Para dar conta de consumir todo o conteúdo à nossa disposição, é fundamental criar uma rotina de leitura. Assim como você faz suas refeições, toma banho e escova os dentes, a leitura deve ser um hábito praticado diariamente e assim não se tornará um peso, mas parte do seu dia a dia.

Primeiro é preciso escolher qual período do dia funciona melhor para você. Quem sabe ler algumas páginas junto ao seu café da manhã? No caminho para o trabalho, caso você utilize o transporte público? Exercitando-se na esteira? Uns minutinhos antes de dormir para ajudar a relaxar? O importante é estar focado nessa atividade todos os dias.

Após encontrar seu horário ideal, estabeleça uma meta. Quer seja um capítulo, uma seção, ou apenas algumas páginas, essa meta deve ser factível. Do contrário, contribuirá para desestimulá-lo em vez de motivá-lo.

Pode parecer para você que cinco páginas por dia seja muito pouco para alcançar bons resultados, mas uma conta bastante simples mostra que 5 páginas em 365 dias totalizam 1.825 páginas lidas, ou seja, representa a leitura de 12 livros (de 150 páginas cada) ou de 6 livros (de 300 páginas cada). Quem se dispõe a ler um pouquinho mais, ou seja, quem se dedica à leitura diária por 30 minutos, consegue, em média, ler 14 páginas nesse período de tempo. Logo, 14 páginas por dia = 420 páginas por mês = 2 livros por mês (210 páginas cada) = 24 livros por ano. É só começar!

Entenda como está o seu currículo em comparação com os demais líderes

Tudo à sua volta influencia a sua carreira, que é resultado das referências que você possui. Foi Jim Rohn, famoso empreendedor, autor e palestrante, que, certa vez, cunhou uma das frases mais utilizadas no mercado de desenvolvimento pessoal: "você é a média das cinco pessoas com quem passa mais tempo".

Cuidar das suas referências é então cuidar do seu repertório, portanto a dica aqui é selecionar cerca de cinco líderes que você entende que são referências naquilo que fazem e que representam características que você julga relevantes para o seu contexto. A seguir, recomendamos que liste quais habilidades e conhecimentos que você nota nesses profissionais e que gostaria de desenvolver em você. Para facilitar o processo, utilize a matriz SWOT consigo para compreender suas fraquezas, forças, ameaças e oportunidades. Com base na avaliação da sua SWOT e das características dos seus cinco líderes de referência, trace um plano objetivo para desenvolver tais conhecimentos, habilidades e atitudes.

Você é o dono de sua própria empresa intelectual, logo, analise-se, compare-se, evolua, conheça.

Importância de um mentor

O mentor é normalmente um líder com mais experiência na área do mentorado, que assume a função de repassar o que aprendeu através da prática, do estudo e da observação de casos de sucesso. Compartilhando estratégias que deram certo em outras situações, o mentor tem a intenção de fazer o mentorado economizar tempo e ter resultados mais rápidos. No Capítulo 30 deste livro é detalhado, entre as características comportamentais do líder ágil (CCLA), o fato de um bom líder ser um bom mentor.

Um bom mentor tem o poder de transformar carreiras e pessoas positivamente, encorajando seu mentorado a ter suas habilidades desenvolvidas de forma a maximizar seu potencial. Ele não julga e não oferece o único meio possível de realizar tarefas, mas, sim, é generoso o suficiente para compartilhar sua expertise e seus conhecimentos de forma que o mentorado adquira a capacidade crítica de, absorvendo esses ensinamentos e vivências, escolher o caminho mais rápido para resolver seus próprios desafios.

O líder deve olhar o mentor como uma referência de pessoa que tenha atingido um relativo sucesso em sua carreira e uma pessoa capaz de transmitir conhecimentos e principalmente atalhos para chegar ao destino que precisa atingir. Não deve haver uma relação de subordinação, e sim de admiração, entre o líder e seu mentor, e essa identificação deve ser uma via de mão dupla. Um mentor dificilmente se sentirá motivado a compartilhar conhecimentos com alguém em quem não vê potencial para absorvê-los e transformá-los em força motriz de seu próprio desenvolvimento.

Reciclagem através de cursos

Dizem que a liderança é uma característica inata. Não há como comprovar, mas também não há como refutar essa teoria. O fato é que com aprendizado e experiência essa característica pode ser aprimorada ou mesmo adquirida por aqueles que não nasceram líderes. A melhor forma de se realizar isso é através de cursos.

Muitos líderes já consagrados se dispõem a compartilhar seus conhecimentos em salas de aula e são acessíveis a quem estiver interessado. Estar em uma dessas salas de aula também proporciona a troca de experiência entre alunos, que também tendem a ser líderes, e o compartilhamento de melhores práticas em diferentes ramos de atuação. É um laboratório para líder nenhum botar defeito!

Se por alguma questão você não pode estar presencialmente em uma dessas salas de aula onde as trocas se dão de forma intensa, não desista de estudar! Há diversas plataformas *on-line* oferecendo cursos de qualidade, e instituições renomadas também têm suas versões EAD (ensino a distância) de cursos tradicionais e respeitados pelo mercado.

Não só as capacidades de liderança devem ser aprimoradas usando esse artifício de cursos; também é importante entender um pouco mais sobre a indústria na qual você está inserido como líder e também um pouco sobre o cotidiano das funções de seus liderados. Por exemplo, se você é líder de uma equipe de RH, é interessante conhecer um pouco as questões do dia a dia de um profissional de RH e assegurar que líder e liderados estejam falando a mesma língua.

Case: planejamento de evolução de um *Scrum Master*

Jacqueline Viana

Durante a minha transição de carreira para me tornar uma líder agilista, tomei a iniciativa de ir a vários eventos, frequentar treinamentos, estudar conteúdo de artigos, ler revistas renomadas, livros da área, tirar certificações e acompanhar de perto o mercado de trabalho no LinkedIn.

Com tudo isso eu tinha muita informação e precisava organizar o caos. Durante as pesquisas não achei um mapa resumido e consolidado para identificar as competências que eu tinha e as que eram necessárias adquirir.

Para fazer o meu planejamento de evolução como líder eu idealizei uma imagem similar à Tabela 24.1 e fiz planos de ciclos curtos usando a ferramenta *Kanban* na parede da sala.

Tabela 24.1. Mapa de competências de uma liderança *Scrum Master*.
Fonte: acervo da autora.

<table>
<tr><th colspan="6">Cultura:</th></tr>
<tr><td colspan="3">Transformação ágil
Transformação digital
Inovação
Business Agility
DevOps</td><td colspan="3">Management 3.0
Motivação 3.0
Lean
Projetos
System Thinking
Modern Agile</td></tr>
<tr><th colspan="6">Metodologias e frameworks:</th></tr>
<tr><td colspan="3">Scrum
Kanban
XP
SAFe
LeSS
Nexus</td><td colspan="3">Flight levels
Design Thinking
Design Sprint
Lean Startups
Lean Inception
Prune The Product Tree
OKR</td></tr>
<tr><th colspan="6">Ferramentas:</th></tr>
<tr><td colspan="2">Quadro Kanban
Fit-For-Purpose (F4P)
Gamification
Facilitação visual e gráfica
Cálculo de ROI
Métricas ágeis
User story mapping
MVP</td><td colspan="2">Slack time
STATIK
Swarming
No Estimate
Técnica dos 5 Porquês
Matriz GUT
Personas
Painel CSD</td><td colspan="2">Técnica É Não é Faz Não faz
Comunicação não violenta
Modelo de Tuckman
Disfunções de um time
8 instâncias de um SM
Técnicas de feedback
Neurociência</td></tr>
<tr><th colspan="6">Soft skills:</th></tr>
<tr><td colspan="2">Mindset ágil
Grown mindset
Liderança servidora
Escuta ativa
Boa comunicação
Empatia
Relacionamento interpessoal</td><td colspan="2">Facilitação
Trabalhar em equipe
Gestão de conflitos
Negociação
Persuasão
Argumentação
Coach</td><td colspan="2">Inteligência emocional
Criatividade
Autoconhecimento
Falar em público
Times remotos
Atuar com diversas gerações
Agilidade emocional</td></tr>
</table>

Como resultado, eis que chegou o grande momento de me tornar *Scrum Master* pela primeira vez e assumi três times ágeis.

Como uma profissional que atua na posição de líder ágil, me qualifico e requalifico usando de aprendizado e alinhamento cada vez maior com a minha educação profissional e a atual indústria 4.0 (que é a utilização de inovações para desenvolvimento de serviços e produtos, caracterizada pela grande velocidade de mudanças técnicas e tecnológicas, conforme citado no Capítulo 2).

No momento da escrita deste livro, além da prática do dia a dia, de diversos cursos e certificações, veja a seguir em quantas iniciativas eu estou envolvida:

- ✓ Escritora no Code Like a Girl.
- ✓ Cofundadora e escritora no Agile Pink.
- ✓ Apresentações no Mesa-Redonda.
- ✓ Participações em *meetups*.
- ✓ Integrante RJ no Agile Beer Global.
- ✓ Convidada com episódio gravado no *podcast* Pipoca Ágil.
- ✓ Coautora na Jornada Colaborativa.
- ✓ *Internet Agility Writer* no LinkedIn.

25. Desconstruindo crenças limitantes

Wagner Drumond
Thayana Brider
Patricia Silva Corrêa

A boa madeira não cresce com sossego; quanto mais forte o vento, mais fortes as árvores. – J. Willart Marriott

O homem é o que ele acredita. – Anton Tchekhov

O que são crenças?

Todos nós somos programados para sermos o que somos, para pensarmos da forma que pensamos e agirmos como agimos. E isso é baseado em nossas crenças, programações que foram realizadas, na maior parte, até os sete anos de idade.

E por que somos assim? Simplesmente porque nascemos sem programações e vamos aprendendo com o tempo, através de vivência com pessoas que estão ao nosso redor.

Imagine que somos um computador potente (hardware). Se softwares bons forem instalados funcionaremos bem, mas se softwares ruins forem inseridos, não teremos o mesmo desempenho.

Tudo que vemos, ouvimos e sentimos é gravado em nossa mente e quanto mais forte for o impacto desses estímulos recebidos em nossas vidas, mais enraizadas são as crenças. Assim, nossas atitudes são baseadas nos estímulos externos que despertam nossa mente inconsciente, através das crenças, e isso nos leva a sentimentos e ações.

Em seu livro "Os segredos da mente milionária", T. Harv Eker (2006) expõe a seguinte fórmula:

P (programação) à P (pensamento) à S (Sentimento) à A (Ação) = R (Resultados)

Quando um estímulo externo chega até nós, nossa programação leva a um pensamento, que leva a um sentimento, que incentiva uma ação. Com base nessa ação teremos um resultado favorável ou não. Nada é verdadeiramente certo ou verdadeiramente errado. Simplesmente é porque acreditamos ser verdade.

Segundo Robbins (2017), as crenças são os motores de nossas vidas. Elas podem nos guiar rumo às nossas metas ou nos afastar delas. Ainda segundo o autor, as crenças determinam o potencial humano a ser liberado. Geralmente, se seus resultados são negativos isso gerará cada vez menos liberação do potencial de cada um de nós. O contrário também é verdade. Quanto mais resultados positivos obtemos, mas nosso potencial é revelado. Batista e Marques (2019), no livro "Espiritualidade e Coaching", dizem que as crenças ajudam a mover os seres humanos, que são importantes para a motivação e que podem criar bloqueios se não forem entendidas no seu funcionamento.

Nesse contexto, existem crenças fortalecedoras e crenças limitantes – nosso foco, neste capítulo, é a segunda opção. As crenças fortalecedoras podem nos impulsionar para o sucesso e as limitantes, nos frear.

A seguir exemplificamos os dois tipos de crença.

Crença fortalecedora

Exemplo 1: você pode acreditar ser "capaz" sempre que algum trabalho lhe for solicitado e isso aumenta as suas chances de sucesso.

Ou...

Você pode desenvolver uma crença de autoconfiança a partir de experiências em que é elogiado e tem *feedbacks* positivos a respeito de seu trabalho.

Crença limitante

Exemplo 2: você pode acreditar ser "incapaz" quando algum trabalho desafiador lhe é passado, e isso diminui as suas chances de sucesso.

Ou...

Ao estar em um ambiente tóxico, onde os erros são apontados como uma falha e não como parte de um processo, e a todo momento em uma reunião seu líder aponta para você como "culpado", você pode desenvolver uma crença de "não proativo" ou de "incapacidade".

O que precisamos entender é que agimos, em 95% das vezes, com base em nossas programações. Isso mesmo, de forma inconsciente. Esse entendimento é o primeiro passo para a mudança de nossos *mindsets* (programações mentais). Como iremos corrigir algo que nem sabemos que está nos influenciando?

Como as crenças limitantes são criadas?

Em seu livro "Poder sem limites", Robbins (2017) utiliza a expressão "crenças enfraquecedoras". Tais crenças podem travar o desenvolvimento de qualquer pessoa ou levá-la a se afastar de suas metas. Você deve estar se perguntando: mas como uma crença limitante é criada? Vamos a um exemplo para um melhor entendimento.

Durante toda a sua vida, você viveu em meio a uma comunidade onde brigas eram constantes. Uma comunidade onde as pessoas sempre falavam em voz alta e em tom de briga. Sua mente pode ter criado uma verdade de que isso é normal e você passa a se comportar dessa mesma maneira em sua vida adulta. Esta pode ser considerada uma crença limitante, uma vez que as pessoas, geralmente, não gostam de conversar ou ter relacionamento com pessoas que agem dessa maneira. Esse fato pode fazer você se afastar de seus objetivos e de algumas comunidades.

Uma dúvida que muitas pessoas possuem é: mas como duas pessoas que viveram no mesmo ambiente (comunidade) podem ter percepções diferentes, crenças diferentes, verdades diferentes? É necessário entender que essas duas pessoas, mesmo que tenham vivido na mesma comunidade, tiveram outros estímulos. Segundo Robbins (2017), as crenças podem ser criadas pelo acaso, em momentos fora do ambiente em que se vive tradicionalmente ou dentro dele.

Além disso, cada um de nós tem o seu próprio olhar a respeito do mundo e, portanto, sua própria experiência de vida. As crenças se fortalecem a partir do ambiente e das nossas percepções sobre esse mesmo ambiente.

Como as crenças impactam o dia a dia nas organizações?

Vamos supor que, durante a sua infância, sempre que você tentava algo que na sequência não funcionava alguém dizia: "desista, você está perdendo tempo tentando".

Em outras vezes, pessoas diziam que nem precisava tentar, pois você já havia tentado algo semelhante e fracassou. Pronto! Crença implantada: "se algo der errado da primeira vez, desisto e nem tento da próxima vez".

Levando para o lado de uma organização, onde você desempenha um esforço diário para executar suas tarefas rotineiras, quando alguém lhe pede algo que está fora de seu conhecimento, você simplesmente já entra com a ideia de que poderá não dar certo e acaba aumentando as chances de não conseguir.

Agora imagine um funcionário que viveu, durante a infância, em um ambiente familiar onde apanhava sempre que fazia algo errado. E que algumas vezes apanhava ouvindo berros e gritos de raiva. Esse fato pode ter criado a crença de que sempre que essa pessoa errar será penalizada. Agora, na vida adulta, durante o trabalho, seu chefe pede a essa pessoa para criar uma planilha em Excel de controle de vendas baseada em uma campanha de publicidade que a empresa está realizando. Mas essa pessoa não é boa em Excel (já fez um trabalho em Excel que ficou ruim, na percepção dela) e sabe que seu chefe é exigente.

Você imagina o que pode ser gerado na cabeça dessa pessoa? O funcionário diz que não sabe fazer e a tarefa pode ser passada para outras pessoas, que, mesmo não sabendo, irão em busca de soluções e obtenção do êxito.

Dentro das organizações existem diversas pessoas com fortes crenças limitantes que podem estar afetando toda a sinergia de um time.

Um dos papéis do líder, dentro das organizações, é encorajar seus liderados a dar o seu melhor para o alcance das metas. Considerando que cada colaborador tem seu papel e suas particularidades, um bom líder precisa saber trabalhar com cada personalidade, que é ditada pelas crenças pessoais.

Esse é o desafio: conhecer cada um do time e fazer ações pontuais e globais a fim de obter o máximo desempenho.

Líderes devem desconstruir crenças limitantes

A melhor notícia é que temos o poder de mudar nossas crenças. Isso mesmo, podemos mudar toda a programação de nossa mente através de práticas. Mas vale ressaltar que muitas delas requerem esforço contínuo, uma vez que a crença não é realmente eliminada, e sim substituída. Em alguns casos, pode requerer ajuda de profissionais (psicólogos, *coaches*, mentores ou outros). Se colocarmos a nova crença em xeque, a crença anterior pode voltar e tomar novamente lugar preferencial. Precisamos estar em constante aprendizado, já que o próprio mundo contemporâneo nos solicita cada vez mais evolução em termos de melhores relações e resultados.

Precisamos instigar um *mindset* de crescimento, que, segundo Dweck (2017), é entender que somos capazes de cultivar qualidades básicas através do esforço próprio. E o primeiro passo é acreditar que "pau que nasce torto pode se endireitar". Temos o poder de mudar nossos pensamentos, e através de nossa mente consciente podemos impactar a mente inconsciente. Uma crença limitante existe porque fomos condicionados a ela e devemos mudar esse condicionamento.

Nos tópicos anteriores deste capítulo falamos que as crenças são criadas através da vivência (o que vemos, sentimos e/ou ouvimos), e o interessante é que líderes podem ajudar na desconstrução de muitas crenças presentes nos integrantes de seus times. O primeiro passo é conhecer cada um de seus integrantes através de observação individual, entrevistas 1x1 ou sessões em grupo com o time. Conhecendo os integrantes, o líder poderá, diante de algumas situações, motivar e inspirar cada um dos liderados através do diálogo e de exemplos.

Imagine que você é um líder e em seu time existe um integrante com a crença de ser penalizado se algo der errado. Se o líder, em vez de criticar uma atividade malsucedida, buscar com o time (ou com o executor) entender o porquê do insucesso, aos poucos uma nova crença pode ser criada, desconstruindo a anterior.

Crença inicial: "serei penalizado se errar".

Nova crença: "se eu errar terei a oportunidade de aprender e de me tornar melhor".

Conhecer o conceito de crenças limitantes e fortalecedoras e como elas são criadas é um passo fundamental para que líderes possam desenvolver seus times. Portanto, como líder, busque incentivar os integrantes de sua equipe após uma análise individual. Cada um deve ser tratado singularmente, pois cada um possui vivências diferentes. Líderes sabem que, se conseguirem fortalecer o time, terão muito a ganhar. E isso é de grande valia para a melhoria nos resultados e no clima organizacional. Além disso, a preocupação real do líder com a saúde psicológica e emocional dos times ajuda a aumentar a percepção de liderança perante os liderados.

26. Autoconhecimento

Gisela Azevedo
Carol Vilas Boas
Cristiane Freire
Isabelle Rodrigues
Renata Castro
Rodolfo Colares
Rodrigo Sobral
Thiago Vial

Acordar para quem você é requer desapego de quem você imagina ser.

Alan Watts

Muito se fala sobre autoconhecimento, sobre o quanto é essencial conhecer as próprias emoções, mas uma grande questão é: "como faço para me conhecer melhor?".

Se essa é a sua questão, a resposta é simples. Você pode fazer isso por várias vias: terapias, processos de *coaching*, meditação, análises de perfil comportamental, cursos de imersão e alto impacto emocional, palestras, livros, vídeos motivacionais, bons papos de qualidade com pessoas que o conheçam verdadeiramente, entre outras. Todas elas são excelentes ferramentas, são aceleradoras do acesso a si mesmo, mas, com ou sem elas, o que de fato tende a nos alavancar e não pode faltar é a autorreflexão.

Mas e se nós dissermos que essa não é a pergunta mais importante?

Segundo o autor Simon Sinek (2018), em sua ferramenta *The Golden Circle* (O Círculo Dourado), todos os líderes inspiradores se perguntam, em primeira instância, sobre o "PORQUÊ" – apresentado no capítulo sobre liderança transformacional.

Nesse tocante da busca por propósito, os japoneses podem contribuir conosco por meio de uma filosofia criada por Ken Mogi (2018) chamada *Ikigai (iki* – viver, *gai* – razão), "uma razão para viver", o seu motivo para levantar da cama todas as manhãs. Ela fala sobre encontrar prazer e sentido na vida, das menores às maiores coisas, a partir de cinco passos:

1. **Começar pequeno:** livrar-se da mania de grandeza, dar mais valor aos pequenos detalhes e rituais da rotina do dia a dia, como: acordar cedo (com uma boa noite de sono seu cérebro está renovado, pronto para absorver novas informações), arrumar a sua cama (assim você dá ao cérebro um comando de que você começou o dia realizando a sua primeira tarefa, e ele seguirá entendendo que o comando é para um dia produtivo), dar bom dia (quando o fizer, olhe nos olhos; isso ativa os sistemas de recompensa do cérebro e melhora a regulação hormonal, resultando em uma melhora também do funcionamento do sistema imunológico).
2. **Libertar-se:** livre-se de ideias antigas que não estejam alinhadas com o que você realmente quer ser, das ideias preconcebidas da vida (talvez pregadas pelas tradições ou pela sociedade) e tome posse das suas próprias ideologias. Viva como causa e não como consequência.
3. **Harmonia e sustentabilidade:** identifique se a sua decisão, se a sua identidade, é sustentável, é ecológica, ou seja, se vai ajudar você a se manter bem relacionado consigo e com os demais a longo prazo, se poderá se sustentar com isso, se vai manter e melhorar a sua saúde.
4. **A alegria das pequenas coisas:** celebrar mais, celebrar cada pequena conquista (seu cérebro vai entender que realização é e deve ser algo constante na sua vida e vai ajudá-lo a alcançar seus objetivos). Não condicione a sua felicidade apenas ao cumprimento de projetos grandiosos, não se condene a uma vida de insatisfação com alguns poucos momentos de felicidade.
5. **Estar no aqui e agora:** conectar-se com o presente, ter prazer na jornada e não apenas no destino, saber viver o poder do agora. Por exemplo: tenha em mente algo que você deseje muito realizar daqui a um ano. No dia da realização desse fato, ele só será passível de realização se ele estiver acontecendo no tempo presente! Então, hoje, planeje esse futuro para que ele aconteça e não passe a sua jornada sofrendo e se torturando com isso. Faça seu planejamento acontecer, faça seu futuro, mas o faça vivendo o agora!

O filósofo Khalil Gibran (1951) costuma dizer que "todo trabalho é vazio, a não ser que haja amor".

Então, se você já encontrou o seu *Ikigai*, parabéns!

Se não, pergunte-se:

- ✓ O que você ama?
- ✓ Em que você é bom?

✓ O que o mundo precisa?
✓ Pelo que você pode ser pago?

O conceito dessas questões, ilustrado abaixo, nos ajuda a refletir, de forma clara, e buscar a representação pessoal de *Ikigai* para cada um de nós.

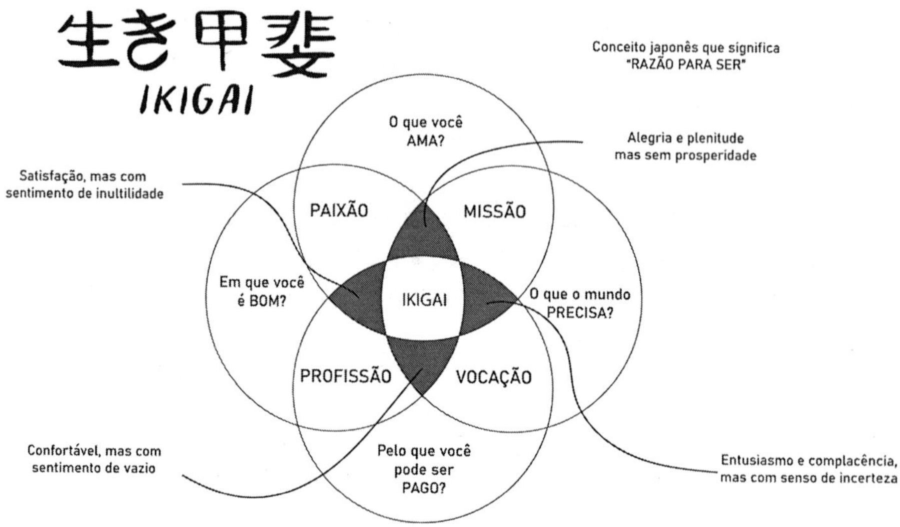

Figura 26.1. Diagramas do *Ikigai*.
Fonte: adaptado de Mogi (2018).

A partir desses conceitos, muitos pensamentos podem nos visitar. Não perca essa oportunidade, registre essas informações e coloque-se a refletir sobre esses padrões e lembranças ainda mais profundamente. Se doer, você saberá que está no caminho certo. Dizemos isso porque a jornada de autoconhecimento, o processo de amadurecer, crescer, lapidar... dói. Mas a dor é o preço que a evolução cobra. E, se nessa hora sentir um certo vitimismo batendo a porta, cuidado! Pode ser um sabotador falando com você!

De acordo com Shirzad Chamine (2013), em seu livro "Inteligência Positiva", todos temos a nossa mente atuando como nossa melhor amiga, mas também como nossa pior inimiga, pois ou ela trabalha no modo Sábio ou no modo Crítico.

No modo Sábio, estamos usando nossos recursos a nosso favor. Já o modo Crítico tem uma função muito especial, que é de nos ajudar a sobreviver, nos proteger. Porém, para isso ele tende a enfraquecer a nossa força motriz, nos questionando o tempo todo e funcionando como um forte sabotador. E há um agravante: apesar de o Crítico ser o principal sabotador de todo mundo, ele não trabalha sozinho; ele possui outros nove cúmplices (Insistente, Prestativo, Hipervigilante, Inquieto, Controlador, Esquivo, Hiper-Realizador, Vítima e Hiper-Racional) atuando conjuntamente. Em geral, damos mais ouvidos a uns do que a outros.

Na Tabela 26.1 temos um resumo de algumas das principais características de cada sabotador:

Tabela 26.1. Sabotadores segundo a inteligência positiva.
Fonte: adaptado de Chamine (2013).

INSISTENTE Perfeccionismo, organização e ordem em altos níveis, gerando ansiedade.	**PRESTATIVO** Agrada, elogia, busca ser aceito e ter afeição e dificuldade em dizer "não".	**HIPER-REALIZADOR** Realização constante, alta exigência e culpa por não produzir.
VÍTIMA Assume este papel emocional para obter atenção e afeição das pessoas.	**HIPER-RACIONAL** Racionaliza tudo, dificuldade em mostrar o que sente, tido como frio.	**HIPERVIGILANTE** Excesso de alerta aos perigos da vida e grande foco no que pode dar errado.
INQUIETO Em constante busca, dificuldade em ter foco, muita iniciativa e pouca "acabativa".	**CONTROLADOR** Quer controlar situações e pessoas, ditar regras, alta ansiedade e impaciência.	**ESQUIVO** Procrastinador, foge de tarefas, evita conflitos e tem dificuldade em se posicionar.

Para deixar de escutar os sabotadores é preciso identificar padrões de pensamento e emoção e ver claramente que eles não são bons para você. É preciso observar e rotular esses pensamentos e sentimentos quando eles aparecerem para que, assim, deixem de ter peso sobre nossas ações. Para fortalecer o Sábio é preciso praticar empatia, saber explorar os fatos com curiosidade genuína, ser inovador nas ações, navegar em uma vida em harmonia com suas ideias e valores e ter o poder de saber ativá-lo (ação sem distrações). Sempre que enfraquecemos nossos sabotadores e fortalecemos o nosso Sábio, aumentamos o nosso Q.P. (Coeficiente de Positividade) justamente por ganhar mais liberdade mental e emocional.

Uma temática também importante, quando falamos de autoconhecimento, é a autorresponsabilidade. Assumir a responsabilidade pelos próprios atos é uma forte característica dos líderes de sucesso. Se considerarmos que os resultados de um indivíduo são fruto das suas decisões, todo e qualquer objetivo é de sua inteira responsabilidade e cabe a ele concentrar sua energia para alcançá-lo. Sendo assim, no momento em que lê estas páginas, seja lá qual for o seu momento de carreira, de modo consciente ou inconsciente, você está onde se colocou. E, com isso, cabe questionar se:

- ✓ As minhas ações me aproximam ou me afastam do meu objetivo?
- ✓ Estou produzindo ou estou me ocupando? – Há uma grande diferença entre um e outro. Ao apenas se ocupar, abre-se espaço para a procrastinação; e quando de fato produzimos, contribuímos para a realização dos nossos sonhos.

Se somos os únicos responsáveis por como estão nossas vidas, também somos os únicos responsáveis por mudá-las. E pensando dessa maneira, assumindo nosso protagonismo e nos comportando como autores de nossa história, poderemos reconhecer o caminho trilhado e mudar a rota, nos colocando em outros patamares. Basta redirecionarmos a energia e focarmos em decisões mais objetivas, conscientes e seguir em ação.

Outro ponto de grande valia é convidar a sua criança interior para fazer parte do seu dia a dia.

A criatividade, a confiança, a espontaneidade, a simplicidade e a intuição são exemplos de algumas habilidades positivas e lúdicas que deveriam nos habitar e que pertencem à parte infantil de nossa personalidade. No entanto, quando crescemos, ignoramos ou simplesmente esquecemos que elas existem para dar suporte ao nosso eu adulto.

Em seu livro "Mãos de Luz", na página 36, a autora Barbara Ann Brennan (1990) diz:

> *Existe no interior de toda personalidade humana uma criança. ( ) Essa criança interior é muito sábia. Sente-se ligada a toda a vida. Conhece o amor sem fazer perguntas. Mas é encoberta quando nos tornamos adultos e tentamos viver apenas de acordo com a nossa mente racional. Isso nos limita. Urge descobrir a criança interior para começar a seguir a orientação. Você precisa voltar à sabedoria amante, confiante, da sua criança interior para desenvolver a capacidade de recebê-la e segui-la. Todos ansiamos por liberdade – e através da criança a lograremos. Depois de conceder mais liberdade à sua criança, você poderá iniciar o diálogo entre a parte adulta e a parte infantil da sua personalidade. O diálogo integrará a parte livre e amante da sua personalidade com o adulto sofisticado.*

Essa é uma linda forma de resgatarmos nossa essência, de aprendermos com quem já fomos um dia, com a nossa criança interior, e buscar renovação das forças para lidar com as pressões internas e externas. Ela é nossa fonte criativa! Se nos bloqueamos para a existência e permanência dela, a vida se torna muito difícil, literal e dura. Mas se recorrermos a ela, certamente teremos as alternativas mais inusitadas para as melhores tomadas de decisão diante dos diversos conflitos da vida.

Autoconhecimento é a chave para o despertar de consciência, para conhecer o real sobre si mesmo, para ampliar os seus recursos pessoais e sua habilidade de usá-los a seu favor, para a realização profissional, para entender suas necessidades emocionais e poder cuidar delas. É o meio de encontrar o jeito só seu de ser feliz!

E, como vimos no Capítulo 23, uma das principais habilidades para se obter inteligência emocional é o autoconhecimento. Sem ele não será possível trabalhar ou mesmo aprimorar as demais habilidades (controle emocional, automotivação, empatia e desenvolvimento de relacionamentos interpessoais) que nos farão sermos melhores líderes de nós mesmos e, consequentemente, líderes de outras pessoas.

Case: autoconhecimento e inteligência emocional

Rodolfo Colares

> *Qualquer árvore que queira tocar os céus precisa ter raízes tão profundas a ponto de tocar os infernos.*
>
> *Carl Jung*

Quero compartilhar com você um pouco da minha trajetória para o autoconhecimento. Mas para entender o agora e o quanto me conhecer tem me ajudado, é necessário entender um pouco dos caminhos que me trouxeram até aqui, pois o autoconhecimento é algo constante, inclusive enquanto estou escrevendo este *case* estou me conhecendo um pouco mais.

Embora seja nascido na capital de São Paulo, vim de uma família humilde, do interior de Minas Gerais, com uma simplicidade forte e sem grandes pretensões de alcançar e mudar o mundo, buscando melhorar a condição de vida e ter estabilidade. Cresci nesse meio e fui uma criança muito feliz, apesar de alguns problemas que não cabem aqui.

No meio disso, com 21 anos conheci uma mulher incrível, que entrou na minha vida e trouxe a luz. Como diria Platão, me arrancou de dentro da caverna e me mostrou as coisas incríveis que existem e acontecem nesse planeta que vivemos; hoje ela é minha esposa e a mãe do meu filho. Isso foi a melhor coisa que podia ter acontecido comigo, conheci um mundo novo, viajei para lugares espetaculares, coisas que só via pela televisão e nem cobiçava para mim.

Fui levando a vida até atingir um ápice de confusão e libertação da minha própria *matrix*, como diz a própria alegoria da caverna de Platão (entre 380 e 370 AC):

> *Precisaria de algum tempo para se afazer à claridade da região superior. Primeiramente, só discerniria bem as sombras, depois, as imagens dos homens e outros seres refletidos nas águas; finalmente erguendo os olhos para a lua e as estrelas, contemplaria mais facilmente os astros da noite que o pleno resplendor do dia.*

Foi então que realizei um treinamento de alto impacto emocional, buscando autoconhecimento e inteligência emocional. Com um nome desses, não poderia ser diferente. Foi atemorizante o impacto que tive foi com a realidade, meu passado, as ações que tomei para chegar até aqui, tudo o que eu já fiz e/ou deixei de fazer e suas consequências. A autoconsciência é uma dádiva, mas também uma maldição, porque você passa a elucidar o quanto nós estamos no controle da nossa própria vida e não percebemos.

O medo de não conseguir nos faz criar ferramentas, colocamos desculpas, inventamos obstáculos, para que, ao não atingir os nossos objetivos, seja mais fácil conviver com a derrota. Quando o autoconhecimento veio e me mostrou isso, foi como um cruzado no queixo que quase me levou a nocaute.

Vi que aquela caverna era minha segurança e havia uma força motriz enorme que me fazia querer voltar para ela. O que aprendi para auxiliar no meu autoconhecimento, em conjunto com as pessoas que me cercavam, foi perceber que, na verdade, esses motivadores eram extrínsecos.

Não há uma resposta certa para saber o quanto conhecemos a nós mesmos, o cérebro é uma máquina muito complexa que cria mecanismos de proteção, o que dificulta sabermos a causa-raiz das nossas atitudes, sentimentos e ações. Portanto, o processo de autoconhecimento é algo que não tem fim e a minha jornada está apenas começando, mas é a chave para liderar a própria vida.

27. O papel da liderança ágil na aprendizagem contínua ou *lifelong learning*

Regiane M. Mendonça
Cristina Garcia Moreira
Renata Castro

> *Aprender não se restringe à sala de aula.*
>
> *Heloisa Morel*

Para atender a uma nova necessidade criada com a dinâmica dos mercados, surgiu um novo conceito, o *lifelong learning* – em tradução livre, aprendizagem ao longo da vida, também conhecido como "aprendizagem contínua".

Dentro da busca por competitividade, a necessidade de inovação traz uma grande vantagem para profissionais altamente capacitados, com novos modelos de gestão ainda mais participativos. A "aprendizagem contínua" ou *lifelong learning* é uma ferramenta que possibilita transformar essa busca em realidade.

A pesquisa "Future of Jobs 2018", apresentada no Fórum Econômico Mundial (LEOPOLD; RATCHEVA, ZAHIDI, 2018), mostra que uma das habilidades que um profissional deverá ter até 2022 é a aprendizagem ativa e estratégia de aprendizagem, que é o princípio para o sucesso do *lifelong learning*.

O conceito de *lifelong learning* surge a partir do fato de que o aprendizado não se restringe ao ensino formal. Por isso, termos como andragogia, heutagogia e o princípio 70:20:10 são cada vez mais utilizados. A ideia é o aprendizado contínuo, por toda a vida, ou seja: não há tempo para início ou fim do aprendizado.

A instituição *Lifelong Learning Council Queensland* (LLCQ) explica esse conceito como "um aprendizado que é perseguido durante a vida: um aprendizado que é flexível, diverso e disponível em diferentes tempos e lugares. O *lifelong learning* cruza setores, promovendo aprendizado além da escola tradicional e ao longo da vida adulta".

Aplicações

O *lifelong learning* não se prende à aprendizagem formal. Isso já é percebido pelo modelo 70:20:10, desenvolvido pelos professores Morgan McCall, Robert Eichinger e Michael Lombardo, do *Center for Creative Leadership*, na Carolina do Norte (EUA), que explica que 70% do nosso aprendizado vem com experiências próprias, 20% do aprendizado conquistamos com interações com as pessoas e 10% de aprendizado vem com cursos.

Com isso, entendemos que 90% do nosso aprendizado não é formal, e sim obtido com nossas experiências e interações com as pessoas, resultando na ideia do aprendizado contínuo, pois não há período ou idade certa para acontecer.

Em outras palavras, o aprendizado não está relacionado às fases da nossa vida, e sim à necessidade de colocar em prática alguns comportamentos e atitudes.

Andragogia pode ser explicada como uma metodologia de aprendizado na qual a experiência do aprendiz tem grande importância, e por isso é mais voltada para adultos. Já a heutagogia pode ser explicada como o aprendizado autônomo e autodidático, onde o aprendiz atua como responsável por seu aprendizado. Identificamos relação direta com *lifelong learning*, pois entra a importância do aprendiz no seu processo de aprendizagem.

Ao aplicar a ideia de *lifelong learning*, o aprendiz assume a responsabilidade por seu aprendizado, na mesma medida em que o aprendizado sai da esfera formal.

Isso ocorre porque o profissional, ao assumir o papel de aprendiz, atua de forma proativa, permanente e voluntária em busca de formação profissional e também pessoal.

Atuação do líder

No ambiente corporativo, o líder deve incentivar esse aprendizado sem fim, ao mesmo tempo em que busca melhores resultados.

Um líder ágil deve extrair de seu time os melhores resultados e, para isso, precisa conhecer e desenvolver suas capacidades.

Nesse momento entra o papel do líder em motivar seu time na busca pelo aprendizado contínuo, podendo, inclusive, utilizar a gestão do conhecimento.

Times ágeis buscam autoconhecimento. Por ser, na maioria das vezes, multidisciplinar, já traz uma troca rica de informações e conteúdo.

Segundo a consultoria Crescimentum, três passos podem ser utilizados para incentivar os colaboradores a aderir ao *lifelong learning*:

- ✓ Mudar a forma de pensar (*mindset*) é o primeiro passo que podemos conseguir ao adquirir novas competências.
- ✓ Mostrar que é possível aprender em qualquer lugar e em poucos minutos.
- ✓ Utilizar o tempo livre para aprender.

Lifelong learning x educação corporativa

Ao pensar na jornada do colaborador, podemos fazer uma integração do *lifelong learning* com a educação corporativa, no sentido de contribuir para o melhor resultado e capacitação do profissional. A educação corporativa atua com o princípio do *lifelong learning*, ao ter como foco o aprendizado contínuo de seus colaboradores.

Com a educação corporativa, um líder promove o desenvolvimento do seu time, porém é comum alguns profissionais considerarem que não precisam ser desenvolvidos. Se esses profissionais entenderem os benefícios do aprendizado contínuo e visualizarem as inovações que novas habilidades podem proporcionar, a adesão será maior.

Por isso, é imprescindível que o líder estimule seu time a participar de ações de capacitação e desenvolvimento, pensando no seu futuro e nas competências que podem ser adquiridas, e aumentando seu desempenho e potencial.

Objetivando melhores resultados, as empresas costumam oferecer o aprendizado em diversas modalidades, podendo o colaborador escolher a que melhor se adapta ao seu perfil de aprendizagem, visto que cada pessoa tem um estilo/perfil de aprendizagem.

A tecnologia veio contribuir ainda mais, promovendo novas modalidades e otimizando o tempo para o desenvolvimento das novas competências.

Parceria

É importante líder e time atuarem em parceria no aprendizado, mantendo-o como foco e incentivando o desenvolvimento das competências que atendam às expectativas do colaborador, o que será um grande fator motivador para ele.

Além disso, é interessante o líder reconhecer o desenvolvimento e o desempenho do seu time na busca por novas competências, participando ativamente do seu aprendizado contínuo e compartilhando expectativas e resultados.

Conclusão

Concluímos então que o líder possui um papel importante no aprendizado contínuo do seu time, seja incentivando ou promovendo esse aprendizado.

Sua participação pode ser decisória para o sucesso do time em busca de conhecimento e desenvolvimento.

Um líder que incentiva obtém seguidores e membros ativos para seu time!

28. Liderança por exemplo – Liderar e contagiar o time

Rodrigo Sobral
Raphael Fontes
Stella Souto
Renata Castro

Um líder ágil está totalmente voltado para o presente e, se preciso, é capaz de dar um passo atrás para visualizar problemas sob novas perspectivas. Ele trabalha para atrair os *stakeholders* para uma visão estratégica que impulsione os resultados, ajudando a alcançar o máximo potencial das partes interessadas e beneficiando tanto os colaboradores como a empresa. Além disso, mais algumas características são importantes para o exercício de tal cargo, como, por exemplo: conhecimento amplo da empresa e dos seus colaboradores, saber ouvir e aceitar sugestões, ser amigável e ensinar pela iniciativa e pelo exemplo.

Ser especialista em um determinado assunto pode até ser importante, mas, quando ocupamos uma posição de liderança envolvendo setores e pessoas diferentes, uma visão mais ampla da organização é muito mais interessante do que estar limitado a um determinado setor. Para isso, deve-se procurar conhecer o essencial de cada setor da empresa e dos processos, buscando entender o porquê de tudo acontecer da maneira que ocorre. Assim, será possível não apenas melhorar os processos, mas também ter uma visão mais ampla das interações entre as áreas, entender as possíveis consequências de qualquer mudança, delegar tarefas e alterar processos. Além disso, será visto por seus companheiros como uma referência de informação.

Além das características já apresentadas neste livro, um bom líder é aquele que contagia os colaboradores e pares para que, assim como ele, busquem os objetivos principais da empresa. Para isso, não basta ter um discurso motivacional, é necessário ser um exemplo de atitudes positivas que demonstrem o real interesse em alcançar tais objetivos, como, por exemplo, iniciativa para a resolução de problemas, interesse em cumprir prazos, realizar mudanças e mostrar caminhos em direção ao sucesso. Os exemplos de boas práticas aplicadas por esse profissional devem ser passados de forma natural e podem influenciar muito mais do que palavras e de um jeito mais rápido e contagiante, fazendo com que as pessoas ao redor dele se sintam ainda mais motivadas a agir da mesma forma.

Além disso, um líder deve ser amigável com as pessoas. Pequenas ações, como não ser grosseiro, ser compreensivo, saber se comunicar com as pessoas e buscar um ambiente de trabalho mais solidário, contribuem bastante para que ele seja visto pelos outros colaboradores da empresa como uma pessoa acessível, educada, com a qual se pode conversar, confiável, com quem poderão contar para resolver os problemas que vierem a surgir.

Agindo dessa forma é um excelente exemplo e faz com que todos sejam mais sociáveis, o que colabora para que o ambiente da empresa fique mais leve, motivando, cada vez mais, as pessoas e deixando-as mais felizes em trabalhar.

Além de pensar no lado humano, o líder não pode se esquecer de atingir os resultados. Para isso, deve-se atentar para os índices e as metas da empresa. Os números não representam tudo dentro de um negócio, mas estar atento a eles ajuda nas tomadas de decisão e na correta leitura da situação da empresa. Para isso, o segredo é liderar bem, para que, com respeito à ética, ao bem-estar organizacional e à legislação, bons resultados sejam conquistados, proporcionando, assim, um crescimento ainda maior da empresa.

Por fim, aplicando todas as ações mencionadas neste capítulo e estando junto à equipe no dia a dia, na execução das tarefas, proporcionando o crescimento não só do time como um todo, mas de cada colaborador que faz parte dele, o líder motiva ainda mais os seus colaboradores a seguir o seu exemplo, a confiar ainda mais na sua pessoa e no seu trabalho. Isso acontece devido ao fato de o líder não ordenar, e sim motivar cada um dos profissionais do seu time. Já o gestor, ao se preocupar mais com números do que com o lado humano de cada profissional, quando ordena alguma ação para seus subordinados acaba provocando a desmotivação do time.

Case

Raphael Fontes

Alguns anos atrás assumi a responsabilidade de prosseguir com um projeto que estava caminhando para o fracasso. A empresa estava atrasando praticamente todas as entregas solicitadas pelo cliente, o que gerava discussões acaloradas entre as partes interessadas, ocorrendo desmotivação geral por parte dos colaboradores. Quando assumi o time, percebi que os colaboradores não respeitavam os superiores hierárquicos nem seus pares, os prazos não estavam sendo cumpridos devido à desorganização da área e à falta de comprometimento do grupo.

Como eu era o mais novo integrante da equipe, seria necessário adquirir o respeito dos envolvidos. Por mais que eu fosse o líder, não fui o responsável por montar o grupo de trabalho nem por atribuir cargos e funções. Todos me olhavam com maus olhos e ficavam à espera do meu fracasso. A fim de conquistar todos do time e normalizar as entregas, foram necessárias algumas atitudes, as quais compartilharei com você.

Hierarquia no projeto

Como percebi que não existia respeito pela hierarquia, a primeira medida que tomei foi acabar com ela. Utilizando o *framework Scrum*, coloquei todos os colaboradores do projeto no mesmo nível. Arquitetos, especialistas, programadores e analistas, não importava seu cargo na empresa, todos passaram a fazer parte do time *Scrum*. Os papéis de *Product Owner* (PO) e *Scrum Master* (SM) continuaram com as mesmas pessoas. Mas, para que desse certo, me coloquei como integrante do time, auxiliando em todas as frentes: PO, SM, *DevTime*.

Experiência técnica

Pensando em ganhar o respeito técnico do time, foi necessário interagir na parte técnica. Precisava provar que não era apenas o gestor, e, sim, mais um integrante do time de desenvolvimento. Dessa forma, peguei algumas tarefas técnicas e realizei o trabalho. Após resolver alguns problemas técnicos e realizar entregas, a equipe já começava a me olhar com outros olhos, pois reconheceu que eu tinha conhecimento técnico para entender os problemas e ajudá-los. Adquirindo a vivência do dia a dia da equipe, foi mais fácil desenvolver fluxos e processos para a boa convivência da equipe.

Compromisso e valorização

As pessoas possuem o desejo de se sentir importantes. Sabendo disso, agendei reuniões de *feedback* individuais para que os colaboradores expressassem os problemas da equipe, da empresa e outros pontos que os incomodavam. Após ouvir atentamente os problemas, não tentei justificá-los, mas encorajá-los a descobrir como poderíamos resolvê-los. No final deixava bem claro a importância do profissional para a empresa e que seu trabalho era parte fundamental para o sucesso do projeto.

Com o tempo a equipe foi progredindo de maneira gradual, todos estavam mais amistosos e havia respeito entre eles. Durante o processo foi necessário tomar algumas atitudes, como, por exemplo, cortar algumas pessoas desconectadas com o propósito e com os objetivos da empresa, evitando, assim, que o restante do grupo não se sentisse da mesma forma, e gratificar algumas pessoas pelo ótimo trabalho desempenhado. O respeito e o apreço pelo líder foram conquistados, mas, além disso, uma admiração foi concebida, não por ser bom tecnicamente ou por ter gratificado alguns colaboradores, mas por ter valorizado e se importado com cada profissional, por incentivá-los a sonhar, a ir mais longe e a dar o seu melhor.

29. *Soft skills* para o líder ágil

Regiane M. Mendonça
Vitor Cardoso

Atualmente falamos muito em *soft skills*. Mas o que seria isso, e qual seria o perfil para um líder ágil?

Conceitos

Soft skills são conjuntos de habilidades relacionadas a comportamentos e personalidades, envolvendo aptidões mentais, emocionais e sociais, capazes de potencializar as competências. Elas estão, geralmente, ligadas à área de atuação do profissional. São adquiridas através da vivência.

As *hard skills* são as habilidades técnicas, mensuráveis de forma concreta, adquiridas por aprendizado técnico. São obtidas com cursos, formações, livros, entre outros.

Aplicação da *soft skills*

As *soft skills* não são descritas, por exemplo, em currículos. Elas são identificadas durante entrevistas e nem sempre são utilizadas todas em todos os momentos, apesar do profissional ter a competência.

Seu uso, por isso, depende da situação. Por exemplo, dependendo do objetivo profissional, uma ou outra *soft skill* pode se tornar mais visível.

Elas também dependem da forma como nos relacionamos e interagimos com as pessoas, influenciando o ambiente. No ambiente corporativo, elas possuem impacto direto na produtividade.

O ambiente corporativo e as *soft skills*

Desenvolver as *soft skills* é mais difícil do que desenvolver *hard skills*, principalmente quando lidamos com as gerações mais recentes, que possuem grande preocupação com níveis acadêmicos.

A aquisição e a consolidação de *soft skills* podem ser realizadas através de várias ferramentas, dependendo do perfil do profissional.

Conforme pesquisa de 2017, do *Capgemini Digital Transformations Institute*, 60% das empresas encontram dificuldades com *soft skills* de seus colaboradores.

No ambiente corporativo, as *soft skills* estão sendo responsáveis por mais movimentações funcionais, como, por exemplo, desligamentos e promoções, pois, enquanto é possível desenvolver as *hard skills* e melhorar resultados, as *soft skills* dependem da personalidade e do comportamento do profissional.

Soft skills x liderança ágil

As *soft skills* para um líder dependem principalmente do perfil e da cultura da empresa. Porém, é possível identificar as *soft skills* mais esperadas pelas organizações para sua liderança.

A pesquisa da *Capgemini Digital Transformations Institute*, divulgada no final de 2017, realizou também um levantamento das *soft skills* mais desejadas por empresas:

- ✓ 65% – Foco no cliente (atendimento e dedicação ao cliente).
- ✓ 64% – Colaboração (com a equipe e na rotina de trabalho).
- ✓ 64%- Paixão por aprender (busca por novo conhecimentos).
- ✓ 61% – Habilidade organizacional (compreender a complexidade da organização).

Além dessas, outras *soft skills* são desejadas por empresas para um líder:

- ✓ **Comunicação:** transmissão clara de mensagens, seja para a equipe, com pares, com clientes, favorecendo, com isso, os resultados e objetivos. Trata-se de falar e escutar.
- ✓ **Relacionamento interpessoal:** interação com equipe, demais áreas e clientes.

- ✓ **Inteligência emocional:** capacidade de compreender emoções e saber lidar com as mais diversas situações, mantendo o equilíbrio emocional.
- ✓ **Trabalho sob pressão:** saber manter o equilíbrio em situações intensas que requerem respostas imediatas.
- ✓ **Adaptabilidade:** capacidade de se reestruturar em situações diversas.
- ✓ **Resiliência:** capacidade de se recuperar depois de enfrentar adversidades, retornando ao melhor estado.
- ✓ **Inovação:** capacidade de se reinventar para atender a eventuais mudanças e aceitá-las.
- ✓ **Delegação de tarefas:** estimular o aprendizado e a troca entre a equipe, eliminando sobrecarga de tarefas.
- ✓ **Objetividade:** capacidade de agir rápido e com firmeza durante as mais variadas situações.
- ✓ **Empatia:** entender e conhecer o ambiente onde o time e as pessoas estão inseridos.
- ✓ **Resolução de problemas:** eliminar impedimentos para tomadas de decisão mais acertadas.
- ✓ **Administração de conflitos:** resolver situações de conflitos mantendo posição neutra.
- ✓ **Desenvolvimento de pessoas.**

Essas "habilidades" fazem parte das *leadership skills*, ou seja, competências de liderança, que integram o perfil do líder.

Essas *soft skills* são desejadas para um líder ágil, porém podem ter variação dependendo da empresa e do perfil do time.

Uma questão muito importante, e que pode ser considerada a *soft skill* mais importante, é a capacidade de o líder se desenvolver, investindo em seu próprio aprendizado e construindo novas experiências.

Algumas *soft skills* podem se destacar mais que outras, pois, conforme vimos, estão relacionadas à personalidade do profissional.

Por isso, é necessário o líder conhecer sua equipe e desenvolver seu autoconhecimento para depois buscar as *soft skills* mais adequadas para sua equipe e sua organização.

Mindset do líder ágil

No entanto, as *soft skills* para o líder ágil só fazem sentido se ele tiver o *mindset* ágil, ou, em outras palavras, a mentalidade ágil, que pode ser vista com mais detalhes no Capítulo 6 deste livro.

A mentalidade ágil é comparada à mentalidade de crescimento, onde acredita-se que o sucesso se baseia em trabalho duro, aprendizado, treinamento e obstinação.

Conclusão

Podemos concluir citando Szeneszi (s.d.):

> *Hoje, o líder não pode mais se comportar como chefe: deverá ser um líder servidor, um coach no sentido mais amplo de sua definição. Deve ajudar para que o time priorize corretamente o trabalho, visando maior valor de negócio com entregas em ciclos curtos; estimular os times para que haja um sistema de colaboração e feedbacks constantes e honestos, contribuindo para uma cultura de melhoria contínua, gerando um sentimento de empoderamento e times automotivados, e, consequentemente, estimulando assim a inteligência coletiva. Esse é o líder ágil.*

Conforme o dito popular: "contrata-se pelo currículo, demite-se pelo comportamento". Então, o que você está fazendo para desenvolver os seus *soft skills*? Quais treinamentos procurou no último ano? Qual *feedback* teve para evoluir essa habilidade? Cada um vai ter uma forma de evoluir, mas é fundamental investir tempo para melhorar essas competências.

30. Características comportamentais do líder ágil (CCLA)

Victor Gonçalves
Gean Alex Pereira
Junior Rodrigues
Rafael Marcos de Araújo

Diversos modelos de liderança propõem características diferentes umas das outras, pois defendem não apenas os momentos de mundo em que foram elaborados, como defendem naturalmente as escolas de seus criadores. E como cada um é o perito da própria experiência, não significa que um modelo esteja certo ou errado, mas é possível encontrar padrões neles e criar uma convergência de significados dessas características, traçando a anatomia comportamental do líder cada vez mais ágil e digital. Chamamos isto de características comportamentais do líder ágil, ou simplesmente CCLA.

Vale destacar que, independentemente do modelo (alguns serão citados à frente), a ideia central em torno da liderança passa pela construção da autoridade moral do líder sobre o seu time, o que é bem diferente da autoridade formal, que se trata de um procedimento.

A liderança sempre envolveu mais habilidades comportamentais do que técnicas gerenciais. Sempre foi mais sobre pessoas, e o desafio é justamente lidar com os diversos perfis que convivem em um mesmo espaço corporativo, cuidando para que essas pessoas tenham as condições psíquicas ideais para se manterem produtivas e realizadas.

Não é incomum encontrarmos temas como felicidade no trabalho e *mindfulness*, por exemplo, na pauta de líderes inspiradores, que já compreenderam a intensa velocidade com que novas tecnologias têm moldado novos comportamentos e perceberam o surgimento de novas gerações que respiram propósito e pertencimento.

O desafio da liderança

Independentemente da diversidade cultural existente em uma mesma empresa, percebe-se que times existem quando há cinco compromissos estabelecidos:

1. **Confiança** entre os membros de uma mesma tribo.
2. **Empatia** para compreender que ter somente um ponto de vista é como ter um ponto cego
3. **Interação** para fortalecer o diálogo e o aprendizado, afinal o ser humano precisa de outro ser humano
4. **Respeito**, que, além de permitir a convivência, fomenta a admiração entre seus membros.
5. **Afinidade**, que abre portas para a aproximações emocionais mais profundas e necessárias para funcionamento do ser humano.

O líder é aquele que consegue ajudar um **grupo**, isto é, pessoas reunidas, mas não necessariamente atuando em conjunto e focadas no mesmo objetivo, a se tornar um **time** – uma organização de pessoas que funcionam de maneira sinérgica e em sintonia, e que almejam resultados fantásticos. Para isso o ponto de partida é, naturalmente, identificar (eventualmente criar), comunicar e manter algo que una as diferentes perspectivas em algo que todos queiram a todo custo. Naturalmente, estamos falando do propósito.

O tema é tão relevante que podemos considerar que todos nós temos dois aniversários em nossas vidas: o dia em que nascemos e o dia em que descobrimos nosso propósito. Nesse caso, o papel do líder é ajudar o time a encontrar algo que seja o ponto em comum, o alicerce para a construção de qualquer empreendimento.

Uma das heranças que temos do modelo de gestão clássico, baseado no comando e controle, é que somos viciados em gastar energia em assuntos operacionais, ou seja, tarefas! Tarefas não conectam seres humanos; razões convincentes sim. Trata-se de fatores que contribuem para os direcionadores estratégicos da empresa, ou seja, tudo aquilo que se encontra no coração da estratégia da companhia. E quando o líder não compreende essa visão, não é possível dar um passo sustentável e de longo prazo que una as pessoas.

Outro ponto bastante comum em eras de transformação tão intensas é sobre os líderes que se beneficiam das mudanças e continuam se desenvolvendo, em uma contínua busca por conhecimento e adaptação. Esses são líderes que podemos classificar como "predispostos" ao sucesso.

Mas existe o líder obsoleto, que algum dia na sua história até atendeu aos pré-requisitos do mundo, mas deixou de acompanhá-lo e, por mais que busque se especializar, sua configuração mental não tolera a dinâmica do mercado e dos negócios tão voláteis. Portanto, não desenvolve o mais importante para se tornar um líder ágil: comportamentos aderentes e adaptáveis em um mundo onde transformações disruptivas ocorrem em intervalos de tempo cada vez menores.

Modelos de liderança

Lisa Kay Solomon (2017), executiva da Singularity University, acredita em quatro perfis de lideranças exponenciais: futurista, inovador, tecnólogo e humanitário.

- ✓ O **futurista** é aquele que vai além das previsões sugeridas por uma análise tradicional da administração moderna. Ele é capaz de utilizar análises preditivas com confiança criativa. Sua característica comportamental mais marcante se relaciona com **ousadia e capacidade de correr riscos.**
- ✓ O **inovador** abraça a incerteza! Para ele, é a oportunidade de ouro para explorar e experimentar. Sua característica comportamental mais marcante é **"aplaudir o fracasso"**. Este tipo de líder sabe que a verdadeira disrupção vem de experimentos que podem ser o mesmo que jogar batalha naval e acertar um tiro na água, e aceita o fracasso como parte do processo de inovação – desde que seja realizado com o mínimo de esforço buscando o máximo de resultado.
- ✓ O **tecnólogo** compreende que, independentemente do segmento da empresa, as tecnologias emergentes trazem impactos na experiência do consumidor, portanto no modelo de negócios da empresa. Sua principal característica comportamental é **estar constantemente atualizado**. Este tipo de líder não para de estudar e de buscar novos conhecimentos para antever mudanças no negócio.
- ✓ E por fim, o **humanitário**, que usa suas habilidades para impactar a sociedade. Tão importante quanto o resultado financeiro é o comprometimento com a transparência, as responsabilidades social e ambiental e o desenvolvimento de um ambiente de trabalho que promova a equidade, a inclusão e a diversidade. Sua principal característica comportamental é **focada em relacionamentos**.

Note que os quatro perfis de liderança exponencial propostos por Kay, como resposta ao mundo atual, podem ser traduzidas da seguinte forma:

Tabela 30.1. Perfis de liderança exponencial.
Fonte: Solomon, 2017.

Futurista	Coragem para ousar e correr riscos
Inovador	Aceitar a falha e encorajá-la
Tecnólogo	Ser um eterno aprendiz
Humanitário	Valorizar relacionamentos

Identificando padrões

Ned Herrmann (1996), a partir de pesquisas médicas sobre a atividade cerebral, percebeu que há quatro diferentes padrões sobre como o cérebro recebe e processa as informações. São elas:

- ✓ **Analítico:** é uma pessoa que vence desafios, mas, em contrapartida, é impaciente com os outros e adora dar ordens por ser muito prático e realista. É um excelente executor e realiza excelentes análises críticas, pois está sempre bem informado.
- ✓ **Controlador:** são aquelas pessoas ligadas à organização e ao planejamento. Têm autodisciplina, precisão e prestam muita atenção a detalhes, o que as torna meticulosas e perfeccionistas. Estão sempre dentro do cronograma, gostam de construir coisas e ter o controle da situação.
- ✓ **Experimental:** em geral, valoriza a liberdade e originalidade. São pessoas extremamente criativas, impetuosas e imaginativas. Não costumam seguir regras e muito menos se apegar a detalhes. Em contrapartida, correm riscos e são comprometidas com as mudanças.
- ✓ **Relacional:** essas pessoas se voltam para o social e são observadoras, informais, afetuosas, conciliadoras e persuasivas. Geralmente estão preocupadas com o impacto do trabalho sobre o pessoal e costumam estimular a cooperação, o progresso e as atividades sociais.

Caso façamos uma comparação do modelo de dominância cerebral proposto por Herrmann com o modelo de liderança exponencial proposto por Kay, veremos algumas relações, como, por exemplo, o futurista com o experimental e o humanitário com o relacional.

E o que isso significa? Que cerca de 20 anos após a popularização do estudo de Herrmann, um modelo de liderança propõe características que comungam com o passado. Por mais que novos modelos surjam (e há dezenas, até centenas deles), os padrões se repetirão. Cabe a você, líder ou aspirante a líder, se engajar na busca contínua por esses padrões. Para facilitar esse trabalho, destacamos a seguir o *ranking* das principais características comportamentais, alinhadas com modelos de liderança de todo o mundo, de diferentes épocas e que se encaixam com o perfil do líder ágil.

Características comportamentais do líder ágil (CCLA)

Reunindo estudos de diversos modelos e análises próprias baseadas em experiências com projetos e cultura ágil, configura-se a seguir a relação de características comportamentais que todo líder ágil deveria ter, independentemente de ser uma liderança técnica ou executiva.

Curiosidade intelectual

Aquele que não se cansa de aprender. Sabe que a única constante é a mudança, portanto o único caminho é não parar de buscar. O desafio dessa característica é aprender a aprender. Entender o que vale a pena dominar, acompanhar ou delegar.

Integrador e facilitador

A capacidade de não apenas integrar conhecimentos diversos, mas dar um significado a eles para as pessoas que o cercam, é uma ótima habilidade em meio ao caos formado pela explosão de informações. O grande diferencial de um líder ágil está na capacidade de formar times integrando diversos pontos de vista, facilitando a compreensão de todos os ângulos e fazendo com que tudo seja observado e considerado. Essa é a base da verdadeira colaboração.

Sensibilidade e empatia

Segundo Marcelo Peruzzo (2017), neurocientista e professor, mais de 90% das decisões diárias do ser humano são emocionais; portanto, um líder que não compreende emoções nem tem empatia não é capaz de lidar com as variações emocionais naturais dessa turbulência que vivemos, onde emoções e temores podem tomar conta de profissionais em transição. Essa característica potencializa a capacidade de tanto energizar como avaliar barreiras psicológicas dos times (tipos de medos) e solucioná-las com a próxima característica da lista.

Confiança e coragem criativa (3Cs)

Resolver problemas complexos deixará de ser um diferencial profissional e passará a ser uma característica "commodity". Independentemente do tempo que leve, é importante notar que a base da resolução de problemas está na capacidade de investigar a sua origem e propor soluções fora do convencional, experimentando aquilo que talvez ainda não tenha sido validado. Essa é outra característica inspiradora, pois só é possível chegar em lugares inalcançados fazendo aquilo que ninguém fez.

Autoridade

Como falamos anteriormente, um líder de verdade constrói seu processo de autoridade moral; ele não se contenta em exercer um cargo (que representa uma autoridade formal). E a construção da moral começa por ser você mesmo. O objetivo é ser autêntico; ser diferente é consequência. Um líder não vive tentando satisfazer as expectativas alheias na busca forçada de aceitação, mas, sim, assume o risco de expressar quem é na realidade. Somado às demais características aqui listadas, também inspira as pessoas a fazer o seu melhor. Lembre-se: não vemos o mundo como ele é, nós o vemos como somos.

Foco e disciplina

O foco está altamente ligado à capacidade de realização, e aquele que realiza tende a ser admirado, pois o ser humano decide admirar ou não alguém com base nos resultados que aquele indivíduo teve. O foco ajuda o líder a sempre fazer o seu melhor, não necessariamente porque espera por uma recompensa, mas porque ama fazer o que faz.

Storyteller

Esta característica tem seu combustível na legítima vontade de transmitir aos demais ideias que emocionam. Um líder com essa característica é influente e possui histórias inspiradoras para alimentar a motivação de um time ou passar a visão de uma área ou empreendimento. Trata-se de um vendedor de ideias, mas um vendedor que parou de vender para o cérebro e começou a vender para a alma. Para isso, é preciso autoconhecimento e conhecimento das pessoas ao seu redor, temas abordados com profundidade nas partes 3 e 4 deste livro.

Humildade e coerência

O pior inimigo do conhecimento é o próprio conhecimento. Por mais intelectualizado que seja um líder, se sua conduta for de arrogância, não importa o quão gabaritado seja o "profissional", a "pessoa" não será aceita. E a construção da moral passa por um reconhecimento do time sobre a "pessoa" que o líder é, e o quanto seu discurso é aplicado por si próprio na sua vida. As pessoas não querem apenas um contador de histórias, elas buscam uma chama para manter acesa para elas. Elas querem um espelho para inspirá-las.

Nas organizações exponenciais, os líderes ainda devem compreender mais uma característica fundamental: **ele deve ser um mentor (e também utilizar princípios de *coaching*)**. Os profissionais anseiam por um líder que os ajudem a se desenvolver e que lhes mostrem os caminhos que podem ser tomados, abastecendo constantemente suas mentes e seus corações com uma inesgotável fonte de energia transformadora.

Reunindo tais características, o líder ágil tem todas as condições necessárias para lidar com os desafios desse mundo de transformações sendo o guia, o norte, a referência para inspirar indivíduos a atuarem de forma integrada, colaborativa e autônoma, e desenvolvendo-os para que alcancem a alta performance e, consequentemente, seus objetivos.

PARTE IV.
KNOW THE PEOPLE
(*PEOPLE LEADERSHIP*)

31. Gestão de mudanças

Jennifer Sousa
Coaracy Júnior
Rodrigo Sobral

Quando chegamos nos dias atuais, percebemos que, além de a mudança ser constante, a velocidade dessas mudanças também está cada vez maior. Não é à toa que tem sido muito estudado o conceito de "VUCA" (apresentado anteriormente) e como este se aplica na vida e nas organizações hoje em dia. E nesse mundo em que a mudança é constante, será que os profissionais e as empresas estão preparados para lidar com esse cenário?

No Capítulo 3 é apresentado o conceito das oito etapas do processo de mudança em uma organização, proposto por John Kotter. John Kotter, cofundador da consultoria Kotter International e ex-professor da *Harvard Business School*, foi um grande pesquisador de liderança, transformação e mudança em grande escala nas organizações. O livro "Leading Change"[2] é base para vários estudos na área de gestão de mudanças. Apesar de ter sido lançado em 1996, podemos observar que muitos dos conceitos demonstrados nele se aplicam nos dias atuais. Kotter também escreveu outros livros que, além de influenciar no estudo da gestão de mudanças, também influenciaram o conceito moderno de administração.

O conhecimento das etapas do processo de mudanças pode ajudar os gestores, líderes e agentes de transformação a entender melhor o cenário em que estão inseridos, bem como a entender qual a melhor forma de lidar com cada etapa desse processo, pois cada etapa tem seus desafios particulares.

Além dos desafios relacionados ao processo da mudança em si, também devemos considerar a reação do ser humano às mudanças. Apesar de ser algo natural e que é conhecido há tempos, não quer dizer que é algo simples, tampouco algo para o qual o ser humano está completamente preparado.

---

[2] "Liderando mudanças", na edição brasileira (2013).

Sair da zona de conforto, ou ter a rotina preestabelecida alterada, pode ser um processo estressante e desgastante para os profissionais, tanto líderes como liderados.

Vamos imaginar que algo que funciona de determinada maneira no ambiente de trabalho é substituído por uma outra forma de trabalho. Será igualmente estressante para o cérebro se habituar à nova forma, pois ele já havia automatizado determinado processo para economizar energia.

E por que lidar com a mudança é algo tão desgastante para o cérebro? Porque desde os primórdios da humanidade, para fins de sobrevivência, o cérebro economiza energia "automatizando" processos repetidos, para que ele possa ser utilizado em situações que sejam realmente necessárias. Por exemplo: imagine que o homem pré-histórico precisava se concentrar na presa durante a caça. Se o caminho que ele fazia para voltar para a caverna era o mesmo sempre, o cérebro armazenaria o trajeto para que ele não precisasse gastar uma energia desnecessária para processá-lo. Se há uma forma de "automatizar" esse processo, por que cérebro não utilizaria?

Quando falamos dessa "automatização", também estamos falando nos estudos de Greenberg, MacLean e Ferguson (1979) sobre as divisões do nosso cérebro. Uma das teorias mais aceitas nos dias de hoje é a do cérebro trino, que possui as seguintes divisões:

- ✓ **Reptiliano:** apesar do nome, essa divisão não está relacionada com a anatomia do cérebro dos répteis, mas com a característica de agir instintivamente para preservar a sobrevivência do ser humano. Dessa forma, reflexos simples, como as reações de fome e sede, bem como as reações automáticas do organismo, batimentos cardíacos e respiração, são comandados por essa divisão do cérebro. Anatomicamente, essa parte do cérebro é formada pela medula espinhal e pelas porções basais do prosencéfalo.
- ✓ **Límbico:** essa divisão é responsável pelo comportamento emocional do ser humano, como aquelas partes que desencadeiam as reações de "bater ou correr" quando achamos que estamos em perigo. Anatomicamente, essa divisão do cérebro é formada pelo hipocampo, a amígdala e o hipotálamo. Dessa forma, essa divisão compõe um sistema de avaliação e resposta rápida do subconsciente para nos manter seguros.
- ✓ **Neocórtex:** essa é a divisão inteligente do nosso cérebro, que está relacionada com a linguagem, a criatividade, o pensamento abstrato e demais atividades que exigem um alto grau de consciência. Essa divisão também está relacionada com a memória, não somente a biográfica, mas as memórias necessárias para falar, andar, cantar, tocar um instrumento e todas as outras atividades. Essa

parte tende a ser mais "lenta" que o sistema límbico, mas o seu processamento é muito mais sofisticado. Anatomicamente, essa divisão é formada pelo córtex telencefálico, que por sua vez é composto pelos lobos: frontal, parietal, temporal, occipital e límbico.

Bom, como o entendimento sobre esse sistema chamado cérebro trino nos ajuda a compreender como o ser humano lida com a mudança?

Entender o cérebro e seu funcionamento nos auxilia a perceber quando uma atitude que parece ser de resistência à mudança é realmente isso ou se é o sistema límbico do indivíduo "gritando" desesperado que tudo vai mudar e que ele pode perder sua fonte de subsistência se ele não se adaptar à mudança.

Trazendo para o contexto do líder, este deve ter empatia e respeito pelos seus liderados que estiverem passando por diversas mudanças na organização em que atuam, principalmente se várias coisas que o indivíduo aprendeu ao longo da carreira deixarão de fazer sentido com essas mudanças.

As conexões que o cérebro construiu e automatizou para facilitar e agilizar nossa vida não serão mais utilizadas, e novas sinapses deverão ser feitas para que o profissional aprenda novos passos ou insira novos procedimentos em suas rotinas. E nem sempre isso é rápido ou trivial, pois algumas dessas conexões que não serão mais utilizadas levaram meses e até anos para ser construídas. Dessa forma, tudo isso pode ser muito estressante e desgastante para todos os envolvidos.

É extremamente importante que os líderes, desde C-*levels* até a média gerência, deixem de olhar os profissionais apenas como recursos e entendam que o processo de mudança, além de já ser complicado no aspecto organizacional, o será mais ainda quando falarmos do fator humano. Toda mudança organizacional é bem complexa, mas não impossível!

Case: como gerar uma mudança de forma sustentável

Em uma grande empresa de TI brasileira focada em soluções para gestão organizacional, com mais de 30 anos de mercado e aproximadamente 1.800 colaboradores, a alta gestão, ao avaliar os resultados e objetivos estratégicos almejados, percebeu a necessidade de uma mudança na estruturação e construção de seus produtos. O modelo de sucesso aplicado até o momento não responderia aos novos desafios.

Em 2016 foram iniciadas as mudanças, começando pela adoção de conceitos e práticas ágeis. O principal patrocinador era o novo diretor de desenvolvimento, que assumiu a área no ano anterior. Ele defendia a utilização da agilidade como impulsionador da mudança necessária para viabilizar os objetivos estratégicos para os anos seguintes.

Os processos estavam estruturados no modelo *waterfall*, com várias etapas, controles, verificações e aprovações, tudo fundamentado em um modelo de comando e controle. Essa fórmula obteve sucesso por um longo período de crescimento que ajudou na sua robustez. O desafio que as lideranças assumiram nesse processo seria de grande impacto não somente para a área de desenvolvimento, mas irradiando efeitos em toda organização.

A mudança impactaria aproximadamente 400 pessoas inicialmente e a primeira onda de mudanças ocorreu inicialmente com alguns projetos pilotos trabalhando com o *framework Scrum*. Esses primeiros testes criaram o aprendizado e a confiança para a ampliação.

Foi contratado um *agile coach* para ser o orientador dessa transformação que envolveria tantas pessoas em um ambiente com uma cultura muito forte enraizada e com um histórico grande de sucesso. Foi formado um grupo com mais três profissionais que já atuavam na organização e que ficaram responsáveis por executar a gestão dessa mudança.

Iniciaram os trabalhos com capacitações das equipes em agilidade usando *Scrum* como base, mas com algumas adaptações à realidade da organização. Após seis meses foram realizados os primeiros planejamentos ágeis das entregas utilizando entregas por *sprints* com *releases* trimestrais ao mercado. As equipes de gestão de produtos foram envolvidas, aumentando a abrangência das mudanças e aumentando a complexidade e os riscos envolvidos. O ano de 2017 iniciou com 40 times *Scrum* distribuídos em seis linhas de produtos diferentes. Foi um período de grande adaptação, que gerou desconfortos e desafios, mas que seria o primeiro passo para a transição de uma cultura de certezas e planos rígidos para uma de evolução e aprendizado.

No final de 2017 a equipe da transformação ágil começou a avaliar que para sustentar a mudança e evoluir nas práticas ágeis seria necessária uma visão mais integrada do sistema de trabalho e dos fluxos de valor entregue aos clientes. O *Scrum* não estava conseguindo responder às necessidades que a mudança trouxe e surgiu a ideia de utilizar o método *Kanban*. Após alguns pilotos trabalhando inicialmente em conjunto com *Scrum*, ficou claro que transição não era só de *framework*, mas de entendimento da importância dos esforços além das entregas (*outputs*); era preciso focar nos resultados (*outcomes*).

Com a experiência adquirida, a nova onda de mudanças foi mais gradativa. Iniciou-se com a capacitação em *Kanban* de aproximadamente 300 pessoas e a gradual adoção do método respeitando o entendimento e a maturidade das equipes. Na metade de 2018, *Kanban* já era uma realidade que envolvia aproximadamente 500 pessoas, sem criar o impacto da primeira fase, compreendendo a situação atual e efetuando mudanças através da experimentação evolucionária.

No começo de 2019, em nova avaliação, ficou muito claro para a equipe de transformação ágil e as lideranças que as mudanças não seriam um estado transitório para uma estabilidade duradoura, mas uma constante adaptação e evolução. Era necessário solidificar em todos uma cultura de observar, entender, definir e agir. As ideias da cultura *Kaizen* começaram a ser o apoio teórico e prático para as mudanças em pequenas ações constantes, alinhando os esforços para atingir os objetivos estratégicos acordados.

Os resultados obtidos com essas mudanças foram bem expressivos:

- ✓ A aprovação das equipes ficou evidenciada nos *feedbacks* durante pesquisas.
- ✓ A confiança da alta gestão nas entregas realizadas aumentou, permitindo mais autonomia para as equipes definirem como atender aos objetivos estratégicos.
- ✓ Continuidade do crescimento da empresa mesmo com as mudanças, indicando que a agilidade chegou para somar.

Atualmente, as lideranças continuam a trabalhar as mudanças, não como algo pesado e complicado, mas como uma oportunidade de evolução, criando um ambiente de respeito e segurança para que as equipes possam tentar coisas novas. Em caso de falhas, que estas sejam uma fonte de aprendizado e evolução.

Em um mundo em transformação constante, a capacidade de adaptação às mudanças é um caminho sem volta para a sobrevivência de qualquer organização.

32. Gestão de conflitos

Rodrigo Sobral
Thiago Nelson
Sonia Lopes

Ambientes organizacionais com diversidade são vistos como positivos, pois as diferentes formas de pensar podem gerar criatividade. A grande questão é que a convivência diária de indivíduos com diferentes personalidades, aliada ao estresse provocado por fontes variadas, pode agravar a situação, transformando pequenas discordâncias de ideias em grandes conflitos, envolvendo diversas pessoas e até mesmo outras áreas.

Mas como podemos definir "conflito"?

Este termo, muitas vezes, é acompanhado por uma conotação negativa, sendo usado como sinônimo de discórdia e guerra. Mas seu significado refere-se apenas à divergência de opiniões entre duas ou mais pessoas a respeito de um assunto, tema ou atividade a ser executada. Um conflito mal administrado pode ter impactos negativos para as pessoas, como, por exemplo, o custo de execução, o prazo de um serviço e afetando até mesmo a satisfação do cliente.

O conflito nem sempre surge de um desacordo pleno. Muitas vezes, embora as partes busquem o mesmo objetivo, estas discordam em relação ao meio ou a abordagem do problema. Por isso, ressalta-se a importância de identificar a origem do conflito e como este se desenvolveu. A partir daí, é mais fácil unir as partes em uma negociação colaborativa. Conflitos também podem surgir quando diferentes partes querem a mesma coisa (recursos, objetos, etc.). Esses casos aparecem quando temos recursos limitados.

Os autores que tratam o tema organizam os conflitos em tipologias a partir de diferentes pontos de vista. Por exemplo, Berg (2010) relata três tipos de conflito:

- ✓ **Conflito pessoal:** refere-se a como a pessoa lida com si mesma. São inquietações, onde existe um contraste entre o que se pensa e como se age. Este tipo pode levar a determinados estados de estresse e atrito.

- **Conflito interpessoal:** são os que ocorrem entre indivíduos. Ou seja, quando duas ou mais pessoas encaram uma situação de maneira diferente, podendo ser:
    - **Intragrupal:** divergência em uma mesma área, setor, etc.
    - **Intergrupal:** discordância entre áreas e setores diferentes.
- **Conflito organizacional:** é gerado pelas dinâmicas da organização. Ou seja, entre grupos de trabalho ou departamentos, geralmente por situações referentes ao desenvolvimento de trabalho ou a tensões decorrentes de diferentes interesses das unidades organizacionais.

Para Burbridge e Burbridge (2012), existem dois tipos de conflitos nas organizações:

- **Conflito interno:** mesmo podendo ocorrer entre departamentos ou unidades de negócios, a raiz está no conflito entre pessoas que representam a mesma empresa e pontos de vista diferentes, o que torna a situação bastante complexa. Medir o custo do conflito é difícil, pois muitas vezes não se consegue quantificar o tempo gasto e desperdiçado no processo.
- **Conflito externo:** é mais fácil de ser identificado e medido, pois acontece entre empresas, com governo ou até mesmo com um único indivíduo.

Vale ressaltar que os conflitos chamados de organizacionais sempre ocorrem com pessoas que representam suas próprias ideias, seus departamentos ou empresas. Em alguns casos, é necessário trocar as pessoas que estão à frente do conflito.

Ao abordar a questão da gravidade dos conflitos, o olhar de Chiavenato (2004) propõe a seguinte classificação:

- **Conflito manifestado:** o conflito é aberto e expresso por meio de interferência ativa ou passiva por, pelo menos, uma das partes.
- **Conflito percebido:** o conflito está latente e não é declarado, embora as partes percebam que existem diferenças de opinião.
- **Conflito experienciado:** o conflito está instalado e provoca sentimentos de hostilidade, raiva, medo e descrédito entre as partes.

A existência de conflitos é considerada natural e até mesmo produtiva, já que é decorrente de formas de pensar diferentes. As situações de mudança nas organizações, a escassez de recursos, personalidades fortes, falta de inteligência emocional, entre outras causas, podem potencializar o surgimento de conflitos.

As mudanças que ocorrem nas organizações são muitas vezes causadas pelo mercado que se atualiza, se desenvolve e se adapta às novas realidades. Essas transformações passam pela estrutura organizacional (hoje temos organizações com estruturas menos hierarquizadas), tecnológica (inteligência artificial, *big data*...) e comportamentais (as pessoas mudam e é possível perceber claramente diferenças entre gerações). Muitas dessas mudanças chegam às empresas para que sua perenização seja possível, embora sejam percebidas pelos colaboradores apenas como ações para aumentar o lucro ou diminuir custos. Tudo isso pode gerar insegurança nos indivíduos, deixando-os mais propensos a gerar conflitos.

A diminuição nos quadros funcionais gera conflitos nas equipes porque, frequentemente, os colaboradores sentem-se inseguros por perceber cada colega de trabalho como um concorrente (uma ameaça ao seu emprego). Além disso, com a redução de funcionários, os que permanecerem terão sobrecarga de trabalho e, muitas vezes, propostas de metas mais ousadas. Nesse quadro, as relações com pares e líderes sofrem sérios abalos e tornam-se propensas a conflitos.

As relações humanas são consideradas propensas a conflitos, considerando que cada indivíduo percebe o mundo de um ponto de vista diferente, a partir de seus valores e crenças, e possuem objetivos pessoais. Isso acontece em todos os âmbitos da vida de cada um e, ao construir relacionamentos, pessoais ou profissionais, é fundamental desenvolver algumas habilidades, como: a escuta ativa, a empatia, a comunicação não violenta, dentre outras. Estas ajudarão a evitar conflitos desnecessários (aqueles que não geram impactos positivos, apenas criam estresse e nos fazem perder tempo).

Tanto na vida pessoal quanto na profissional, muitas vezes a origem dos conflitos é a mesma: personalidade, falta de empatia, achar que a sua visão de mundo é a única e a correta, não saber ouvir, não exercer uma comunicação clara e objetiva, agir sob pressão emocional, estresse, ego, etc. Só que dentro das organizações o impacto e o prejuízo podem ser enormes. As empresas devem desenvolver uma cultura de integração e de comunicação aberta, incentivando seus colaboradores a trabalhar de forma a contribuir para o crescimento da organização e o desenvolvimento dos indivíduos.

Os relacionamentos humanos oscilam entre a razão e a emoção e entre a objetividade e a subjetividade. O conflito normalmente se dá no campo da emoção e do subjetivo. A partir dessa constatação, podemos afirmar que os métodos mais eficientes de resolução de conflito, ou para evitá-lo, são os que levam ou mantêm os relacionamentos no quadrante da razão e do objetivo.

A escolha das técnicas de gestão de conflitos deve ser feita a partir de uma avaliação da origem e do tipo de conflito. O objetivo que se deve ter em mente é melhorar a relação entre os funcionários, aumentar a produtividade e solucionar as divergências identificadas.

Algumas formas de administrar conflitos são reconhecidas por diversos autores e resumidas por Lopes e Stoeckicht (2009):

- ✓ **Pressionar** ou exercício do poder: esta é uma técnica impositiva que, apesar de, na maioria das vezes, gerar um resultado imediato interrompendo o conflito, as partes saem com a percepção de que perderam. A tendência é que esse conflito ou outro decorrente deste surja em breve. Não é uma solução duradoura.
- ✓ **Acordo** ou troca: neste caso as partes são induzidas a fazer concessões. O lado positivo deste estilo é que as partes participam, mas normalmente também saem com a sensação de que poderiam ter chegado a resultados melhores.
- ✓ **Evitar:** é comum em muitas organizações. Acontece sempre que o gestor não sabe o que fazer e ele foge do assunto com a esperança de que o tempo resolva o problema. A questão é que não se pode fugir para sempre.
- ✓ **Ceder** ou capitular: usado quando uma das partes acha que tem menos poder que a outra ou que não vai conseguir negociar. Dessa forma, retira-se do conflito aceitando plenamente o que é apresentado pela outra parte.
- ✓ **Resolver problemas** ou confronto positivo: as partes são envolvidas em uma negociação efetiva, entendendo em conjunto os motivos do conflito e construindo, assim, uma solução.

Quando um líder ou gestor é envolvido no conflito para mediá-lo, é necessário se cercar de alguns cuidados, como: ouvir as partes envolvidas, não tomar decisões por eles e incentivá-los a criar uma solução conjunta.

Consideramos que o ideal é que a equipe consiga gerir os próprios conflitos, compreenda suas origens e construa soluções. Essa é uma prática das equipes consideradas de alta performance. Quanto aos gestores, devem conhecer bem sua equipe, incentivar a participação, realizar trabalho de engajamento, ouvir todos com cuidado e atenção e desenvolver a neutralidade, não tomando partido.

Ao observarmos um debate político, aprendemos muito do que não fazer durante a resolução de conflitos, como:

- ✓ Não reaja sem pensar. Emoções como raiva, decepção, frustração e ressentimentos podem afetar a sua clareza de pensamento.
- ✓ Ouvir atentamente a explanação e perguntas da outra parte e construir a partir delas a sua argumentação.
- ✓ Entender o ponto de vista do outro ajuda a construir soluções que possam ser positivas também para ele.
- ✓ Saiba o que o irrita para que consiga manter a calma durante a conversa.
- ✓ Não entre em ciclos de ataques e defesas de características pessoais. Isso só serve para perder tempo e tirar o foco do seu objetivo.
- ✓ Evite ser agressivo, grosseiro e usar palavras ofensivas.
- ✓ Evite gritaria.
- ✓ Seja confiante, positivo e calmo.
- ✓ Se necessário, use um mediador.

Portanto, esteja atento para conduzir suas relações de forma positiva, pois diversas dicas citadas podem ser utilizadas no dia a dia dos relacionamentos, evitando conflitos desnecessários. Mas esteja atento para conduzir conflitos positivos de forma leve. Os conflitos chamados positivos são os que geram maior integração da equipe, engajamento, novas formas de ver um problema e soluções criativas, podendo inclusive melhorar os relacionamentos.

33. Criando times de alta performance

Regiane M. Mendonça
Paulo Alves
Isabelle Rodrigues
Patricia Silva Corrêa

No mundo corporativo, comumente percebemos a busca por profissionais de alta performance para aumentar os resultados de empresas. Entretanto, a liderança deve estar preparada para criar e gerenciar equipes com profissionais de alta performance.

Para começar, precisamos entender quem são os profissionais de alta performance.

O que é alta performance?

De forma simplificada, podemos explicar que a alta performance significa atingir todo o seu potencial. Por isso, há coligação com a expressão *high potential*. Um profissional de alta performance pode ser identificado como o indivíduo que atua focado na qualidade sem se esquecer do prazo. Ou seja, está ligado à produtividade e superação.

A alta performance faz superar as expectativas, razão pela qual requer autoliderança, pois torna-se necessário liderar seu próprio tempo, ações e resultados.

Times de alta performance possuem como característica a capacidade de diagnosticar e resolver conflitos. Isso traz melhor fluidez para a sua rotina e permite a obtenção dos resultados esperados.

A construção do time

O gestor que deseja construir um time de alta performance precisa extrair dos profissionais os comportamentos para atingir os resultados esperados. Para isso, indica-se seguir as etapas da **espiral de liderança**, desenvolvida por Ferreira (2014) e representada na Figura 33.1.

Tudo se inicia com uma análise dos profissionais, pois é necessário grande conhecimento dos membros da equipe, já que liderar um time de alta performance requer atitudes individuais com os membros e, principalmente, o desenvolvimento desses profissionais nas competências que não possuem, mas que o time requer.

Times de alta performance formam-se com profissionais que usam sua inteligência emocional e emoções em busca de seus objetivos pessoais.

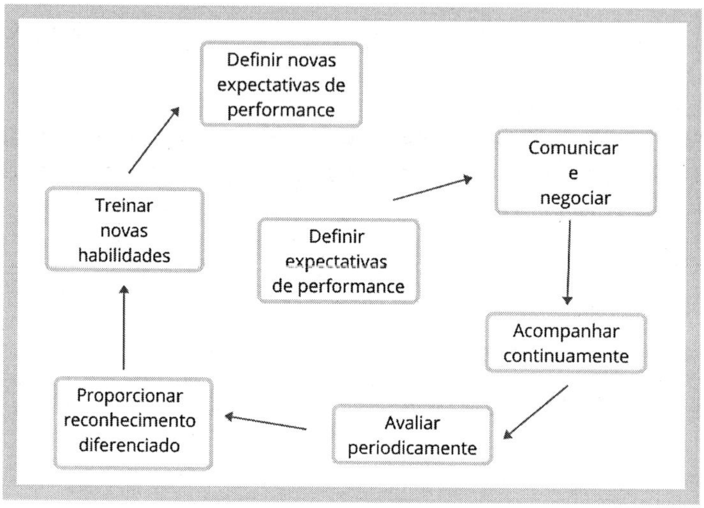

Figura 33.1. Espiral de liderança.
Fonte: adaptado de Ferreira (2014).

Para realizar essas etapas, são necessárias algumas ações, tais como:

- ✓ Desafie os profissionais com metas elaboradas de acordo com o perfil de cada um.
- ✓ Crie indicadores para acompanhamento.
- ✓ Desenvolva a comunicação.
- ✓ Aprimore o perfil dos membros utilizando metodologias de treinamento.
- ✓ Recompense o desempenho dos membros.
- ✓ Assuma a função de liderança.

Expectativas da alta performance

Para liderar um time de alta performance, é necessário ter bem definido o que se espera dos seus membros. Para isso, é preciso identificar dois pilares:

- ✓ **Comportamento:** responsável pela ação.
- ✓ **Consequências:** resultados dos comportamentos.

Com base nos pilares, o líder do time poderá extrair o melhor de cada um dos indivíduos. Para isso, é possível utilizar várias ferramentas, muitas apresentadas na Parte V – *Leadership Toolbox* – deste livro.

Em times de alta performance, é importante o reconhecimento dos comportamentos dos membros do time, percebendo os resultados e mostrando a cada um a importância de sua participação.

Falar de times de alta performance também está relacionado ao *empowerment,* pois times de alta performance são autogerenciáveis.

Conforme Ferreira (2014), a alta performance é resultado de vários comportamentos e suas consequências, que são identificados através da descrição desses comportamentos, que resultam nos processos e procedimentos, podendo ser técnicos, gerenciais, de suporte, conhecimentos ou relacionamentos, que serão os responsáveis pelos resultados. Essa descrição não é apenas um relatório de competências, mas um documento rico em detalhes, técnico e com especificações.

Para montar essa descrição com o objetivo de conhecer seu time, conforme sugerido por Ferreira (2014), é possível utilizar os tópicos a seguir, fazendo uma descrição para cada membro:

- ✓ Atividades e comportamentos desejados.
- ✓ Contribuição desejada.
- ✓ Indicadores de performance.
- ✓ Conhecimentos necessários.
- ✓ Habilidades desejadas.
- ✓ Atitudes desejadas.
- ✓ Relacionamentos.

Conclusão

Para construir um time de alta performance, é necessário que o líder conheça todos os membros do time e as expectativas para cada um, ou seja, o que se espera de cada membro. O líder precisa ser participativo e ter a consciência da autoliderança do seu time, deixando fluir o dia a dia.

Podem ser utilizadas como suporte várias ferramentas. Porém, é necessário começar com uma autoanálise do time. Os comportamentos serão direcionados para a busca de resultados, que deverão sempre ser compartilhados com todos para análise das consequências/ações.

Ao final, espera-se que o líder conseguirá uma equipe de alta performance, com foco em alcançar resultados para a organização.

34. Perfis e comportamentos

Tatiana Grego
Eduardo L. A. Marques
Sebastião Cesar Paiva

Em um primeiro momento, falar sobre perfis e comportamento humano pode parecer algo extremamente complexo. Contudo, neste capítulo iremos desmistificar e explorar, mesmo que de maneira concisa, a arte de reconhecer e promover a realização pessoal e profissional nas pessoas, tendo como base as tendências dos perfis comportamentais e as interações entre cargos, cultura e equipe, de forma que cada um consiga extrair o melhor de si e dos seus colaboradores, refletindo em realização pessoal, resultados com maior qualidade e progresso junto às empresas.

Saber lidar e reconhecer os diversos perfis pode auxiliar o líder na mitigação de alguns conflitos e na otimização da utilização de seus colaboradores. É importante ter as pessoas certas no lugar certo!

Um breve histórico

No intuito de buscar uma forma eficaz de compreender como as pessoas lidam com o ambiente onde vivem e por que apresentam determinadas reações comportamentais, o psicólogo americano William Moulton Marston, em 1928, concluiu primeiramente que o comportamento das pessoas é condicionado por duas esferas – interna e externa. A primeira resulta de sua percepção e avaliação no que se refere ao seu poder em relação ao ambiente. Já a segunda está relacionada à análise que ela faz frente a esse ambiente propriamente dito.

Essas variáveis despertam, segundo Marston, quatro campos de comportamento, que podem ser moldados de acordo com a situação. Foram tais traços comportamentais que deram origem ao nome do *assessment* DISC.

DISC é uma metodologia que possibilita às pessoas criarem consciência de suas tendências comportamentais e desenvolverem suas competências. A autoconsciência possibilita a transformação dos indivíduos, tornando-os mais produtivos quando exercem atividades compatíveis com o seu estilo ou perfil comportamental.

O método, hoje mundialmente reconhecido, reúne competências e tendências do comportamento humano, manifestadas frente a diferentes contextos. Assim sendo, trata-se de características que representam um apanhado de tendências comportamentais acrescidas das experiências socioculturais e profissionais de cada pessoa. Considera-se que todos nós possuímos características relacionadas aos quatro fatores, que são: **dominância** (D), **influência** (I), **estabilidade** (S) e **conformidade** (C).

Segundo o psicólogo, esses são os traços básicos de comportamento dos indivíduos e eles se manifestam em cada pessoa em diferentes graus e combinações. Apresentamos a seguir as características de cada um dos quatro perfis descritos por Marston.

Tabela 34.1. Características dos quatro perfis descritos pelo psicólogo William Moulton Marston. Fonte: Marston, 1928.

Dominância	O traço comportamental de dominância demonstra a forma como a pessoa lida com os problemas e desafios que lhe são impostos. Quando essa é uma característica predominante, o indivíduo tende a enfrentar com mais facilidade as situações adversas. Pessoas com traço comportamental de dominância elevado podem ser mais exigentes, ousadas e determinadas. São consideradas pessoas dominadoras, com maior afinidade com o empreendedorismo. Em contrapartida, a dominância baixa denota um perfil mais conservador e moderado, porém com boa capacidade de realizar trabalhos colaborativos, em equipe.
Influência	Quando este é o traço comportamental evidente, o indivíduo tem mais facilidade em influenciar quem está ao seu redor. São pessoas mais emocionais, com aptidão para despertar empatia, marcadas pelo entusiasmo e pela boa comunicação. Sua capacidade de influenciar e de motivar os demais, porém, nem sempre se constitui em efetividade no que se refere à própria prática de concluir tarefas, o que, por vezes, pode conferir um ar de superficialidade. O alto ceticismo e o pensamento racional preponderante são características dos indivíduos que não têm a influência como traço comportamental elevado.
Estabilidade	Paciência e persistência são as principais características evidenciadas por este fator. Ele permite aferir como a pessoa enfrenta situações de mudança e adversidades e de que forma adapta seu trabalho a elas. Colaboradores com elevada estabilidade são mais constantes e costumam gostar de atividades rotineiras. Além disso, são considerados bons ouvintes, agradáveis e têm um profundo espírito de equipe.
Conformidade	Como o indivíduo se comporta diante das normas e dos procedimentos é o que verifica este fator. Ele possibilita identificar se um profissional tem uma reação cautelosa ou imprevisível diante do que tem acontecido no ambiente de trabalho. Colaboradores com elevada conformidade são mais sistemáticos, apegam-se e atuam com base nas regras preestabelecidas. Também são mais cuidadosos, perfeccionistas e precisos no que realizam.

Até aqui entendemos que, ao tomarmos consciência de nossas tendências comportamentais, inegavelmente aprimoramos o autoconhecimento e, por consequência, nos tornamos mais objetivos em nossas tomadas de decisão. A partir de agora iremos entender como outras variáveis influenciam o comportamento.

Perfil comportamental *versus* cultura organizacional

A cultura organizacional reúne valores, crenças, hábitos e comportamentos de um grupo, construindo o inconsciente coletivo que determinará o que será aceitável ou não dentro de uma determinada empresa. Ela deve ser objeto de trabalho constante do gestor de pessoas, pois conduzirá o grupo a uma maior eficiência e produtividade, podendo engajar clientes ou não com a sua marca, ou ainda determinar qual o impacto que a empresa deixará na sociedade. Note que, dentro de uma organização, além de ser necessário um nível considerável de motivação de seus funcionários, é extremamente importante que tenha um líder eficaz e que saiba motivar sua equipe de profissionais (CHIAVENATO, 2004). Devemos lembrar que também é papel do líder entender a realidade de cada profissional da sua equipe, estimulando-os a evoluir como profissionais.

Sabemos que a cultura organizacional pode mudar para atender a uma determinada estratégia, assim como pode ser afetada por novos indivíduos. Portanto, é fundamental que ela seja observada como um dos elementos de recrutamento e seleção de pessoas. É importante salientar que ela deve ser apenas um elemento de seleção, mas nunca deve substituir o critério do perfil comportamental individual. Isso porque, embora uma empresa tenha uma cultura bem definida, existem diferentes competências nos diversos cargos, assim como diferentes "microculturas" dentro de uma "cultura organizacional macro". Esse **casamento** entre perfil comportamental, cargo e cultura organizacional deve ser o foco principal de um recrutamento, fora, logicamente, a competência técnica do candidato na solução dos desafios que serão propostos.

Para trabalhar cultura organizacional com base na metodologia comportamental, são usados quatro conceitos de arquétipo para concretizar as imagens predominantes das organizações. São eles:

Tabela 34.2. Descrição dos quatro arquétipos da cultura organizacional. Fonte: os autores.

Dominantes	São empresas que prezam pelo dinamismo, pelo controle e pela ambição. Exigem pulso e energia das lideranças, pois têm metas agressivas e muito ambiciosas. Essas empresas aceitam riscos e se propõem a inovar em seus mercados. Pontos de atenção: tomam decisões rápidas e tendem a mudar com frequência, além de preferirem criar tendências em vez de segui-las.
Informais	Focadas na criatividade, empresas informais prezam pelo relacionamento e pelas regras flexíveis, com clima descontraído. Normalmente são empresas com foco na satisfação do grupo e na qualidade de vida. Tendem a ter poucos processos definidos e alto grau de improvisação. Pontos de atenção: dificuldade de implementar rotinas e processos, além de possuir alto grau de relacionamento interpessoal.
Condescendentes	Normalmente democráticas e estáveis, nas quais as lideranças tendem a adotar um tom professoral e de muita delegação do poder. Gostam de adotar posturas mais tradicionais internamente e no mercado. Pontos de atenção: tendem a manter a equipe na zona de conforto e prezam por profissionais que gostam de permanecer mais tempo na empresa.
Formais	Extremamente processuais e que trabalham fortemente com critérios de conformidade. Possuem estruturas rígidas e documentação avançada. São focadas na eficiência e na repetição das atividades bem definidas. Pontos de atenção: pouco incentivo no relacionamento interpessoal.

Neste ponto é importante notar que, para cada arquétipo predominante em uma cultura organizacional, encontramos características que podem motivar ou desmotivar determinados perfis comportamentais. Por exemplo: uma pessoa cujo perfil comportamental aponta para o dinamismo nas ações e preza pelo relacionamento interpessoal tende a não ser devidamente aproveitada nas empresas formais. Cada caso deve ser avaliado.

Como os perfis comportamentais podem auxiliar as equipes e empresas ágeis?

O líder não é aquele que está no topo, mas quem suporta todos com o seu trabalho.

Bill George

Ao longo deste capítulo identificamos que ter um entendimento saudável de si e do outro é essencial para realizar grandes feitos em liderança. Ou seja, entendemos que conhecer suas habilidades de líder faz parte de um trabalho interior que reverbera e impacta o meio externo. Contudo, no mundo ágil, todo o ecossistema passa por mudanças constantes e há uma descentralização de hierarquia e poderes. Com isso, obrigatoriamente, o líder precisa inovar para desenvolver e preparar todos, objetivando mitigar as armadilhas.

Abordaremos brevemente um dos conceitos de John Whitmore (2002), no qual é dito que um pensamento gera um sentimento que resulta em um comportamento. Uniremos este conceito à teoria comportamental de Marston, que nos apresenta cinco estilos de perfis comportamentais, acrescentando um ponto ao conceito VUCA:

- ✓ V | **VISÃO**: influência, foco e credibilidade.
- ✓ U | **ENTENDIMENTO**: curiosidade, compaixão e abertura.
- ✓ C | **CLAREZA**: simplicidade, intuição e pensamento sistêmico.
- ✓ A | **AGILIDADE**: decisão, inovação e empoderamento.
- ✓ P | **PROTAGONISMO**: comunidade, engajamento e fraternidade/sororidade.

Tabela 34.3. Perfis de liderança.
Fonte: Harvard Business Review, 2018.

	Coercitivo	Visionário	Afetivo	Democrático	Modelador	Treinador
Características de ação	Exige obediência	Engaja pessoas em torno de um propósito	Preza pela harmonia e novas conexões	Cria consenso motivado pela interação	Nivela altos padrões de desempenho	Formação contínua de pessoas
Estilo de atuação	"Faça o que eu digo"	"Vem comigo"	"As pessoas em primeiro lugar"	"O que você acha?"	"Faça o que eu faço, agora"	"Experimente isso"
Quando o estilo é mais eficiente	Situações de crise, momentos que demandem rápida recuperação/decisão	Situações que requerem mudanças e um direcionamento claro	Motivar as pessoas em situações-limite	Construção de novos times	Necessidade urgente por resultados de uma equipe motivada	Auxiliar um colaborador na melhoria de desempenho e no desenvolvimento de competências
Impacto no clima	Negativo	Fortemente positivo	Positivo	Positivo	Negativo	Positivo

Concluímos que a arte da liderança é conseguir comunicar os valores, a visão e a missão da companhia ou mesmo de um projeto. É a capacidade de influenciar e engajar, gerando clareza sobre o caminho a ser percorrido. É a capacidade de despertar a curiosidade, é ter interesse genuíno nas pessoas, usando a escuta ativa para eliminar as incertezas. Também é adaptar-se e tomar decisões rápidas, "errar rápido", dar autonomia e incentivar a colaboração.

Cabe ao líder desenvolver o autoconhecimento, assim como o do seu time, para que ele possa transitar por todos os estilos, adequando-se ao contexto do momento, à necessidade da equipe e à demanda da companhia.

35. Neurociência a favor da liderança

Thayana Brider
Renata Castro
Victor Gonçalves

Seus clientes são pessoas, seus colaboradores são pessoas, seus fornecedores são pessoas, então se você não entende de pessoas, não entende de negócios.

Essa frase de Simon Sinek explica por que cada vez mais se fala em pessoas no âmbito organizacional. Diversas áreas que primeiramente não eram associadas a esse meio hoje fazem contribuições importantíssimas. Uma delas é a neurociência.

Se precisamos de um maquinário, também necessitamos entender seu funcionamento por inteiro para utilizá-lo da melhor forma possível. O mesmo acontece com pessoas, e por isso a neurociência veio (principalmente através do advento tecnológico dos exames de imagem) nos ajudar a entender como funciona essa "máquina" tão complexa que existe em nós: o cérebro.

Emoção na decisão

A primeira impressão que temos ao falar a palavra "cérebro" é a racionalidade, porém hoje os estudos apontam que na verdade nosso cérebro é mais emocional do que racional. Todas as informações que capturamos chegam primeiro à parte emocional do cérebro (sistema límbico), que decide o que fará com elas.

Um bom exemplo disso é o que chamamos de "luta ou fuga": se nossos sentidos enviam sinais que uma determinada situação nos oferece algum tipo de ameaça ou risco, existe uma grande chance de que nossa reação nem chegue a ser processada pela parte racional do cérebro, tornando-a puramente emocional, pelo menos no início. Se você está nadando no mar e vê algo que parece ser um tubarão, imediatamente o sangue começa a se direcionar para as extremidades do corpo, para que justamente você consiga escapar dessa situação. E isso não é consciente. Você não pensa: "vou direcionar o sangue que está no meu corpo para meus pés e mãos e assim fugir desse tubarão!". Portanto, é extremamente plausível considerarmos a emoção em nossas decisões. Quem nos ajuda são o córtex pré-frontal e córtex orbitofrontal, que carregam as nossas decisões com emoções e auxiliam no entendimento das consequências de nossas ações.

Mas como assegurar que as emoções de fato nos ajudem nas decisões e não o contrário?

Uma pesquisa foi realizada com as marcas Pepsi e Coca-Cola. A maioria das pessoas, ao ser questionada sobre as características de cada refrigerante e qual escolhia como preferido, descrevia o gosto da Coca-Cola como melhor. Porém, em um teste cego, ou seja, sem saber qual marca se estava experimentando, mais de 50% dos participantes escolheram a Pepsi como o melhor sabor.

Esse resultado expressivo nos mostra que para muitas pessoas a escolha por Coca-Cola é, na verdade, emocional. Não podemos negar que a marca possui uma relação muito forte com seu consumidor: comerciais emocionantes, carreata de Natal com Papai Noel, presença em vários eventos importantes, etc. A Coca-Cola traz uma inegável experiência ao cliente, que você sente no primeiro "tão delicioso" gole.

E como isso se reflete nas organizações?

Se entendemos que podemos ter comportamentos primeiramente ligados ao nosso emocional, sabemos por que um líder deve se preocupar com:

- ✓ **Propósito (da empresa, dos projetos e de cada um do seu time).** Motivadores intrínsecos geralmente "envolvem" mais as pessoas do que motivadores extrínsecos (dinheiro, por exemplo), ou, pelo menos, têm maior duração. Os motivadores extrínsecos são importantes para tomadas de decisão iniciais, mas quando os motivadores intrínsecos não existem, o peso que o primeiro teve inicialmente cairá, o que resulta muitas vezes em frustração. Sabemos que empresas cujos colaboradores falam claramente o propósito da empresa e identificam estes também como seus propósitos pessoais, possuem um baixo nível de rotação de pessoas e maior engajamento dos times.
- ✓ **Engajamento.** Acontece quando encontramos desafios nem além, nem aquém de nossas competências, mas, sim, alinhados a elas. Ao recebermos desafios que não nos trazem ansiedade (além de nossas competências) ou tédio (aquém de nossas competências), chegaremos ao que chamamos de *flow*, que traz sensação de bem-estar e felicidade, aumentando também o foco.

- ✓ **Confiança.** O Google realizou uma pesquisa com 180 times da própria empresa para tentar identificar qual seria o critério que melhor poderia prever uma melhor performance em um time e a conclusão foi a confiança entre os membros dos times. Falaremos mais sobre a confiança ao final do capítulo.
- ✓ **Empatia.** Mais do que "se colocar no lugar do outro", a empatia é o elemento central da liderança, já citado em diversos capítulos deste livro.

Neuroleadership

O termo "Neuroliderança" foi criado por David Rock (2017), presidente do *Neuroleadership Institute*, e está baseado nos seguintes princípios:

- ✓ Neuroplasticidade, o processo que nos ajuda a continuamente aprender, é a capacidade de criar novas conexões cerebrais diante da mudança.
- ✓ O funcionamento consciente do cérebro consome mais energia e é mais lento que o funcionamento inconsciente. O cérebro economiza energia ao ter reações inconscientes, por isso temos padrões comportamentais em situações semelhantes já experimentadas.
- ✓ A nossa percepção é a nossa realidade. Cada um de nós tem seus "óculos" sobre a vida e suas experiências no mundo.
- ✓ O cérebro considera ameaças e recompensas sociais com a mesma intensidade que ameaças e recompensas físicas e não diferencia necessariamente (em termos de intensidade) a dor física da dor social, ou seja, uma humilhação em uma reunião pode ser tão dolorosa quanto um soco na cara, ou até mais devastadora.
- ✓ A capacidade de se engajar, resolver problemas, tomar decisões e até colaborar com os outros pode ser reduzida por uma resposta "de ameaça" e ampliada com uma resposta "de recompensa".

Modelo SCARF

Para minimizar a resposta "ameaçadora" e ampliar a resposta "recompensadora", David Rock (2017) criou um modelo que se divide nas seguintes dimensões:

Status

Neste caso, status não é a posição hierárquica de uma pessoa, mas o senso de pertencimento ao ambiente em que está inserido.

Uma percepção de injustiça pode ser interpretada como uma "ameaça", e isso pode acarretar na liberação de cortisol e outros hormônios relacionados ao estresse, impactando a tomada de decisão. A meritocracia ou a remuneração com base em habilidades adquiridas e resultados podem ser uma forma de ampliar o status do time.

Certainty (Certeza)

Quando falamos em incerteza, nos referimos à falta de transparência: da empresa, do próprio líder e também dos membros do time.

Todos nós necessitamos de certo nível de segurança, principalmente em um mundo onde a real certeza é a própria incerteza. A incerteza utiliza mais energia de nosso cérebro, já que, ao perceber ambiguidades, o cérebro classifica esse "erro" como uma falha ou tensão e utiliza mais energia para compreendê-lo e tentar corrigi-lo.

Autonomy (Autonomia)

Pode estar diretamente relacionada a uma maior satisfação no trabalho. Permitir que os colaboradores deem sua opinião ou organizem suas próprias tarefas provoca uma resposta "recompensadora" no cérebro, aumentando o sentimento de pertencimento (status) e, por consequência, diminuindo o nível de estresse.

Relatedness (Relacionamento/Conexão)

O líder precisa ter um relacionamento saudável e próximo a seu time. Isso não significa criar laços de amizade com os colaboradores, mas, sim, criar um ambiente aberto e de confiança, onde os membros do time se sentem ouvidos e têm mais liberdade até, por exemplo, para que erros sejam cometidos e entendidos como parte do processo.

Essa conexão com o time auxilia o líder a conhecer as características, as competências e o potencial de cada um.

Fairness (Justiça)

Como mencionado na parte sobre status, a injustiça cria um ambiente onde confiança e colaboração se conflitam e o nível de resistência dos membros do time pode aumentar. Isso porque, ao perceber injustiça, o cérebro ativa uma resposta no sistema límbico, mais especificamente na amígdala, que é responsável, dentre outros elementos, pelo medo e pela ansiedade.

Os conceitos e modelos propostos pela neuroliderança nos ajudam a concluir que o principal papel da liderança é a "climatização" do ambiente, já que este pode influenciar as percepções dos nossos sentidos, e esses sentidos, ao serem processados pelo nosso cérebro, interferem no comportamento, no desempenho e no resultado.

E uma das características mais importantes para a criação desse ambiente mais saudável, por parte de estudos de neurociência, é a confiança.

O cérebro considera a sobrevivência como sua principal função e busca aquilo que acredita ser justo, reagindo instintivamente à injustiça com sentimentos negativos. Por isso, é muito importante que o líder tenha a consciência de que não adianta acreditar que está sendo justo se as próprias pessoas não têm essa percepção.

É preciso ter um *mindset* diário de transparência, onde até as próprias injustiças, ou o sentimento de injustiça em relação a determinados temas, possam ter um espaço seguro e de confiança para também serem discutidas. Afinal, o que traz segurança aos colaboradores não é a figura da empresa, mas a do líder.

Através dos neurônios-espelho, que são associados a várias modalidades do comportamento humano, como, por exemplo, a imitação (LAMEIRA; GAWRYSZEWSKI; PEREIRA JR, 2006), as pessoas se conectarão com os valores da empresa ao observar os valores do líder.

Portanto, concluímos que o estudo de cérebros "em pleno funcionamento", através dos exames de imagens, trouxe novas informações sobre como os pensamentos e comportamentos dos seres humanos estão conectados, o que nos ajuda a compreender por que a liderança exerce tanto impacto no clima organizacional, no bem-estar e no desempenho das pessoas em um time e, consequentemente, nos resultados que elas entregam.

Uma vez que o pilar da confiança é estabelecido, o líder consegue aplicar os princípios da neuroliderança, criando um ambiente mais favorável ao engajamento e à empatia entre os membros do time, impactando positivamente os resultados e as conexões neurais de cada um.

36. *Tribal leadership*

Ricardo Boessio dos Santos
Carlos Henrique Ughini

Origem: o que é *tribal leadership*?

Em 2008, os autores Dave Logan, John King e Halee Fischer-Wright publicaram o livro "Tribal Leadership: leveraging natural groups to build a thriving organization".

A ideia central do livro é que toda organização tem cinco tribos que são identificáveis pela atitude dos funcionários. Para você chegar em um ponto disruptivo, em uma inovação, é preciso levar as tribos de um estágio para outro, pois o trabalho é executado dentro dessas tribos. Essas tribos independem de posições hierárquicas, sociais ou econômicas. O que os une é uma linguagem e um comportamento muito similar. Apesar do foco em empresas, isso vale para a vida pessoal também. Algumas vezes podemos chamar, informalmente e pejorativamente, de "panelinha". Uma tribo nada mais é do que um grupo informal que acaba atraindo pessoas que pensam de forma similar.

Esses grupos informais podem levar organizações e líderes a patamares de sucesso ou de fracasso; logo, entender melhor as tribos é fundamental para um líder.

O *tribal leader* é a pessoa capaz de entender essas tribos e conseguir liderá-las através dos estágios, buscando chegar na última tribo identificada pelos autores.

Os estágios das cinco tribos

Os autores fizeram uma pesquisa com 24 mil funcionários de grandes empresas e perceberam que há cinco tipos de tribos, bastando atentar para a maneira como essas pessoas se referem e se manifestam a respeito do trabalho, seus colegas e sua própria vida. Vale ressaltar que se tratou de uma pesquisa com profissionais nos EUA, portanto alguns comportamentos e percentuais podem não ser tão iguais no Brasil, porém os estágios das tribos são bem similares, assim como as proporções. Entender em qual estágio uma tribo se encontra se torna parte fundamental do trabalho do líder tribal, afinal seria muito complexo alavancar o time sem ao menos entendê-lo. É preciso saber onde está para só então dizer para onde vai.

Confira a seguir as tribos, suas características principais e o percentual de profissionais que estão em cada estágio:

Estágio 1 – *Life sucks* (2%)

É um grupo pequeno, em torno de 2%, que tem um tipo de ânimo mais voltado para um desespero hostil. São pessoas totalmente desengajadas e que estão desencantadas consigo mesmas e com os outros. Estão, de certa forma, alienadas ao que acontece e terão dificuldades de trabalho em equipe. Invariavelmente demonstram um comportamento e linguajar mais tóxicos e desagregadores. Existe o risco alto de serem pessoas propensas a vícios e à violência (com os outros e consigo mesmas).

Estágio 2 – *My life sucks* (25%)

Neste estágio já se encaixa um número maior de profissionais, algo em torno de 25%. Eles possuem um ânimo mais voltado para um vitimismo apático. Apesar de ainda ruim, é uma evolução razoável do estágio anterior, já que não seria mais a vida que é uma droga, mas sim a MINHA vida que é uma droga, permitindo que essas pessoas entendam que há algo melhor. Formam um grupo de pessoas que entendem que as coisas nunca dão certo com elas. A frase mais comum deste grupo é: "isso não dará certo". Entendem que a organização em si é algo que atrapalha o cotidiano das pessoas, que deveria ser calcado em atividades rotineiras. Normalmente não possuem senso de urgência das coisas, não assumem responsabilidades e nem protagonismo.

Estágio 3 – *I'm great, and you are not* (49%)

Este é o estágio com a maior parte das pessoas, englobando 49% dos profissionais. Eles possuem um ânimo mais voltado ao sentimento de guerreiro solitário.

Normalmente são profissionais com uma boa qualificação, especialistas que enxergam a si próprios como "se não for eu, esse time não anda". Eles se dão bem com metas individuais e gostam de resultados que privilegiem sua atuação. Fazem julgamentos mais arrogantes, pois os outros é que têm menos habilidades ou força de vontade, e é isso que define o fracasso naquilo que estejam envolvidos. É diferente do estágio *life sucks*, mas ainda há uma toxicidade deste profissional com relação ao restante do time. Invariavelmente é o "estrela" que pode desintegrar uma equipe, afinal, mesmo quando há resultados positivos, toma para si o que motivou esse resultado. E gosta de pessoas do estágio anterior, já que elas facilitam ainda mais o seu brilho.

Estágio 4 – *We're great, and they're not* (22%)

Como evolução do estágio anterior, as pessoas desta tribo, cerca de 22% do total, entendem que a própria tribo é formada por pessoas fora do comum, por isso o ânimo mais comum é o de orgulho tribal, um senso de time. Interagem com uma grande facilidade e têm orgulho de ser desta tribo. É positivo por um lado, mas vale ressaltar que algo que possa afetar a tribo irá impactar individualmente os participantes. E expulsam de um time facilmente alguém de outras tribos.

O fato de serem uma tribo não minimiza os protagonismos e nem diminui os resultados individuais positivos dos seus membros. Porém, é um grupo que necessita da concorrência para desempenhar melhores resultados e o orgulho é uma marca, podendo gerar conflitos com outros times.

Estágio 5 – *Life is great* (2%)

Assim como o primeiro estágio, abarca cerca de 2% das pessoas, sendo o estágio de maior evolução tribal e aquele que apresenta um ânimo de um maravilhamento inocente.

Há uma crença em um potencial que não se limita mais e se percebem acima de qualquer concorrência, porém com uma determinação de fazer a diferença em um aspecto mais amplo. Em outras palavras, são as pessoas que querem fazer história.

Como fazer uma tribo alavancar

Temos algumas referências sobre a origem desse conceito e quais são os níveis encontrados, segundo os autores, mas e o subtítulo do livro, fica como?

Traduzindo e interpretando, o subtítulo fala em alavancar essas tribos, ou grupos naturais, para construir uma organização próspera, pungente e inovadora. Portanto, é importante para um líder entender como pode alavancar as pessoas. É com o último grupo de pessoas que um bom líder poderá contar para trazer resultados bem mais positivos. No mínimo, estar no penúltimo grupo é fundamental para uma organização ter sustentabilidade na gestão.

Porém, é preciso alertar para o risco de uma *silver bullet*, tema mencionado mais adiante neste capítulo. Afinal, não existe uma ação única que fará com que você, líder tribal, consiga alavancar o time de um estágio para outro.

Os autores pregam que cada estágio tem seu início, meio e fim. O início é quando uma pessoa está completamente no estágio. O meio é quando já demonstra características do estágio seguinte. E o fim é quando já tem uma série de características do estágio seguinte.

Portanto, há uma navegação dentro dos estágios, que pode ir e voltar também, até que haja uma estabilização, até a pessoa estar com todas as características suas apontando para o estágio, quando então reinicia o processo desse novo estágio para o seguinte, com seu meio e o seu fim.

Além de observar as formas de alavancar, é importante atentar para as diversas ferramentas, métodos e modelos que este livro descreve nos outros capítulos, afinal líderes são pessoas com diversas ferramentas em seu *tool kit*.

Algo que os autores pontuam bem é que você não consegue "pular" tribos. Eles mostram que é importante você falar a língua da tribo que quer apoiar. Mas verificam que há casos de "pulo" dos subestágios (início, meio e fim). Então, vamos aos estágios.

Do estágio *life sucks* (1) para *my life sucks* (2)

Pode parecer uma mudança pequena para quem não está em nenhum desses dois estágios, mas esta é uma das maiores diferenças, pois uma pessoa passa de um estado de potencial violência contra todos e si mesmo para um estado mais próximo de apatia. São polos opostos.

Por mais esquisito que possa parecer, uma abordagem para quem pensa que a vida é péssima é fazer com que ela pense que a vida DELA é péssima. É importante "desintegrar" esta tribo, pois, quando juntas, essas pessoas apenas vão reforçar o que acham e formar um grupo muito hostil, comparável com uma gangue.

Em todos os estágios, é importante envolver pessoas de uma tribo com pessoas da tribo imediatamente superior e, neste caso, tirar a pessoa da tribo dela para colocar "pareando" com pessoas da tribo seguinte. A pessoa que acha que a vida como um todo é péssima pode começar a perceber suas responsabilidades. Busque levar essas pessoas a perceber também que a vida pode funcionar para elas e para os outros.

Um alerta é que se trata de uma tribo que tem dificuldades com relacionamento e não acredita em nada, então as abordagens não devem ser insistentes, ou seja, de nada adiantará ficar "martelando" diariamente.

Do estágio *my life sucks* (2) para *I'm great, and you are not* (3)

Neste caso, ao envolver alguém que acha que a sua vida é péssima com alguém que acha que é bom (e o outro não é) você traz dois resultados: (1) a afirmação do estágio seguinte, que estará bastante interessado em parear com pessoas que acham que a vida delas é péssima (pois só reforça que esta pessoa do estágio 3 realmente é boa e a outra não), e (2) a atração da pessoa que acha que a sua vida é péssima. Porém, há o risco de descer de estágio, já que a vida de vários é péssima, e essas pessoas podem achar que a vida como um todo é péssima.

De qualquer forma, são pessoas que fazem parte de uma mesma tribo, mas que se mantêm, em geral, isoladas. Tirá-las desse isolamento é importante, daí voltamos à importância de pareamento com pessoas do estágio 3 em diante (a tribo não pula estágios, mas você pode usar pessoas das tribos 4 e 5 para parear com pessoas da tribo 2, com ressalvas, se não só confirmará que a vida DELAS é péssima, já que a dos outros é tão boa). Dar desafios pequenos que são "causas ganhas", por assim dizer, também pode ajudar. A pessoa ganha confiança e começa a achar que é melhor do que pensava inicialmente.

Do estágio *I'm great, and you are not* (3) para *we're great, and they are not* (4)

Esta é outra alavancagem complexa de ser feita, pois é necessário que uma pessoa troque o seu individualismo e estrelismo por um trabalho conjunto, em grupo. Isso pressupõe que a pessoa realmente perceba que a força que ela tinha e a fez chegar aonde chegou não será mais a responsável por levá-la adiante, ela precisará de mais. Causar uma mudança de pessoas que trabalham obrigatoriamente em times para aquelas pessoas que realmente têm senso de time.

Um passo importante é garantir que esta pessoa esteja pelo menos no subestágio do meio do estágio 3, se não ela pode se sentir menor e achar que "a vida dela é péssima", caindo para o estágio 2. Voltamos ao "tiro duplo" citado antes: pareamento com pessoas do estágio 2.

O próximo passo é esta pessoa ter contato com pessoas dos estágios acima. Dessa forma, ela consegue enxergar na prática que precisa dos outros e passa da primeira pessoa do singular para a primeira pessoa do plural.

Diferentemente do caso anterior, ao envolver quem esteja no estágio 2 em desafios pequenos, "causas ganhas", aqui é importante inverter, colocando quem acha que é o maior e os outros não são em desafios para os quais estas pessoas não tenham capacitação. Assim você as obriga a buscar os outros. Isso levará a pessoa a trocar os pronomes até sua fala ter apenas "nós".

Do estágio *we're great, and they are not* (4) para *life is great* (5)

Agora a gente falará de time e não apenas de indivíduos de tribos, pois se movem muito mais em bloco do que individualmente. Portanto, é importante trazer objetivos maiores para o time, que este time sinta e possa contribuir com os valores da organização, que passe a ter engajamentos até fora da organização. É o momento de estimular cada vez mais que o time busque desafios maiores, mas é muito importante salientar que não deve haver um descolamento daquilo que deu significado, que deu sentido, para esse time. É melhor revisar missão e valores da organização junto com esse time do que crer que ele seguirá inovando sem algo que os inspire.

É possível fazer isso trazendo uma causa, mostrando o impacto que o time causa na vida de outras pessoas, mesmo que as condições intra ou extraorganizacionais sejam adversas. Empoderamento dos membros do time é algo que faz toda a diferença.

O momento em que o time, e você, falar sobre "fazer história" é o momento em que atingiram o estágio no qual a vida é sensacional!

Manutenção do estágio *life is great* (5)

Para além da chegada neste estágio, é importante conseguir se manter estabilizado aqui, e o time se manter inspirado.

Invariavelmente, e aqui novamente evocamos Tuckman (veja detalhes no capítulo específico): pessoas que formam times que estão nesta tribo acabam sendo desmobilizadas porque o entendimento de alguns líderes é que se tiver um time com 10 pessoas no estágio 5, bastará colocá-las, uma a uma, em 10 times diferentes que estas vão "puxar" o resto do time.

Normalmente é quando fracassam e perdem 10 pessoas que têm uma visão de grandeza maior em vez de ganhar 10 times. Por isso a manutenção deste estágio é tão importante quanto as alavancagens anteriores.

É fundamental que um líder tribal entenda que está se comprometendo com uma jornada eterna e não com um projeto com começo, meio e fim. Portanto, ELE também precisa estar neste estágio.

A manutenção do estágio é feita com os desafios mantidos, com as revisões periódicas dos valores da organização, com a organização demonstrando claramente que quer seguir aqueles valores e não apenas um marketing para seguir uma tendência de organizações social e ambientalmente conscientes.

Isso não quer dizer que este time é imutável. É possível integrar pessoas dos dois estágios anteriores junto com este, mas o estágio 5 tem que ser maioria. Quando uma minoria vê a maioria seguindo outro caminho, ou ela segue junto ou fica para trás. Se seguir junto, subiu de estágio. Se ficar para trás, demonstra que há um trabalho de alavancagem para fazer.

Alerta: cuidado com *silver bullet*

Ao longo desta obra você se deparou com diversas formas de liderança, modelos, ferramentas, alguns *cases* e até o que não fazer. É importante considerar que uma boa liderança não advém de uma única forma de atuar. É preciso ter seu *tool kit* bem recheado para usar em diversas situações as abordagens adequadas.

Por exemplo, desconsiderar o Modelo Tuckman para os times é desconsiderar que uma tribo pode ter problemas em sua evolução, já que estará em um constante *forming* e *norming*, podendo causar algum estresse na equipe sem um bom acompanhamento.

Fazer um *team building*, considerar mapa de competências, definir a motivação do time (*moving motivator*), se o líder é um líder servidor, acompanhamento por meio de *coach* e muitas outras variantes são fundamentais.

Um dos maiores erros de qualquer profissional, principalmente se for uma liderança (reforçando o que o um dos princípios do *Kanban* prega: encorajar os atos de liderança em todos os níveis), é se agarrar a uma única abordagem como se fosse a sua *silver bullet*.

Acompanhe este livro inteiro e busque a liderança completa e não apenas a tribal.

37. Desafios na liderança de times multidisciplinares baseados em inteligências múltiplas

Eduardo L. A. Marques
Sebastião Cesar Paiva
Tatiana Grego
Priscila Maciel de Sousa

Um pouco de história

Nos idos de 1905 o psicólogo francês Alfred Binet, juntamente com seu parceiro Théodore Simon, elaborou um teste inovador, que com o decorrer do tempo e das adaptações se tornou o famoso e festejado teste de QI (Quociente de Inteligência). Com esse teste foi possível avaliar e principalmente pontuar questões relativas a aritmética, memorização e vocabulário que colocavam os indivíduos "testados" dentro de uma matriz classificatória de inteligência que vai desde "abaixo da média" até "superdotação".

Por muito tempo essa foi a forma mais eficiente de classificar competências e direcionar crianças e jovens para suas carreiras, mas percebeu-se que não gerou felicidade e realização pessoal. De acordo com uma pesquisa realizada no Brasil pelo consultor de carreiras Fredy Machado para elaborar o livro "É possível: Se reinventar e integrar a vida pessoal e profissional" (2018), 90% das pessoas estão infelizes com seus trabalhos. Desse percentual, 36,52% estão infelizes com o trabalho que realizam e, 63,48% queriam fazer algo diferente do que fazem.

Será que os líderes e gestores de times multidisciplinares conseguiriam aumentar significativamente os níveis de produtividade caso dispusessem cada indivíduo segundo sua melhor aptidão, equalizando as atividades alinhadas com os fatores de realização e felicidade de cada um?

Em 1980 o psicólogo Howard Gardner e sua equipe desenvolveram em Harvard um estudo sobre diversos espectros de habilidades cognitivas, provando que indivíduos que são brilhantes em operações de matemática não necessariamente são mais ou menos capazes intelectualmente do que outros que fazem acrobacias de tirar o fôlego de qualquer um em um circo itinerante. Seria como questionar: quem é mais inteligente, Albert Einstein ou Mané Garrincha?

Esse estudo fundou a teoria das inteligências múltiplas (GARDNER, 1995), que irá nortear as proposições deste capítulo acoplando-a a técnicas e dicas para gestão de times multidisciplinares. Uma equipe multidisciplinar é um grupo de pessoas das mais diversas áreas e especialidades que se unem para realização de uma tarefa específica. É comum que sejam pessoas com diferentes talentos e, logicamente, com combinações diferentes de inteligências.

Teoria das inteligências múltiplas

Quando uma equipe é bem aproveitada, revela talentos que agregam valor e qualidade às entregas. Saber reconhecer as diferenças de cada profissional, posicioná-los nas tarefas que estão mais relacionadas às suas características comportamentais e engajá-los de maneira correta demonstrando a importância de cada um na equipe são passos importantes para o sucesso de qualquer gestão. Agora faremos uma breve elucidação da teoria das inteligências múltiplas de Howard Gardner (1995) e depois demonstraremos como aplicá-la à gestão de equipes multidisciplinares.

- ✓ **Lógica matemática:** é a competência do indivíduo para avaliar questões relativas a abstrações para resolução de problemas onde é necessária a aplicação de soluções lógico-matemáticas. Esses indivíduos são geralmente associados a uma inteligência superior por conta da tradição enraizada pelos testes clássicos de QI. Geralmente físicos, cientistas e engenheiros possuem essas competências. Embora muitas pessoas se sintam entediadas ou mesmo desconfortáveis com atividades matemáticas, os "lógico-matemáticos" sentem prazer no desafio de solucioná-las. Personalidades: Albert Einstein, Tesla, Bill Gates, Stephen Hawking, Steve Jobs.
- ✓ **Linguística:** estes indivíduos possuem grande habilidade no uso da palavra falada e escrita e talento especial no aprendizado de outros idiomas. Geralmente se destacam entre os colegas na fase escolar como sendo do grupo dos inteligentes da classe, pois são sempre muito dados à educação tradicional escolar. Poderemos identificar entre os "linguísticos" escritores, vendedores, jornalistas e tradutores. Personalidades: Júlio Verne, Carlos Drummond de Andrade, Ricardo Boechat, João Ferreira de Almeida, Tony Robbins.
- ✓ **Musical:** como o próprio nome já sugere, são os indivíduos com habilidades para criar e executar padrões musicais com todos os seus elementos (harmonia,

ritmo, compassos) e suas integrações. Geralmente essa inteligência acaba sendo concatenada com outra que a potencializa. A habilidade de tocar instrumentos para os "músicos" é uma tarefa simples, mesmo que o indivíduo nunca tenha participado de cursos especializados. É comum encontrar esta inteligência em músicos, compositores, instrumentistas e maestros, porém muitos indivíduos que nunca se aventuraram pelas estradas musicais se valem desta inteligência para tarefas que exijam ritmo e harmonia de pensamentos e interações. Personalidades: Mozart, Beethoven, Paul McCartney, Freddie Mercury, Villa Lobos, Wilson Simonal, George Martin e Michael Jackson.

- ✓ **Espacial:** esta inteligência é a capacidade analítica do mundo visual para transmutá-lo. Obviamente estão entre os "espaciais" grandes arquitetos, engenheiros e, por que não dizer também, grandes enxadristas. Podemos incluir neste grupo também os pilotos de F1, motovelocidade e motocross, pois necessitam de leituras rápidas de espaços, associadas a reações em milésimos de segundo para o sucesso de suas atividades. Personalidades: Niemeyer, Cristóvão Colombo, Garry Kasparov, Antoni Gaudí e Michelangelo.
- ✓ **Interpessoal:** este tipo de inteligência se caracteriza pela capacidade do indivíduo de entender o outro, através de gestos, olhares e motivações além das palavras, e assim enxergar suas reais necessidades, anseios e intenções. Embora pareça simples e corriqueira, é uma das inteligências múltiplas mais raras. Muitas pessoas se enxergam dessa forma, mas a inteligência interpessoal vai além da leitura do dia a dia. Podemos encontrá-la muito nítida em políticos populistas, grandes líderes religiosos e vendedores "*top* de linha". Os "interpessoais" possuem empatia, carisma, simpatia, bom humor, habilidade em liderar, diplomacia, são muito amáveis e excelentes comunicadores. Vale ressaltar que muitos desses indivíduos utilizam esta fantástica e rara inteligência de forma contestável, manipulando e oprimindo psicologicamente outras pessoas, pois ela também está intimamente ligada às psicopatias. Personalidades: Dom Pedro II, Getúlio Vargas, Mahatma Gandhi, John Kennedy, Edir Macedo, Luiz Inácio da Silva e Silvio Santos.
- ✓ **Corporal/Cinestésica:** falar através de gestos, passos, movimentos e olhares são as mais poéticas características da inteligência corporal/cinestésica. Os "cinestésicos" conseguem através do movimento realizar grandes feitos em atividades onde a destreza corporal se faz necessária, realizando movimentos e tendo reações corporais tão sincronizadas e instintivas que parecem não precisar do raciocínio para obter sucesso em seus intentos. É a inteligência predominante principalmente em esportistas de alto rendimento, mas também encontrada em atores e dançarinos. Personalidades: Mané Garrincha, Neymar, Ana Botafogo, Carlinhos de Jesus, Brad Pitt, Fernanda Montenegro e Fred Astaire.

- ✓ **Intrapessoal:** em contraponto aos "interpessoais", que veem o outro com nitidez, o "intrapessoal" consegue estar constantemente diante de um espelho e expressa grande capacidade de se conhecer. É ainda mais rara do que inteligência interpessoal e está intrinsecamente ligada à capacidade de autocontrole e à determinação de modelos de vida pessoal e/ou profissional. Este indivíduo tem talento para detectar suas próprias tendências e instintos e trabalhá-los para o seu próprio crescimento e o do ecossistema no qual está inserido. Por ser tão subjetivo e pessoal, não é plausível associá-lo a nenhuma atividade específica. É possível que personalidades como Carl Gustav Jung, Friedrich Wilhelm Nietzsche e Sigmund Schlomo Freud tivessem este tipo de inteligência aflorada.
- ✓ **Naturalista:** no folclore popular brasileiro, são comumente chamados de "dedo verde", pois possuem muito "jeito" no trato com elementos naturais, como plantas, terra, minerais e suas aplicabilidades, mas os encontramos também tendo muito sucesso no trato com animais de todas as espécies e também com fenômenos da natureza, como clima e questões ligadas ao meio ambiente. Os "naturalistas" aparecem com destaque na oceanografia, veterinária, biologia, agronomia e meteorologia. Existem indivíduos que não passaram pela educação formal acadêmica, mas que se destacam na sociedade por possuírem esta inteligência, sendo eles: herboristas populares, mateiros, indigenistas, trilheiros e toda sorte de gente cujos talentos são relacionados à mãe natureza. Personalidades: irmãos Villas Boas, Charles Darwin, Roberto Burle Marx, Thomas Henry Huxley e Augusto Ruschi.
- ✓ **Existencial:** podemos classificá-la como a competência de reflexão sobre as questões mais complexas da existência humana. Geralmente tais indivíduos navegam entre o subjetivo e a observação holística. Os "existenciais" possuem grandes capacidades filosóficas e discernem com muita acurácia sobre questões da humanidade, inclusive sobre si mesmos. Conseguem gerar ou estimular certo desconforto existencial naqueles que recorrem aos seus préstimos e assim fazem com que essas pessoas encontrem, com mais facilidade, saídas que provavelmente não haviam detectado e não seriam encontradas sozinhas. Estão nesta classe de inteligência filósofos, *coaches*, alguns líderes religiosos e sociólogos. Personalidades: Santo Agostinho, René Descartes, Platão, Sócrates, Aristóteles, Immanuel Kant, Jean-Paul Charles Aymard Sartre.

Montando times multidisciplinares utilizando inteligências múltiplas

Para este tópico é importante que tenhamos ideia de que cada indivíduo é formado pela composição de várias inteligências em proporções distintas e que apenas isso não é o bastante para aplicar a montagem de times. Como já foi dito, devemos levar em consideração o conceito de competências, perfil e conhecimento técnico para as tarefas determinadas. Todavia, é fato que conseguimos indicar alguns exemplos de áreas de atuação onde cada profissional, cuja determinada inteligência majora na sua composição, teria mais facilidade em atuar. Analisando por área, conseguimos notar o arranjo indicado das inteligências. Imaginemos uma pontuação de intensidade, entre 1 e 3. Veja a tabela a seguir:

Tabela 37.1. Inteligências múltiplas x áreas de atuação. Pontuação de adaptabilidade. Fonte: os autores.

	VEND	MKT	FIN	RH	ADM	TI	PROD	JUR	EXEC
Lógica	1	2	3	1	2	3	1	1	2
Linguística	3	3	1	2	1	2	1	2	3
Musical	2	2	2	3	1	1	2	1	1
Espacial	1	3	1	2	2	2	2	1	1
Interpessoal	3	3	1	3	1	2	1	2	3
Cinestésica	2	3	1	2	2	1	2	1	1
Intrapessoal	2	3	1	3	2	2	2	2	2
Naturalista	2	2	1	3	2	1	2	1	1
Existencial	2	3	1	3	2	2	1	2	2

Para um breve entendimento, competência é o conjunto de conhecimentos técnicos, habilidades e atitudes. Sendo assim, o conhecimento técnico é tido como uma formação técnica, uma especialização, como, por exemplo, um curso de Excel. As habilidades são a forma como você coloca em prática o seu conhecimento, ou seja, em quais situações práticas desenvolve o uso de tal ferramenta, como o controle de um projeto. E a atitude é a arte da realização, é como desenvolve a ação ou atividade. Em resumo, conhecimentos e habilidades são considerados *hard skills* e a atitude uma *soft skill*, um comportamento. O desenvolvimento de uma competência está diretamente ligado à capacidade de geração de resultados.

A montagem de um time multidisciplinar baseado em inteligências múltiplas definitivamente não é algo de vanguarda, pois alguns *team leaders* já vêm, há algum tempo, de forma instintiva, praticando essa atividade. Um time onde todos os indivíduos possuem a mesma distribuição de inteligências tende a ser menos produtivo e criativo que um outro, com as mesmas qualificações, mas com composições distintas. Isso se dá porque, em um momento de sinergia, um membro da equipe completa o outro, e cabe ao líder a tarefa de facilitar essa interação.

Com isso, ao observar a construção de times multidisciplinares, podemos enumerar algumas perguntas que devem ser respondidas pelo líder. São elas:

- ✓ Quais são os objetivos do time?
- ✓ Quais são as qualificações técnicas necessárias?
- ✓ Ciente dos conceitos de competências e das múltiplas inteligências, quais perfis devem compor esse time para que haja sinergia entre as partes?

Lembrando sempre que não basta apenas montar um time promissor. O líder deve motivá-lo, guiá-lo e saber catalisar os pontos fortes de cada um, além de esclarecer as suas respectivas posições e importâncias na equipe. Ter os jogadores corretos nas posições corretas com certeza irá facilitar o dia a dia.

38. Comunicação não violenta na liderança ágil

Dayvison Pellegrina
Mauricio Moreira da Silva
Renata Castro

O que é?

Falar de comunicação não violenta é entrar em um âmbito mais profundo da palavra empatia. Muitas pessoas classificam como um método de comunicação. Mas é importante enxergar além, compreendendo que é uma filosofia que apoia uma comunicação saudável voltada para os ganhos em uma gestão onde a comunicação tem um forte papel.

A comunicação não violenta (CNV) vai ao encontro dos princípios da agilidade. Em um ambiente que prioriza experimentações e *feedback* frequente, a comunicação entre as pessoas deve fluir de forma eficiente e ser a mais transparente possível; caso contrário, será difícil a aplicação de métodos ágeis que realmente proporcionem reais benefícios para as empresas.

Falando em empresas, você já participou de conflitos onde trabalha? Talvez já até iniciou alguns. E quantos desses conflitos tiveram um final feliz? Se você tem dificuldades com esse assunto e quer melhorar um pouco a forma de se comunicar, este capítulo pode ajudá-lo.

Desenvolvido por Marshall Rosenberg (2006), renomado psicólogo americano que passou boa parte de sua vida jovial em Detroit, em meio a um ambiente violento e com conflitos civis na época. Começou sua carreira em uma escola mediando conflitos e dedicou sua vida a estudá-los. Em 1983 lançou a primeira edição do livro "Nonviolent Communication". Em 1984 fundou o Centro de Comunicação Não Violenta nos Estados Unidos. Hoje seu método é usado em resolução de conflitos familiares, em empresas e até mesmo em conflitos bélicos, através de mediações.

CNV não é simplesmente não ser agressivo. E tampouco é saber falar de forma mais amena e contida. CNV é uma forma de se expressar, buscando estar em empatia com quem se comunica. Empatia é uma palavra amplamente utilizada aqui, então é bom chegarmos a alguma definição. Apreciamos bastante a definição de Rosenberg, a seguir:

> *A empatia é a compreensão respeitosa do que os outros estão vivenciando. Em vez de oferecermos empatia, muitas vezes sentimos uma forte urgência de dar conselhos ou encorajamento e de explicar nossa própria posição ou nossos sentimentos. Entretanto, a empatia requer que esvaziemos nossa mente e escutemos os outros com a totalidade de nosso ser.*

Entrando em empatia com o próximo, nos conectamos de forma mais objetiva com seus sentimentos e consequentemente podemos deduzir suas necessidades. Com base em suas necessidades não atendidas, podemos chegar a um entendimento mais eficiente e coerente de seu ponto de vista. A proposta é transformar um conflito de ideias em uma relação em que ambas as partes sejam beneficiadas e entendam isso. Evitamos assim que o conflito se transforme em um confronto, onde teremos um vencedor e um derrotado. Para tudo isso existem etapas bem simples: **observação**, **sentimento**, **necessidade** e **pedido**. Vamos explorar mais a fundo cada uma delas.

Observação

Aqui é a etapa onde compreendemos uma situação. Toda conversa tem um ou mais contextos, e aqui é importante você estar a par de todos os fatos.

Durante uma conversa, se você for o interlocutor, coloque em pauta suas observações se despindo de qualquer julgamento. Como se estivesse descrevendo uma cena de um filme. Ex.: "no dia X você me informou que trabalhou remotamente. Todavia, naquele dia, não notei qualquer alteração no sistema".

Se você estiver ouvindo, faça-o de forma a se privar de seus próprios julgamentos. Evite interromper a pessoa. Ao término, é importante que tenha entendido bem. Ex.: "você me deixa confirmar se entendi? Você me disse que, no dia X, Fulano, em frente aos companheiros de trabalho, fez um comentário machista de extrema deselegância?".

Sentimentos

Nesta etapa é muito importante entender os sentimentos que estão por trás dessa conversa, principalmente os sentimentos que nos incomodam. Alguns exemplos: raiva, medo, tristeza, preocupação, etc. Se você estiver ouvindo uma pessoa, é importante questioná-la sobre o que ela está sentindo. Ex.: "quando ocorreu a situação que acabou de me falar você ficou com raiva?". Se você estiver contando alguma situação para alguém, esclareça seus sentimentos. Essa é uma forma de nos humanizarmos em uma conversa. Assim, podemos elevar o nível de empatia e possivelmente colher os frutos logo à frente.

Necessidades

Os sentimentos que incomodam são o termômetro para as necessidades que não estão sendo atendidas. Por exemplo, em uma situação onde você pode ter ouvido alguma brincadeira de mau gosto, o sentimento que veio à tona pode ter sido raiva, e a necessidade não atendida pode ter sido o respeito. Em uma conversa é necessário deixar claras as suas necessidades. Se você estiver como ouvinte, assim como os sentimentos, questione quais são as necessidades não atendidas. Ex.: "nesta situação que acabou de descrever, você sente a necessidade de ser respeitado?".

Pedido

Esta é a etapa onde formulamos o pedido. Imagina-se que na conversa já temos todos os elementos para criar a empatia necessária: as observações, os sentimentos e as necessidades não atendidas. Podemos então formular um pedido que pode ser ou não ser atendido. Ao formular um pedido, faça-o ser realmente um pedido; evite algo que pareça uma imposição.

Ex.: "visto o contexto que conversamos, fico com muito medo do andamento do projeto, pois não tenho visibilidade das entregas. Seria possível me dar mais visibilidade delas?". O pedido está claro, são informados o contexto, os sentimentos e as necessidades não atendidas. Tudo isso é transformando em um pedido.

O pedido pode ser ou não ser atendido. Se foi atendido, ótimo, conseguimos da forma mais honesta algo e evitamos um confronto. Caso não seja atendido, tenha certeza primeiro de que fez o pedido da maneira mais clara possível. Pode questionar se a pessoa de fato entendeu. Se o pedido foi claro mesmo, podemos entender que a outra parte possivelmente está atendendo às necessidades dela. E está tudo bem, se entendemos os sentimentos da pessoa por trás disso e as necessidades também. A próxima fase é vivermos o luto do pedido não aceito.

O que devemos evitar?

É bem comum confundirmos algumas práticas já cotidianas com empatia. Tais práticas não ajudam a identificar o que estamos buscando. A seguir, alguns exemplos:

- ✓ **"Isso ocorreu comigo também, sei o que você está passando..."** – Entrar em empatia não é falar de si mesmo, é ouvir a outra pessoa e tentar entender o que ocorre, seus sentimentos e suas necessidades. Isso pode acarretar em uma "competição de sofrimento".
- ✓ **"Você devia ter feito isso..."** – Aconselhar não é empatia. É quase uma imposição de algo que você acha correto em seu universo.
- ✓ **"Faz parte do aprendizado..."** – Educar não é entrar em empatia. Talvez em outro momento isso possa ser feito.
- ✓ **"Entendo, é realmente ruim!"** – Solidarizar-se não é uma real compreensão da questão.

Quando falamos de CNV, não se trata de convencer outras pessoas. CNV é uma forma de entender e aplicar a empatia, conectando-se a outra pessoa e deixando claro para a outra pessoa seus sentimentos e necessidades. É a busca constante de um resultado pacífico e construtivo para um determinado conflito. É a busca de uma relação onde ambas as partes ganham de alguma forma. Não é necessário que você e a outra pessoa saibam CNV. Basta entender o conceito e praticá-lo.

Onde podemos aplicar?

Agora falando em um ambiente empresarial, conflitos entre pessoas são inevitáveis, ideias surgem a todo momento. É comum a necessidade de priorização de demandas. Sendo assim, em quais contextos o uso de CNV se torna um tanto poderoso?

- ✓ **Reuniões em geral.** Tanto facilitar a reunião quanto explicar para o time o básico de CNV ajuda e muito a elevarmos o valor dessa reunião e o seu resultado. Assim como uma pessoa tem sentimentos e necessidades, já pensou quais seriam os sentimentos e necessidades do seu time? Ter um time que não está feliz é uma boa oportunidade de se praticar a CNV a fim de entender e buscar uma solução para a situação.
- ✓ ***Stakeholders.*** Manter o nosso cliente interno satisfeito com o que estamos fazendo é fácil, desde que estejamos atendendo às suas solicitações. Mas e se isso não estiver ocorrendo? A CNV ajuda a contraparte a entender a situação.

- ✓ ***Feedbacks*.** Essas conversas muitas vezes podem se tornar difíceis e ácidas. Utilize a CNV para ajudá-lo. Deixe claro quais são as necessidades da empresa, por exemplo. Entenda as necessidades do colaborador.
- ✓ **Desligamentos.** Já desligou algum colaborador? Muitas vezes essa pode ser uma tarefa muito difícil. Talvez conversando sobre os seus sentimentos e necessidades, e principalmente sobre as necessidades da empresa, talvez isso possa ficar mais claro, não?

Além de reuniões de planejamento, retrospectivas e *reviews*, a CNV tem papel importante no dia a dia das equipes ágeis, já que na agilidade a comunicação faz parte do processo de forma muito direta e contínua. É fundamental que a liderança ágil esteja atenta ao desafio de preparar suas equipes com os conhecimentos necessários para aplicação dessas práticas de comunicação.

Podemos dizer que tão importante quanto conhecer o Manifesto Ágil, as práticas ágeis e os *frameworks*, é preciso estar preparado para comunicar-se de forma efetiva e transparente, prevalecendo o respeito.

Apoio

A lista a seguir foi retirada do livro "Comunicação Não Violenta" (2006) e serve para auxiliá-lo caso não consiga identificar o sentimento ou a necessidade da situação:

Tabela 38.1. Lista de sentimentos quando nossas necessidades são ou não atendidas. Fonte: Rosenberg (2006).

Lista de sentimentos quando nossas necessidades **não são** atendidas	Lista de sentimentos quando nossas necessidades **são** atendidas
aborrecidos, confusos, constrangidos, desapontados, desconfortáveis, desencorajados, desesperançados, desorientados, frustrados, impacientes, intrigados, irados, irritados, nervosos, perturbados, preocupados, relutantes, saturados, solitários, etc.	agradecidos, alegres, alertas, aliviados, cheios de energia, comovidos, confiantes, confortáveis, contentes, esperançosos, estimulados, impressionados, inspirados, intrigados, orgulhosos, otimistas, realizados, surpresos, etc.

Nossas necessidades básicas:

- ✓ **Autonomia:** escolher sonhos/metas/valores; elaborar planos para realizá-los.
- ✓ **Celebração:** celebrar a criação da vida e os sonhos realizados; elaborar as perdas: entes queridos, sonhos etc. (luto).

- ✓ **Comunhão espiritual:** beleza, harmonia, inspiração, ordem, paz, diversão, alegria, riso, integridade, amor-próprio, autenticidade, criatividade, significado, etc.
- ✓ **Interdependência:** aceitação, amor, apoio, apreciação, compreensão, comunhão, confiança, consideração, contribuir para o enriquecimento da vida, empatia, encorajamento, honestidade (o tipo de honestidade que nos capacita a aprender com nossas próprias limitações), proximidade, respeito, segurança emocional, etc.

Pequeno *case*

Dayvison Pellegrina

Trabalhei mais de 10 anos em uma empresa na área de tecnologia. Depois de longos anos consegui um cargo de liderança e com o passar do tempo estava bem incomodado com algumas coisas. Com a ajuda de uma especialista em CNV, fomos entendendo primeiro o contexto das coisas e como era o meu dia a dia de trabalho. Logo depois falamos dos meus sentimentos, até chegar no ponto das necessidades. Falando mais especificamente aqui:

- ✓ **Contexto:** trabalho de liderança em um time, todavia, sem autonomia para trabalhar com processos.
- ✓ **Sentimentos:** Frustração.
- ✓ **Necessidades:** aprendizado e autonomia.

A falta de autonomia estava ligada diretamente à falta de aprendizado. Na época, estava estudando freneticamente livros sobre isso e não conseguia aplicar as coisas que aprendia.

Após entender tais necessidades, formulei o pedido e levei isso aos meus superiores. O pedido foi dado de forma honesta e clara. Depois de muita conversa (foram dias) concluímos que o melhor seria o meu desligamento da empresa. Foi uma decisão que tomamos juntos.

Para mim a decisão foi ótima. Hoje estou trabalhando em uma empresa onde eu tenho mais autonomia e com isso consigo colocar o meu aprendizado em prática. Além disso, ainda mantenho amizade com as pessoas do meu trabalho antigo. Eles ainda podem contar comigo e vice-versa.

39. Evolução dos times

Raphael Fontes

Existem inúmeras ferramentas e técnicas para evoluir as equipes. Porém, precisamos entender que, antes de aplicá-las, é necessário entender como funcionam as pessoas.

Pessoas são únicas! Cada indivíduo tem suas características, percepção de "mundo" e crenças. Se queremos que uma equipe evolua e alcance alta performance, precisamos nos comprometer com cada integrante da equipe individualmente. Sim! Precisamos dedicar nosso tempo para nos reunir com cada colaborador.

> *A função da liderança é produzir mais líderes, não mais seguidores.*
>
> *Ralph Nade, advogado e político estadunidense*

O líder precisa entender em que contexto se encontra o liderado e alinhar os objetivos que o colaborador tem em relação à carreira. Todos desejam crescer e evoluir, e o líder deve ser esse agente formador de novos líderes técnicos ou líderes de equipes. Algumas equipes são muito grandes, o que dificulta esse encontro pessoal, porém isso não pode ser desculpa. Quando temos uma equipe muito grande, precisamos produzir novos líderes, assim os líderes novos podem desenvolver e gerenciar essas pessoas, enquanto o gestor estimula e gerencia esses novos líderes.

> *É difícil liderar uma cavalaria se você não sabe montar a cavalo.*
>
> *Adlai Stevenson, político estadunidense*

Quais são as principais queixas que temos de nossos "chefes"? Normalmente são: "meu chefe não sabe o que quer", "apenas cobra resultado", "sou tratado como número", "apenas gosta de dar ordens", entre outras. Normalmente, como nos filmes e no meio militar, admiramos as pessoas que vão à frente do campo de batalha e que têm sabedoria. Para ser um líder é necessário ter domínio sobre o assunto – se você quer liderar uma equipe de software é necessário saber desenvolver um software. Não é necessário ser um desenvolvedor e acompanhar todas as novas linguagens utilizadas, mas é necessário saber montar a arquitetura de um sistema, falar a mesma língua dos programadores, auxiliar nas tecnologias utilizadas, entender os processos e evitar retrabalhos. Essas habilidades o ajudam a ter o respeito e a admiração dos liderados.

> *O único processo pelo qual posso conseguir que você faça alguma coisa é dando--lhe o que você quer.*
>
> *Dale Carnegie, escritor e orador norte-americano*

Existem alguns princípios que precisamos entender quando queremos evoluir um profissional, time, equipe ou uma área inteira. Esses princípios são conhecidos como **3R**.

- ✓ O primeiro deles é a **remuneração**. Não vamos ser hipócritas: o dinheiro pode não ser tudo, mas é deveras importante em nossa sociedade. Precisamos nos alimentar, ter moradia, roupa e demais necessidades. A remuneração é um aspecto essencial para mantermos colaboradores e estimularmos o trabalho, o comprometimento, o foco e a disciplina.
- ✓ O segundo aspecto é o **reconhecimento**. Nenhuma pessoa em sã consciência faz qualquer tipo de trabalho sem esperar qualquer tipo de valorização. Isso inclui desde uma mãe que faz um aniversário para um filho, pessoas que contribuem com um trabalho voluntário, profissionais de alto nível e artistas. Todos estes estão em busca de algo maior que o "dinheiro". Estão em busca de um sentido para vida, o prazer que os move a cada dia, que os faz levantar diariamente da cama com vontade de dar seu melhor. Todos nós estamos em busca de reconhecimento em todas as áreas da vida.
- ✓ O terceiro é o **respeito**. Não importa o quanto você ganha, e o reconhecimento que se tenha, se não tiver o respeito entre as pessoas que o rodeiam ou os membros de sua equipe, não existe dinheiro no mundo que faça um profissional ficar muito tempo em uma organização. O respeito é algo primordial em qualquer contexto social. Quem nunca escutou a frase: "quando se perde o respeito, é o início do fim"? Lembrando que o respeito não é apenas feito quando temos alguém superior, como chefe, governador, entre outros. Precisamos respeitar o estagiário, colaboradores que não têm o mesmo conhecimento que os demais, respeitar a equipe da limpeza, os fornecedores e as demais pessoas. Muitas das vezes fazemos chacotas ou brincadeiras desnecessárias que abalam psicologicamente os indivíduos. Precisamos respeitar a todos, afinal de contas todos nós somos seres humanos e ninguém é melhor que ninguém. Estamos

em um processo de aprendizado desde o dia em que nascemos até o dia em que morrermos.

Então se você deseja que sua equipe alcance melhores resultados, reconheça os esforços e o comprometimento, remunere quem merece e respeite todos os colaboradores. Mande um e-mail agradecendo e parabenizando a equipe ou o profissional. Envolva-os nos planos da empresa, torne-os parte de cada conquista e comemore. Assim todos terão o sentimento de dever cumprido e que fizeram sua parte para um bem maior.

> *A maior habilidade de um líder é desenvolver habilidades extraordinárias em pessoas comuns.*
>
> *Abraham Lincoln, 16° presidente dos Estados Unidos*

É importante ressaltar que todo líder deve ter um plano de ação claro e palpável. O líder precisa enxergar qual momento está vivendo sua equipe e para onde deseja ir. Elaborar um plano de ação faz com que o líder valide se todas as ferramentas que está utilizando estão gerando resultado na equipe.

Agora que sabemos que precisamos gerar um plano de ação, vamos nos concentrar nas ferramentas.

Algumas ferramentas

Matriz SWOT

Tabela 39.1. Matriz SWOT.
Fonte: adaptado de Humphrey (2005).

	Fatores positivos	Fatores negativos
Fatores internos	**S** *Strengths* Forças	**W** *Weaknesses* Fraquezas
Fatores externos	**O** *Opportunities* Oportunidades	**T** *Threats* Ameaças

Para iniciarmos com as ferramentas que são utilizadas para evoluir sua equipe, precisamos ter um ponto de partida, sabermos por onde começar. Nesse intuito, podemos utilizar a matriz SWOT.

Alguns podem perguntar: mas esta matriz não é utilizada para empresas e organizações? Ora, todo profissional é como uma empresa: precisamos nos estruturar, nos organizar e nos vender. Na matriz SWOT iremos identificar forças, fraquezas, oportunidades e ameaças, tanto internas como externas. Primeiro precisamos identificar as **forças** do liderado – o que este faz bem, quais são suas qualidades e pontos fortes. Depois vamos para as suas **fraquezas** – quais são os pontos negativos ou a melhorar. Esse aspecto é muito importante: aqui precisamos nos comprometer a auxiliar o liderado a estabelecer metas que precisam ser melhoradas ao longo de um período. Ainda temos as **oportunidades** – quais são as oportunidades dentro ou fora da organização que o colaborador tem vontade de seguir? Deseja ser um profissional técnico, especialista ou deseja ser um gestor? Precisamos entender a quais oportunidades nossos liderados estão dispostos a se dedicar. O último tópico são as **ameaças** – o que ameaça o colaborador de seguir em frente, de ser um profissional melhor? Quais são as queixas da empresa e de suas atividades? Por que se encontra na situação em que está atualmente? Dentro desse contexto, ainda podemos utilizar os fatores internos e externos que rodeiam os liderados.

Reuniões

Um dos benefícios que o *Scrum* trouxe foram as reuniões diárias. No *Scrum* essas reuniões ocorrem todos os dias no mesmo local, na mesma hora, devem durar no máximo 15 minutos, e todos devem estar de pé (assim conseguimos manter os 15 minutos). Dependendo do trabalho, da equipe ou do negócio, não é possível seguir todas as boas práticas. Mas os benefícios dessa reunião são imensos. Ela funciona como controle de status de como está o andamento do trabalho, se alguém precisa de alguma ajuda para finalizar a tarefa e quais são os próximos passos para atingir o objetivo. Assim os líderes têm um status diário do projeto. Podemos adaptar esse processo utilizando ferramentas de comunicação, vídeo, telefone, entre outras. Além do status do projeto, o líder consegue identificar os *gaps* de cada liderado. Por mais que não consiga realizar as reuniões diariamente, tente fazê-las o máximo de vezes possível. Os benefícios trarão bastante valor à equipe e ao projeto.

Avaliações de *feedback*

Após termos montado uma matriz SWOT, definido as tarefas dos liderados e acompanhado seu desenvolvimento durante as reuniões, chegou a hora de avaliarmos seu desenvolvimento. Sabemos que o *feedback* deve ser constante. Porém, precisamos de um dia durante um período não muito longo, particularmente de três a quatro meses. Assim podemos nos preparar, tanto o líder como o liderado, e apresentar fatos e argumentos sobre o desempenho do profissional durante aquele período. Lembre-se, apenas argumentos não são o bastante; são necessário fatos e algumas vezes provas para que o *feedback* possa ser bem-sucedido. A ideia não é apontar ou prejudicar o profissional, mas ser claro e transparente com os resultados. Quando vamos dar *feedback* positivo é ótimo, mas na hora de dar o negativo precisamos tomar os cuidados necessários. Nesse dia os dados que foram coletados na matriz SWOT podem ser debatidos e se necessário podemos atualizar ou criar uma nova matriz.

Retrospectivas e melhoria contínua

Importante entender que todo plano pode fracassar. Não existe fórmula mágica que irá resolver todos os problemas do seu grupo. Cada equipe, grupo é única e o que funciona para uns pode não funcionar para outros. Precisamos entender quem somos e como nos comportamos (time) com as mudanças – isso deve ocorrer através da experimentação. Com base no plano de ação criado e nas ferramentas mencionadas, o líder deve colocar todos os aspectos em prática, e com o passar do tempo devem ocorrer reuniões de retrospectivas para que o líder saiba o que está funcionando e o que nunca irá funcionar em sua equipe. O autoconhecimento (conhecimento da equipe) irá mostrar as ferramentas que funcionam ou não com sua equipe. O importante é colocar em prática o plano de ação e estipular um tempo para que sejam feitas retrospectivas para que os participantes possam opinar o que está funcionando e o que deve parar. Através dessas reuniões estaremos entrando em uma melhora contínua onde o time estará sempre em evolução.

> *Conte-me e eu esqueço. Mostre-me e eu apenas me lembro. Envolva-me e eu compreendo.*
>
> *Confúcio, pensador e filósofo chinês*

O segredo para evoluir qualquer time, independentemente de tecnologias, ferramentas e metodologias, é se importar com os liderados. Exponha para sua equipe os problemas da empresa e as dificuldades. Não concentre tudo em si mesmo, trate seus liderados como adultos e profissionais, envolva-os nos problemas da equipe e da empresa, não fique tentando protegê-los. Claro, existem informações que não devemos transmitir aos liderados. Mas problemas profissionais precisam ser compartilhados com a equipe – ela existe justamente para ajudar a empresa a chegar mais longe. Demonstre ao profissional que a empresa precisa dele para vencer e ir mais longe.

E, dando uma dica, não se queixe, reclame ou até mesmo pense que tem uma equipe ruim ou fraca – se pensar isso é exatamente o que terá. O líder é a pessoa que tem o poder para mudar a realidade de seus colaboradores e estes esperam isto dele. É preciso ter pensamento positivo no meio do "caos". Quando toda a equipe desistir, se desmotivar ou se decepcionar, o líder precisa resgatar a coragem e a motivação. O líder não é responsável apenas por si mesmo, existem outras pessoas envolvidas que contam com o líder.

Se você ainda não está convencido de que precisa parar de se queixar da sua equipe, lembre-se:

> *Sob a direção de um forte general, não haverá jamais soldados fracos.*
>
> *Sócrates, filósofo ateniense*

40. Como liderar entregando experiências ao time

Flaviana Rampini do Couto
Patricia Silva Corrêa

Muitas pessoas dizem que liderar é uma arte, que você nasce com esse dom. Até pode fazer sentido essa afirmação, porém lhe perguntamos: diante de tantas mudanças que vêm acontecendo no mundo empresarial, precisamos que nasçam novos líderes com esse novo perfil ou podemos desenvolver esses novos dons?

Dentro dessa jornada existem diversas ações, estratégias e técnicas para ajudar o líder a aumentar a produtividade do time de forma saudável. O que não faltam são artigos, guias e roteiros para a liderança. Reunimos neste capítulo diversas práticas que esse novo líder pode aplicar no seu dia a dia para liderar levando experiências que contribuam para uma maior sensação de pertencimento e realização com os resultados.

Employee experience

Tem-se falado muito sobre *employee experience*, expressão que surgiu em 2017 com base no conceito de *customer experience*. Ela basicamente significa toda a jornada do colaborador e suas interações com a empresa. Pesquisando um pouco mais sobre o tema, encontramos sete dicas da *Great Place to Work* (ARINS, 2019) que achamos muito úteis:

1. Identificar os valores da empresa, para que você traga pessoas alinhadas à cultura e ao seu propósito. Para identificar a cultura faça uma imersão no ambiente de trabalho e detecte os valores percebidos, afinal a empresa é feita de pessoas.
2. Na etapa de contratação, durante o primeiro ponto de conexão com o funcionário, é muito importante verificar se ocorreu o *fit* cultural. Isso evitará desconfortos futuros. Por exemplo: se a empresa tem o hábito de fazer horas extras e o candidato não gosta de se disponibilizar em seus horários de descanso, isso causará problemas futuros.

3. Meça a satisfação sobre o processo seletivo. Mesmo que ele não seja contratado, se a experiência no processo seletivo não for boa ele pode se tornar um detrator. É muito importante demonstrar respeito, transparência e agilidade. Pergunte, por exemplo, se o processo foi muito extenso.
4. Estruture o *onboarding*: acolher o novo funcionário nos primeiros meses é fundamental por vários motivos. Primeiro, naturalmente se trata de um desafio novo e ele poderá estar mais ansioso. Segundo, porque provavelmente existem muitas informações que serão passadas para ele nesse período, e ele pode se sentir pressionado ou perdido. Nessa etapa ele irá validar a proposta de valor que o fez entrar na empresa.
5. Esclareça o papel da liderança: deixar claro o que se espera e os objetivos do trabalho do líder.
6. Faça pesquisa regulares durante a jornada: não precisa esperar a pesquisa de clima do RH para saber como anda a jornada do funcionário. Faça perguntas simples, mas que o ajude a saber como anda a jornada, para poder ajustar.
7. Preste atenção no desligamento: as críticas e os motivos de desligamento trazem muitos *insights* de melhoria dentro do processo de gestão dos funcionários. Use essa ferramenta de *feedback*.

Uma empresa referência não só em atendimento ao cliente como principalmente no foco com o *employe experience* é a Disney. Eles alegam que o encantamento do cliente é fruto do encantamento dos funcionários, por isso eles chamam os funcionários de *cast*. A contratação tem foco total na cultura que querem e eles fazem todos os treinamentos necessários para manter essa realidade. Os *casts* são treinados para prestar atenção em tudo que acontece ao redor e colher as informações, pois são os clientes que ditam o que mais gostam. Eles trabalham fortemente com o reconhecimento, pelos colegas de trabalho, e com tudo isso possuem um *turnover* de 6,5% dentro dos 170.000 funcionários.

Monitore a experiência, acompanhe a eficácia da jornada e melhore continuamente.

Capacitação

Os treinamentos, a capacitação e os PDIs (Planos de Desenvolvimento Individual) ainda são ferramentas muito utilizadas pelas companhias. Nesse contexto atual de transformação digital, vemos, inclusive, cada vez mais pessoas buscando se capacitar em curto prazo. Com isso tivemos um avanço considerável de cursos *on-line*, com carga horária e valor reduzido. O ponto-chave aqui é a escolha do curso, pois muitas equipes e empresas alegam que os cursos não estão trazendo os benefícios esperados. Aqui ficam algumas dicas de como devem ser esses novos treinamentos:

- ✓ Dê preferência para cursos personalizados, conforme a necessidade do seu time. Hoje em dia é possível encontrar empresas que personalizam o conteúdo, através de um bate-papo inicial.
- ✓ Escolha aulas práticas. Os envolvidos ficam mais engajados, e todo o conteúdo se torna mais palpável.
- ✓ Peça por apresentação de ferramentas que sejam possíveis de aplicar e facilite o dia a dia dos times.
- ✓ Dê preferência a locais fora da empresa para gerar mais engajamento e não dar a abertura para que alguém saia para resolver algo.
- ✓ Diminua os programas baseados em sala de aula padrão, que muitas vezes são chatos.
- ✓ Dê foco nas habilidades interpessoais.

É muito importante lembrar que os líderes também precisam se desenvolver. Um ponto de atenção vem de uma pesquisa realizada pelo BrandonHall Group, empresa de pesquisa e análise de capital humano que analisou 329 organizações em 2013 e descobriu que 75% das empresas não consideram seus programas de treinamento eficazes. Porém, uma pesquisa realizada por Gottfredson e Reina (2020) indica que um ponto principal não é desenvolvido: suas mentalidades.

Diante de um problema, um líder pode olhar como uma oportunidade de crescimento, enquanto outro pode olhar como uma ameaça.

Entender melhor o seu perfil como líder e os líderes com os quais você trabalha ajudará a traçar melhor um programa de desenvolvimento voltado para a mentalidade que a empresa espera ter. Seguem os tipos de mentalidade:

- ✓ **Mentalidade fixa *versus* de crescimento:** mentalidade de crescimento é a crença de que as pessoas podem aprimorar habilidades, talentos e inteligência. Já mentalidade fixa é aquela que não acredita que essa mudança é possível.
- ✓ **Mentalidade de aprendizagem *versus* desempenho:** a mentalidade de aprendizagem está relacionada ao indivíduo que gosta de aumentar conhecimento e a mentalidade de desempenho está ligada às pessoas que são motivadas ao receber julgamentos favoráveis e que buscam evitar os negativos. Os líderes com mentalidade de aprendizagem tendem a ter um desempenho superior por serem mais persistentes, adaptáveis e colaborativos.

- ✓ **Mentalidade deliberativa *versus* implementadora:** líderes de mentalidade deliberativa estão mais abertos à informação e com isso tendem a tomar melhores decisões por serem mais imparciais. Os implementadores são mais ligados a implementar decisões e com isso menos abertos a ideias novas.
- ✓ **Mentalidade de promoção *versus* prevenção:** os líderes com mentalidade de promoção pensam mais positivo, são abertos à mudança, traçam um objetivo e priorizam o caminho até ele. Os de prevenção evitam perdas e problemas e com isso acabam não olhando para o aprendizado e para os novos objetivos.

Permita conflitos saudáveis

Muitas pessoas podem achar que uma empresa onde as pessoas não entram em conflito é um ambiente perfeito. Porém, isso pode ser exatamente o contrário. O conflito gera crescimento e melhora os resultados. Em um ambiente seguro as pessoas se sentem à vontade para falar e expor suas opiniões, mesmo que elas sejam o contrário da opinião dos seus líderes. Um estudo da consultoria RHR (2017) mostra que 87% das equipes cuja liderança tem alto desempenho lidam muito bem com conflitos e possuem transparência com as informações, e 82% trocaram *feedback* construtivo. Por outro lado, 44% das lideranças de baixo desempenho lidam com conflitos de forma eficaz e 52% trocam *feedback* e são transparentes com as informações. E isso impacta diretamente nos resultados: nas equipes de alto desempenho, o envolvimento dos funcionários foi de 87%, enquanto nas equipes de baixo desempenho foi de 45%.

Mas esse ambiente seguro para conflitos não deve ser só dos líderes com o time; o próprio time de gestores precisa estabelecer esse ambiente entre si. Vemos muitas competições entre a liderança, como disputa de poder, pessoas e interesses. Porém, essa competição faz com que o time perca a confiança e acabe trabalhando com autoproteção, ou seja, quando algo dá errado aponta-se para o outro, não gerando a tão sonhada responsabilidade e autonomia dos times ágeis. A liderança precisa trabalhar de forma unificada, com metas compartilhadas.

Liderança inclusiva

O que seria uma liderança inclusiva? Ela permite que todos da equipe se sintam valorizados, confiantes, inspirados e tratados com respeito e justiça. Essa inclusão não é apenas agradável para as equipes. Uma pesquisa da Deloitte (BOURKE; DILLON,

2016) mostra que as equipes com líderes inclusivos têm 17% mais chances de ter alto desempenho, 20% mais chances de tomar decisões de alta qualidade, 29% mais chances de ter comportamento colaborativo e foi identificado que uma melhoria de 10% na percepção de inclusão pelo time aumenta em quase 1 dia por ano a frequência ao trabalho. A partir dessa pesquisa, eles identificaram 17 conjuntos distintos de comportamentos e agruparam em seis categorias ou "traços" que distinguem os líderes inclusivos dos outros:

1. **Compromisso visível:** articulam um autêntico compromisso com a diversidade, desafiam o *status quo*, responsabilizam os outros e tornam a diversidade e a inclusão uma prioridade pessoal.
2. **Humildade:** eles são modestos em relação às capacidades, admitem erros e criam espaço para que outras pessoas contribuam.
3. **Consciência do viés:** eles demonstram conhecimento dos pontos cegos pessoais, bem como das falhas no sistema, e trabalham duro para garantir a meritocracia.
4. **Curiosidade sobre os outros:** eles demonstram uma mentalidade aberta e profunda curiosidade sobre os outros, ouvem sem julgamento e buscam com empatia entender as pessoas ao seu redor.
5. **Inteligência cultural:** eles estão atentos às culturas dos outros e se adaptam conforme necessário.
6. **Colaboração eficaz:** eles capacitam outras pessoas, prestam atenção à diversidade de pensamento e à segurança psicológica e se concentram na coesão da equipe.

Delegue

Muitos líderes possuem dificuldade na hora de delegar, e os motivos são variados: confiança, medo do trabalho não sair, não saber quem poderia fazer, medo de perder o poder, etc. Um estudo da Gallup (BADAL; OTT, 2015) mostra que empresas dirigidas por executivos que delegam crescem mais rapidamente. Em um artigo da Harvard Business Review (RIEGEL, 2019) encontramos oito práticas de líderes que delegam com sucesso:

1. Escolher a pessoa certa. Quem precisa desenvolver aquela habilidade e tem a capacidade, o interesse e a vontade.
2. Definir com clareza qual a responsabilidade do profissional e até onde vai a autonomia.

3. Deixar claro quais são as expectativas e os detalhes do resultado esperado.
4. Providenciar os recursos necessários para realizar o trabalho.
5. Marcar encontros para acompanhamento e *feedback*.
6. Permitir e incentivar novas formas de resolver, ou seja, desapegar da forma que você faria.
7. Manter o ambiente motivador.
8. Maior tolerância a riscos e erros. Se acontecer, usá-los como aprendizado.

Mas atenção: não adianta delegar atividades para o time e não estar atento à prioridade corporativa. Parece óbvio, mas um estudo da consultoria RHR (2017) mostrou que nas equipes de liderança classificadas como de alto desempenho 93% priorizavam as questões mais importantes e 96% se concentravam nas questões certas. Já nas de baixo desempenho, apenas 62% priorizavam bem e 53% eram vistas com foco no problema certo. Isso implica diretamente em recursos e esforços desperdiçados, o que traz desmotivação ao time e uma certa confusão. Um dos principais aspectos de um *mindset* ágil é a entrega de valor, e esse valor precisa estar alinhado com a estratégia da empresa. Afinal de contas, se delegar ajuda a empresa a crescer, que ela cresça alinhada aos objetivos estratégicos.

Layout corporativo

Hoje em dia vemos um movimento muito grande de empresas buscando ambientes inovadores, *open space*, com diversas regalias aos funcionários. Existem muitas discussões sobre se esses ambientes tiram a concentração, seja pelo barulho ou por diversas motivações extras.

Um estudo da Human Spaces (2015) sobre o impacto do layout no comportamento dos funcionários e no resultado final dos negócios mostrou que vegetação no ambiente de trabalho aumenta a criatividade em 15% e a produtividade em 6%. Não é à toa que a Amazon, em Seattle, criou um ambiente com 40 mil plantas, entre riachos e jardins verticais. Outro levantamento realizado pela Gensler em 2016, uma importante e influente empresa de arquitetura e design, fez um comparativo entre layout e o grau de inovação. Participaram desse levantamento quatro mil funcionários de 11 setores da economia. Alguns dos principais resultados obtidos:

1. Quanto mais variados os espaços na empresa, mais criativa ela era.
2. Em companhias mais inovadoras a probabilidade de valorização do trabalho individual e colaborativo é cinco vezes maior.

3. O fácil acesso às equipes torna os funcionários mais produtivos, devido ao fácil acesso a pessoas e recursos.
4. "Quem passa 80% ou mais da semana no trabalho tende a ser mais infeliz". As empresas mais inovadoras apresentaram um índice de 74% em relação a 86% nas menos inovadoras.

A Novartis, grupo suíço da área farmacêutica, ficou na 7ª posição das melhores empresas para se trabalhar, entre as multinacionais de porte médio. Ela compartilhou algumas práticas de gestão de pessoas muito bem vistas pelos profissionais. Uma delas foi a criação de um espaço para recarregar as energias, com cabine de cochilo, cadeira de massagem e sala de meditação.

People analytics

Já ouviu falar nesse termo? Em 2019 esse tema foi muito comentado. Mas o que é afinal? É o uso de análise de dados na gestão de pessoas. O termo surgiu com o Google em 2007, pois eles buscavam fazer toda a sua gestão baseada em dados. Essas análises são muito utilizadas no marketing, cujo exemplo é o Netflix, que sugere filmes conforme seu histórico de uso. Mas criar uma base de dados ainda é um grande desafio. Uma pesquisa da IBM ("Big data: big challenge or big opportunity") mostra que 80% dos dados de uma empresa não são estruturados – e menos de 1% é usado ou analisado pelas organizações.

Estamos em uma era onde temos muitos dados disponíveis e armazenados, e, nesse contexto atual de transformação digital, usá-los para auxiliar a tomada de decisão tem se tornado uma das principais estratégias das empresas. Lemos muito que o *people analytics* é bastante utilizado nos departamentos de recursos humanos das empresas, mas, na nossa opinião, pode e deve ser uma ferramenta de apoio aos gestores. Nesse sentido, a Great Place to Work e Appus (2019) elencam benefícios como:

- ✓ **Aprender com dados em tempo real:** gerar análises preditivas, para nos ajudar a entender possíveis impactos futuros, em vez de tomar decisões somente com base em resultados passados.
- ✓ **Transformar o negócio e as contratações:** em uma estimativa do departamento de trabalho dos Estados Unidos, uma má contratação pode custar 30% do que o funcionário receberia no primeiro ano. Fora que a entrada e a saída de profissionais prejudicam diretamente a produtividade do time.

- ✓ **Mais diversidade:** analisar o ambiente e identificar possíveis pedidos de demissão e as razões, para melhorar o ambiente e torná-lo mais atrativo para os melhores profissionais.
- ✓ **Times melhores:** entender o que existe de padrão nos bons times, de forma a replicar nos demais e criar melhores práticas.
- ✓ **Aumento de segurança e saúde:** medir, por exemplo, os batimentos cardíacos e analisar se os funcionários se encontram em situações de risco ou estresse, para entender o porquê e conseguir gerar ações de contorno.
- ✓ **Desenvolvimento personalizado:** conhecer seus profissionais e suas necessidades específicas para otimizar capacitações.
- ✓ **Produtividade:** acompanhar os dados gerados pelos times e fazer ajustes e recomendações.

Parece muito distante? Seguem algumas dicas de como começar:

1. Conhecer os dados que a sua empresa tem, como estão organizados e se podem ser obtidos com qualidade.
2. Entender a tecnologia por trás do processo do *analytics* para entender as possibilidades e limitações da sua empresa para gerar essas informações inteligentes.
3. Aliar-se às áreas envolvidas na geração de dados e no desenvolvimento das ferramentas para o sucesso da implantação.
4. Ter os profissionais certos para o processo de implantação, como, por exemplo, um cientista de dados.
5. Traçar os problemas que você quer resolver. O volume de dados é alto, precisamos começar com um foco pequeno e gerar informações que agreguem valor para a empresa.
6. Comunicar aos colaboradores, pois é necessário o consentimento deles. Explicar quais serão os benefícios, o motivo do uso dos dados, bem como a segurança que existirá por trás disso tudo.

Feito isso, mãos à obra!

41. Liderar times autogerenciáveis e multidisciplinares

Igor Moraes
Fernanda Oliveira
Priscila Maciel de Sousa

Realidade comum nas empresas, a necessidade de tomadas de decisão mais ágeis e uma dinâmica de trabalho mais voltada para os resultados do que para padrões têm feito com que muitas organizações repensem seus modelos de gestão de recursos humanos e evoluam para o conceito de **Equipes Autogerenciadas (EAG)**.

Times autogerenciáveis

Quando falamos em autonomia para equipes de trabalho, estamos falando em delegação de poder por parte da cúpula das organizações. Como lembra Lannes (1999, p. 1): "Este é sem dúvida o maior pesadelo dos ainda adeptos do Taylorismo. A autogestão implica no despertar do ser humano para a sua grandeza e razão de existir".

Conceito

Robbins (2004) define equipes autogerenciáveis como grupos de pessoas que realizam tarefas de forma independente sem a supervisão de um chefe direto, gerenciando recursos.

As EAG são também conhecidas como equipes semiautônomas, equipes autogeridas, autodirigidas ou autoadministradas (MOHRMAN; MOHRMAN JR; COHEN, 1995). Equipes semiautônomas assumem um papel de gerente, são líderes de si mesmas, e essa autonomia também tem seus limites.

Características

As equipes autogerenciadas geralmente são autorizadas a:

- ✓ tomar decisões operacionais;
- ✓ adquirir suprimentos e materiais;
- ✓ atribuir trabalho;
- ✓ interagir com os clientes;
- ✓ montar cronogramas;
- ✓ realizar avaliações dos membros;
- ✓ criar procedimentos de tarefas;
- ✓ lidar com conflitos.

Times autogerenciáveis x times tradicionais

Tabela 41.1. Times autogerenciáveis x times tradicionais. Fonte: autores.

Características	Times autogerenciáveis	Times tradicionais
Liderança	Dentro do time	Fora do time
Função de líder de equipe	Intercambiável	Fixo
Prestação de contas	O time	Individual
Esforço de trabalho	Coeso	Dividido
Especificação das tarefas	Flexível	Fixo
Habilidades	Versátil	Especializado

Modelos

Para assimilarmos melhor os conceitos sobre EAG, é interessante sair do nosso ambiente corporativo comum. Sugata Mitra (TED, 2007) fala sobre seu projeto "Buraco na Parede". Jovens nesse projeto descobriram sozinhos como usar um PC e depois ensinaram a outras crianças. Ele pergunta: o que mais as crianças podem se ensinar?

O vídeo conta que ele e sua equipe fizeram um buraco na parede – que originou o nome – e embutiram um PC poderoso, um *touchpad* de forma que seu monitor aparecesse do outro lado, uma conexão veloz à internet, o Internet Explorer e nele no Altavista.com. Deixaram lá sem a orientação. O experimento foi repetido em locais com condições distintas onde crianças nunca haviam tido acesso ao computador, muitas delas nem acesso à TV.

Sugata Mitra (TED, 2007) comenta: "o que encontramos? Descobrimos que crianças de 6 a 13 anos podem se autoinstruir em um ambiente conectado independentemente de tudo que conseguimos mensurar". Nesse ponto, ele aborda a capacidade de indivíduos se auto-organizarem com poucos recursos.

Sobre crianças e auto-organização, ele também ressalta: "sistemas naturais são todos auto-organizados: galáxias, moléculas, células, organismos, sociedade, engarrafamentos, mercado de ações, recuperação de desastres, terrorismos e insurgências". E complementa: "o aprendizado é mais provavelmente um sistema auto-organizado".

Benefícios

São várias as vantagens da utilização deste modelo. Cria-se um ambiente de colaboração, em que todos têm suas responsabilidades definidas e participação no sucesso da empresa.

Existem muitos benefícios potenciais em se ter EAG:

- ✓ Forte comprometimento.
- ✓ Melhora da eficiência.
- ✓ Membros do time mais satisfeitos.
- ✓ Tomada de decisão mais ágil.
- ✓ Baixo *turnover*.
- ✓ Desenvolvimento mais rápido de produtos.
- ✓ Flexibilidade para lidar com problemas pessoais.
- ✓ Ajuda na resolução de problemas e sugestão de melhorias.

Consolidados os conceitos sobre EAG, vamos ao caminho para a construção dessas equipes.

Paciência e resiliência

Estamos falando da implementação de uma nova cultura de trabalho, algo que requer estudo e mudanças. No início pode parecer inalcançável, mas, com o passar do tempo, seguida a estratégia correta, o trabalho passará a fluir de maneira mais autônoma.

Especialistas afirmam que, antes de melhorar, a rotina da empresa ou o crescimento de um novo empreendimento podem sofrer alguns prejuízos. Ou seja, antes de melhorar pode ser que as coisas piorem um pouco. O importante é seguir com o planejamento até o final.

Estimule a autonomia e pratique o empoderamento

Autonomia é palavra de ordem nesse modelo de gestão. Logo, é fundamental que seja fomentada no dia a dia da empresa. Algumas ferramentas do *Management* 3.0, como *Delegation Poker* e *Moving Motivators*, podem ajudar a manter os times coesos e motivados – ambas apresentadas na Parte 5 deste livro.

Para promover o empoderamento, não basta transferir verbalmente poder às pessoas; elas precisam ter reais condições de agir no pleno exercício da sua responsabilidade, desenvolvendo o *ownership*, ou seja, de agir como intraempreendedores e como se fossem "proprietárias" do negócio, pensando como empresários.

Com essa atitude a empresa descentraliza suas decisões e estabelece um estilo de gestão extremamente mais participativo, dando maior autonomia a seus colaboradores. As vantagens são maior motivação, maior satisfação das pessoas, maior agilidade e flexibilidade, e, portanto, maior potencial de competitividade.

Liderança

Para implantar o modelo de EAG, é fundamental a mudança na postura do líder. A figura do gestor chefe dá lugar ao líder colaborativo, que incentiva e auxilia a boa execução das tarefas e está próximo para ajudar em eventuais dificuldades. São basicamente quatro passos:

1. Analisar as necessidades e compará-las às possibilidades, tendo em vista que nem tudo pode ser possível em um primeiro momento; é preciso praticar pequenas mudanças. Um facilitador ou alguém que já tenha vivido o processo pode acompanhá-lo nessa jornada.
2. Estabelecer uma conexão mais forte. O líder mais próximo ao grupo recebe as informações, servindo de ponte para a comunicação entre a alta direção e o grupo.
3. Delegar autoridade aos membros na tomada de decisão. Inicia-se um processo de descentralizar as decisões e fortalecer a autonomia das equipes.
4. O líder se torna um facilitador e servidor, capaz de promover espaços para a cocriação de ideias, o engajamento e a promoção de debates construtivos. Ele extrai potencial de um grupo em torno de um objetivo e resultado. Ajuda a resolver conflitos e guia trabalhos em equipe em busca da melhor solução.

Times multidisciplinares

Essa estrutura visa reunir talentos para atingimento de um objetivo comum, para o qual todos poderão colaborar com seus conhecimentos específicos de forma integrada. Forma-se um ambiente de interação e aprendizado onde cada membro do time pode contribuir com seu conhecimento específico, aprender sobre o que é compartilhado pelos seus colegas e aplicar esse aprendizado em prol da tarefa a ser cumprida (ECHOS, 2018).

Para Dezorzi (2011, p. 7), "pessoas de todos os níveis são base de uma organização, e seu total envolvimento possibilita que suas habilidades sejam usadas para o benefício da empresa".

Atentas a isso, empresas como Nubank, Natura e Grupo Cataratas têm adotado um modelo de "recrutamento às cegas", onde o gestor do processo seletivo não tem acesso às informações detalhadas do candidato, como escolaridade, por exemplo. Pretende-se assim reduzir o enviesamento, promovendo a diversidade do quadro funcional e um consequente alavancamento da inovação através de uma equipe com diferentes olhares sobre o negócio (DINIZ, 2020).

Entretanto, apesar do crescente discurso a favor da diversidade e multidisciplinaridade nas equipes, corroborado por pesquisas e índices que comprovam a necessidade de novas *skills* e bases educacionais, ainda não vemos isso refletido nos perfis de liderança. Segundo a pesquisa Melhores Empresas para Trabalhar, elaborada em 2019, dentre os 150 CEOs das empresas pesquisadas, 47 são engenheiros (com especialidades diversas), 38 são administradores de empresas, 13 são economistas, 9 são contadores e 8 são cientistas da computação (DINIZ, 2020).

Conceitos

Para Rolfini (2018), equipes multidisciplinares são "profissionais capacitados e engajados com o bem de todos e com a comunicação entre os setores, consequentemente auxiliam o bom desenvolvimento organizacional, atingindo os objetivos individuais e os da empresa".

Rezende (2008) define como "um grupo de produção intelectual, material ou de ambos, composto por integrantes que atuam em áreas diferentes, mas que se completam para o desenvolvimento de um projeto específico. Tal grupo reúne uma quantidade de disciplinas sem que cada uma perca a sua identidade, seus métodos, teorias e pressupostos, assim, fazendo com que um mesmo tema ou objeto possa ser estudado sob o enfoque de diversas disciplinas".

Modelos

Segundo Silva (2015), as equipes multifuncionais são baseadas em cinco aspectos

- ✓ **Complementaridade:** de acordo com seus conhecimentos específicos, cada membro da equipe gerencia a função que lhe foi atribuída.
- ✓ **Coordenação:** embora não existam níveis hierárquicos, é preciso que uma pessoa desempenhe o papel de líder, com a responsabilidade de alinhar as atividades e funções da equipe visando o atingimento dos objetivos.
- ✓ **Comunicação:** a comunicação aberta é requisito do trabalho em equipe, facilitando o controle das múltiplas atividades individuais e permitindo que o trabalho funcione da melhor forma.
- ✓ **Confiança:** essencial para o trabalho em equipes multidisciplinares, trata-se de reconhecer que todos têm papel fundamental e todas as contribuições são importantes.
- ✓ **Compromisso:** todos os membros devem se comprometer e contribuir de alguma forma, dando seu melhor para o atingimento do objetivo em comum.

A adoção de equipes multidisciplinares é comum em diversos segmentos, como saúde e educação. Um dos *cases* de maior sucesso é o Spotify, que tem a estrutura baseada nas premissas ágeis e foi pioneiro ao cunhar termos difundidos no ambiente corporativo, inspirado em métodos como *Scrum* e *Kanban*. São quatro os principais conceitos (ORTEGA, 2019):

- ✓ ***Squads* ou esquadrões:** equipes multidisciplinares reduzidas, onde não existe autoridade fixa. Neles, a pessoa de referência da equipe muda a cada projeto, geralmente de acordo com o nível de especialização no tema a ser trabalhado. Porém, isso não significa um papel de chefia. A equipe tem ampla autonomia, tornando assim os processos menos burocráticos e reduzindo o tempo de execução do projeto.
- ✓ ***Tribes* ou tribos:** conjuntos de esquadrões de áreas correlatas, pressupõe proximidade física, troca de experiências e frequente comunicação, com um número máximo de 100 participantes, porém sem a necessidade de envolvimento direto com os mesmos objetivos.

- ✓ ***Chapter* ou capítulo:** conjunto de funcionários que desempenham atividades similares em seus esquadrões, onde se reúnem para discutir desafios e trocar conhecimentos.
- ✓ ***Guild* ou associação:** mais flexível, tem caráter multidisciplinar e envolve funcionários de diversos esquadrões, tribos e capítulos, com o objetivo de debater assuntos de importância para os profissionais e para toda a empresa.

Benefícios

São muitos os benefícios proporcionados com a adoção de equipes multidisciplinares. Silva (2015) destaca alguns:

- ✓ Menor dependência externa: o time é autossuficiente.
- ✓ Maior criatividade.
- ✓ Disseminação do conhecimento.
- ✓ Diferentes pontos de vista sobre um mesmo problema.
- ✓ Aumento da motivação dos membros da equipe.

Andrea Galasso (2006) afirma: "a implantação desta dinâmica acaba mostrando a todos os envolvidos a importância do desenvolvimento dessas potencialidades – individuais e coletivas – gerando um resultado final alinhado, claro, embasado, direcionado, preciso".

Obstáculos

Rolfini (2018) ressalta que "embora o trabalho de equipes multidisciplinares seja vantajoso para os negócios, ele também pode dar errado em alguns casos. A TI e a área de negócio podem encontrar dificuldades no equilíbrio de questões técnicas e ideias estratégicas para o negócio, por exemplo".

Dado o caráter dinâmico do modelo, um outro "desafio é fazer a gestão de pessoas dos times que se integram e desintegram a cada ciclo ou projeto" (DINIZ, 2019).

Liderança

Liderar times multidisciplinares requer uma avaliação apurada dos perfis que irão compor essa equipe. Para Echos (2018), "é ideal ter clareza quanto ao objetivo a ser cumprido para que se possa mapear e selecionar as áreas de conhecimento certas para ele. E, para além das competências técnicas, também é necessário avaliar habilidades comportamentais na seleção do profissional em si, pois, para funcionar, essa formação múltipla depende de algumas premissas".

Estabeleça etapas para facilitar a gestão da equipe e a compreensão dos marcos do trabalho pelos profissionais envolvidos.

Mantenha a vigilância quanto a possíveis desvios de algum funcionário e sempre que possível ressalte a importância do trabalho coletivo.

Além disso, mantenha a prática de *feedbacks*, uma ferramenta importante para gerir a integração de seu time com o objetivo de incentivar a melhora do desempenho no trabalho (ECHOS, 2018).

PARTE V.
LEADERSHIP TOOLBOX

A quinta parte do livro apresenta ferramentas que podem ajudá-lo nos desafios diários da liderança ágil. Para isso, foi desenvolvido um conteúdo *cross* mídia a fim de elevar a experiência do seu aprendizado. O leitor encontrará descrições objetivas das ferramentas nesta parte e poderá acessar o QR *Code* abaixo, que o levará para a plataforma Jornadas.io, onde você poderá assistir a uma videoaula para cada capítulo. Ao total são 16 videoaulas (episódios) que compõem um treinamento *on-line* de ferramentas de liderança ágil criado exclusivamente para os leitores deste livro. Aproveite a jornada.

Introdução – Acesso ao material complementar do livro.
Acesse: <http://liderança.jornadacolaborativa.com.br>.

Agradecemos à empresa .add por ceder sua sede no Rio de Janeiro para as gravações das videoaulas apresentadas nesta parte.

42. *Personal map*

Juliano Granadeiro
Cristina Garcia Moreira

O *personal map* é umas das práticas do *Management* 3.0, que está relacionada com a dimensão "cresça a estrutura". Trata-se de um mapa mental onde você informa alguns detalhes pessoais, como família, *hobbies*, valores, trabalho, amigos, objetivos, entre outros.

É indicado para empresas que possuem times recém-criados ou que precisem aumentar o relacionamento ou a aproximação entre as pessoas. O relacionamento entre as pessoas de um time é um dos fatores básicos para inovação e resiliência, pois propicia uma comunicação mais fluida e sem distorções.

O mapa mental dá a oportunidade de conhecer melhor as pessoas com quem você trabalha. Conforme as pessoas se identificam com coisas em comum, os laços vão se estreitando, gerando novos assuntos. Começando assim, surgirá uma maior aproximação entre as pessoas.

Após a dinâmica, é comum observar que as pessoas começam a puxar assunto pelas similaridades identificadas ou começam a surgir admirações, e consequentemente o time acaba se unindo mais. Isso melhora o relacionamento e diminui o distanciamento entre as pessoas.

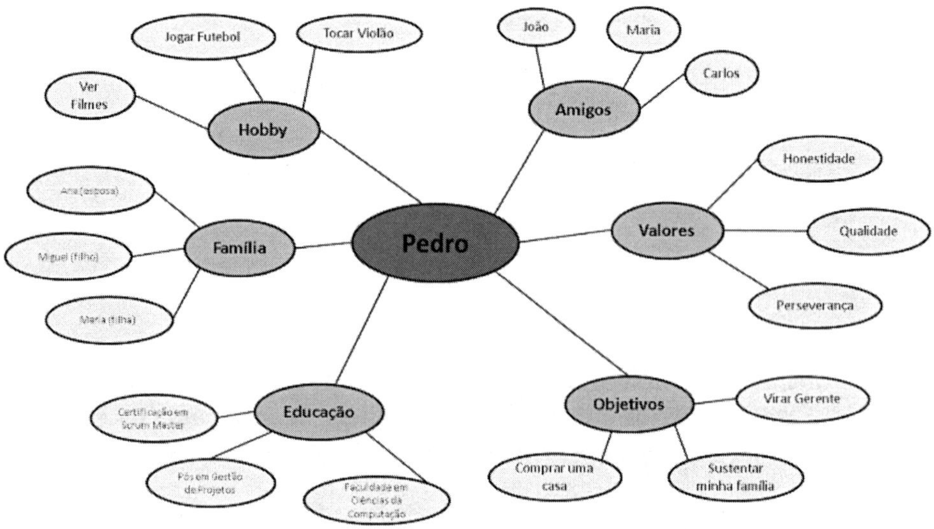

Figura 42.1. Exemplo fictício de um *personal map*.
Fonte: adaptado de Appelo (2016).

Como funciona

1. Em uma folha em branco, desenhe um círculo no centro com seu nome.
2. Em volta desenhe outros círculos ligados ao do meio. Esses círculos são categorias de assuntos que serão compartilhados, por exemplo: família, *hobbies*, valores, objetivos, amigos, estudos, entre outros.
3. Em volta de cada categoria escreva informações importantes. Exemplo: escreva os nomes dos seus melhores amigos, diga quais são seus *hobbies*, suas metas etc. Ele pode ficar conforme exemplo da Figura 42.1.
4. Recolha o mapa de cada um e distribua para outras pessoas na sala, assegurando que ninguém esteja com o seu próprio.
5. Solicite que cada um leia o mapa mental que está na sua mão e observe as coisas que possui em comum com aquele mapa mental.

43. Motivando e engajando pessoas: *moving motivators*

Juliano Granadeiro
Cristina Garcia Moreira
Vitor Cardoso

O *moving motivator* foi baseado na teoria proposta pelos professores Steven Reiss e Susan M. Havercamp (2005), onde foram identificados 15 desejos básicos ou motivadores que as pessoas possuem e que cada indivíduo pode priorizar de forma diferente. Esses motivadores são: aceitação, atividade física, curiosidade, alimentação, romance, família, economia, honra, contato social, idealismo, status, independência, tranquilidade, poder, ordem, vingança.

Outra teoria que serviu de base foi a da autodeterminação (RYAN; DECI, 2000), a qual define as motivações intrínsecas em três desejos básicos. São eles: competência, autonomia e relacionamentos. Como resultado final, Jurgen Appelo (2011) chegou a 10 motivadores intrínsecos que nomeou como *moving motivators*.

Trata-se de uma dinâmica baseada em um baralho de 10 cartas, cada uma representando um motivador intrínseco. Os 10 motivadores são:

- ✓ **Maestria:** avalia se o ambiente desafia suas competências dentro do seu limite e permite que você se sinta competente.
- ✓ **Aceitação:** avalia se as pessoas reconhecem seus feitos, fazendo com que você se sinta aceito.
- ✓ **Curiosidade:** avalia se o ambiente instiga as pessoas a pesquisar e descobrir coisas novas.
- ✓ **Honra:** avalia se o ambiente permite que as pessoas sigam seus valores na forma como trabalham.
- ✓ **Meta:** avalia se o ambiente propicia algum propósito real para a pessoa, ou seja, se realmente contribui em algo para o mundo.
- ✓ **Liberdade:** avalia se o ambiente propicia autonomia para as pessoas e se elas se complementam dentro da sua forma de ser.
- ✓ **Ordem:** avalia se há algum nível de ordem e organização no ambiente.

- ✓ **Poder:** avalia se o ambiente empodera as pessoas para que elas possam influenciar o seu ambiente.
- ✓ **Relação:** avalia se o ambiente permite que as pessoas se conectem, interajam e criem relações.
- ✓ **Status:** avalia se o ambiente faz a pessoa se sentir importante e sentir que tem importância ali.

Segundo Appelo (2011), as pessoas precisam de energia para colocar em prática algumas de suas capacidades, como a de interação e auto-organização; portanto, essa dinâmica é indicada para os líderes que queiram avaliar e melhorar a motivação intrínseca das pessoas.

Como funciona

1. A pessoa deve ordenar as cartas da esquerda para direita, sendo que na esquerda fica o mais importante para a pessoa e o último da direita é o menos importante.
2. Nesse momento, as cartas estão em uma linha. Em seguida, a pessoa irá avaliar como está cada motivador na organização e deverá colocar para cima as cartas que considera que atende. As que ela considera que não atendem devem ser colocadas para baixo e no meio ficarão as cartas que são atendidas parcialmente.
3. Agora você, como facilitador, deverá conversar e entender o motivo pelo qual cada carta está positiva, negativa ou parcialmente atendida.

Seguem algumas dicas:

- ✓ Os motivadores são intrínsecos, ou seja, são da pessoa. Não há certo ou errado.
- ✓ Existem outras formas de fazer essa dinâmica, algumas delas sugerem fazer em grupo. Porém, o ambiente precisa ser extremamente seguro psicologicamente para usar essa abordagem.
- ✓ Perguntar se a pessoa quer fazer e deixar bem claro que está tudo bem se ela não quiser. É importante entender que as pessoas são diferentes.
- ✓ Saiba bem o que significa cada carta, para explicar caso as pessoas perguntem ou você perceba durante a dinâmica que existe uma distorção do entendimento.

44. *Kudo Wall/Box/Cards*

José Gaby
Alan Fernandes
Thiago Brant

O *kudo cards* tem origem grega, chamado originalmente de *Kydos*. Em sua essência ele representa uma forma original de gerar reconhecimento através de cartões com mensagens. Tornou-se popular através do *Management* 3.0, por proporcionar de maneira simples e objetiva reconhecimentos entre os pares, superiores e parceiros.

É indicado para ser utilizado como *feedback* instantâneo em várias situações: uma ação importante de alguém do time, realizações onde uma pessoa fez total diferença para seu sucesso, um time que se dedicou inteiramente a inovações e melhorias ou um apoio recebido.

Sua utilização proporciona ciclos de *feedback* curtos, motivação contínua, desbloqueio criativo, times mais felizes e comprometidos, comunicação não violenta, entre outros benefícios.

O que a ferramenta propõe

De forma simples e orgânica, ela motiva as pessoas e engaja os times a melhorar a sua própria atuação. É uma poderosa ferramenta que utiliza do incentivo não financeiro para tornar as pessoas felizes com os seus trabalhos e reconhecê-las pelas suas ações.

Em muitas das vezes, essa ferramenta ajuda e apoia os líderes a reconhecer pessoas por motivação em suas atividades diárias e conduz o time a reconhecer todo o bom trabalho entre os pares. Ela também reduz a competitividade desnecessária, valorizando mais o todo.

Como utilizar

Os *kudos* devem ser utilizados para que todos saibam o quanto aquela pessoa e/ ou ação que ela realizou foi importante para um ou demais membros do time. Eles devem ser utilizados sem parcimônia e disseminados para todos.

Você pode definir um período para celebrar os *kudos* recebidos com um evento simples entre as pessoas.

Também podemos implementar essa ferramenta de várias formas, mas vamos destacar aqui os formatos de ***kudo cards, box*** e ***wall.***

- ✓ ***Kudo cards***: os *cards* são entregues livremente e diretamente para a pessoas a quem se quer agradecer ou elogiar, sem ligação com período ou cerimônia.
- ✓ ***Kudo box***: os *cards* são depositados em uma caixa, como uma "urna". Após um período predeterminado a urna será aberta, em uma cerimônia (ex.: *review*, retrospectiva, café da manhã do time).
- ✓ ***Kudo wall***: os *cards* são fixados em um mural, parede, quadro ou algo do gênero. É importante que seja e esteja em um lugar de fácil acesso e visível. A pessoa que deseja reconhecer um colega de trabalho por uma atitude legal deve preencher o *card* e disponibilizar neste espaço. Todos têm acesso livre para a leitura dos *kudos*.

Figura 44.1. Exemplos de *kudo cards/kudo box/kudo wall*.
Fonte: os autores.

Como aplicar

1. Imprima os *cards* com os rótulos motivadores.
2. Defina qual modelo utilizar, *box*, *wall* ou *card*.
3. Coloque os *cards* e a urna ou quadro em um lugar estratégico e visível, onde as pessoas consigam visualizar e ao qual tenham fácil acesso.
4. Explique para as pessoas a dinâmica e comece a divulgar o principal objetivo dos *kudos*, gerando empatia pela ferramenta.
5. Defina com o time o período e como a cerimônia de leitura dos *kudos* irá acontecer.
6. Pronto! Agora é só liderar pelo exemplo. Seja o primeiro a escrever um *kudo* para as pessoas do time.

45. *Delegation board*

Juliano Granadeiro
Cristina Garcia Moreira

O *delegation board* é uma prática do *Management* 3.0, criado por Jurgen Appelo (2011), e está associado à visão de empoderar pessoas.

Trata-se de um quadro com sete colunas onde cada uma representa um nível de delegação e em cada linha é representada qual atividade você está delegando, como, por exemplo, definição de arquitetura, escolhas de folgas e assim por diante. Os níveis de delegação são:

- ✓ **Dizer:** esse é o primeiro nível e não há uma delegação de fato. Aqui você toma uma decisão e comunica para as pessoas.
- ✓ **Vender:** nesse nível você toma as decisões e depois precisa convencer as pessoas sobre sua decisão para garantir que elas estejam comprometidas.
- ✓ **Consultar:** você dá a oportunidade de as pessoas opinarem e contribuírem. Com base no que elas falam você toma uma decisão.
- ✓ **Concordar:** você dá a oportunidade de as pessoas opinarem e contribuírem. A diferença é que a decisão aqui é de todos, você agora tem o mesmo peso que as demais.
- ✓ **Aconselhar:** a decisão não é mais sua e passa para outra pessoa ou time. Contudo, antes de decidirem, pode dar sua opinião com o intuito de influenciar a decisão.
- ✓ **Perguntar:** primeiro você deixa as pessoas e grupos decidirem, depois você faz perguntas para que eles o convençam de que aquela decisão é a melhor.
- ✓ **Delegar:** nesse nível a decisão é totalmente do time e você nem precisa envolver, influenciar ou ser consultado depois.

É uma prática indicada aos líderes que precisam trabalhar a descentralização de poder e empoderar o seu time. Aumenta o nível de delegação dentro da organização e o empoderamento do time, além de servir como uma definição das responsabilidades.

Empoderamento muitas vezes é confundido com delegação. Delegar é a ação de passar a responsabilidade de algo para outra pessoa; já o empoderamento inclui, além disso, suporte aos riscos, crescimento cultural e mudança de cultura, segundo (QUINN, 1997, citado por APPELO, 2011).

Como funciona

1. Crie um quadro com sete colunas onde a primeira linha são os níveis de delegação e depois uma linha para cada item que deseja delegar ou manter. Cada item pode ser um *post-it*.+
2. Coloque o *post-it* na coluna desejada e explique e converse com o time.

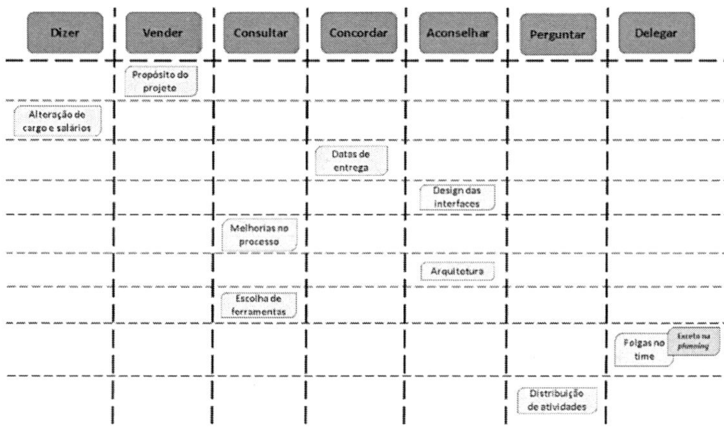

Figura 45.1. Exemplo de *delegation board* das atividades de um gerente tradicional.
Fonte: adaptado de Appelo (2016).

A seguir, algumas dicas de como trabalhar com o *delegation board*:

- ✓ Se julgar necessário, coloque um *post-it* com alguma restrição, desde que não entre em conflito com o nível de delegação. Exemplo: você pode colocar no nível "Delegar" qual time vai decidir como construir um *web service*. Uma possível restrição seria colocar que é necessário ter uma pessoa responsável por responder tecnicamente por esse serviço.
- ✓ Além de delegar, dê suporte psicológico e capacite as pessoas para que se sintam seguras e para que consigam níveis maiores de delegação.
- ✓ Se houver mais de uma pessoa apta e você precisar escolher, deixe claro quais são os critérios técnicos para isso, como ter mais experiência e capacitação, por exemplo. Logo em seguida, trace um plano para que a outra pessoa consiga se desenvolver e assumir também esse nível de delegação.
- ✓ Deixe visível o quadro, sempre que possível, para que todos saibam no que o time tem autonomia e no que ele não tem.

46. *Feedback canvas*

Fernando Fernandes Barbosa
Alan Fernandes
Paulo Boccaletti

O *feedback canvas* é uma ferramenta criada pelo consultor Matheus Haddad com base nos conceitos de Gestão 3.0 de Jurgen Appelo. Atualmente é utilizada para, de forma coletiva, dar consciência a um profissional sobre os pontos fortes e de melhoria de determinada competência ou em um projeto. Ou seja, ela isola a avaliação, restringindo-a um período ou projeto específico.

Esta ferramenta em sua forma padrão é feita em uma folha A3 ou A4, composta por um grande quadro conforme Figura 46.1:

Figura 46.1. *Feedback canvas* padrão.
Fonte: Siteware (2018).

✓ **Competência:** quais serão as competências citadas na avaliação pelo colaborador e pelos convidados para o *feedback*. Quanto maior o número de competências, mais extensa e complexa é a dinâmica. Recomendamos em cada rodada trabalhar de três a cinco competências.

- ✓ **Atividades:** parte do quadro onde são citadas as atividades que compõem aquela competência, visando garantir o entendimento do que está sendo solicitado de *feedback*. Um exemplo de competência seria liderança. Algumas de suas atividades seriam: *feedback* ao time, dar direcionamento estratégico, etc.
- ✓ **Nota:** No formato tradicional são sete níveis de conhecimento: 1 (Novato), 2 (Aprendiz), 3 (Praticante), 4 (Profissional), 5 (Professor), 6 (Líder) e 7 (Mestre), onde o colaborador e a equipe colocam sua visão sobre as competências avaliadas. Pode-se utilizar uma variação menor de níveis para facilitar a dinâmica.
- ✓ **Pontos positivos:** quadro onde as pessoas que estão dando o *feedback* colocam quais são os pontos fortes do colaborador com relação às competências avaliadas no *canvas*.
- ✓ **Pontos negativos:** quadro onde são colocados os pontos negativos do colaborador com relação às suas competências no *canvas*. Recomendamos trocar "pontos negativos" por "oportunidades de desenvolvimento".
- ✓ **Ações de melhorias:** são efetivamente as ações sugeridas para ajudar no desenvolvimento da pessoa avaliada.

É indicado para empresas que utilizam modelos e ferramentas de avaliação 360°. Também pode ser utilizada para criação e acompanhamento do Plano de Desenvolvimento Individual.

Essa ferramenta apoia a criação de um ambiente colaborativo no desenvolvimento individual e do time, tanto em aspectos de competências técnicas quanto comportamentais, tanto pelas competências trabalhadas na dinâmica quanto na própria dinâmica, que parte da premissa de um ambiente seguro e de confiança onde todos estão comprometidos e empenhados no desenvolvimento de quem está no foco do *feedback canvas*.

Essa prática pode ser realizada periodicamente, considerando um tempo mínimo para evolução dos itens citados, algo em torno de três meses, com todos os membros da equipe, cada um com uma rodada individual, envolvendo o gestor direto e o time/pares. Podem ser convidadas pessoas de fora que tenham relação com a pessoa avaliada, desde que tenha um contato frequente.

Ao final da dinâmica os resultados esperados são os planos de ação para o colaborador se desenvolver, contando com o apoio de todos os envolvidos no processo.

Como funciona

Para realização do *feedback canvas*, reserve um espaço fechado por aproximadamente uma hora e meia para cada pessoa avaliada.

1. Um facilitador deve ser definido para a condução da dinâmica, de forma neutra.
2. Coloca-se um quadro, de preferência no tamanho A3, com os campos citados na Figura 46.1. O colaborador define quais competências serão avaliadas e quais atividades estão relacionadas com elas.
3. Feito isso, o colaborador coloca um *post-it* na nota que entende que está.
4. Em seguida, cada convidado deve fazer o mesmo, colocando um *post-it* na sua avaliação sobre a competência.
5. Feito isso, cada avaliador pode colar *post-its* nos pontos positivos e pontos negativos, sendo 1 *post-it* por ponto.
6. O facilitador passa por cada ponto, faz a leitura e garante o entendimento do grupo. Caso algum item não fique claro, é solicitado que a pessoa que escreveu o *post-it* dê mais informações.
7. Concluídas essas etapas, o grupo, em conjunto com o avaliado, deve montar um ou mais planos de ação para potencializar os pontos fortes ou tratar os pontos fracos do avaliado.

47. *Feedback wrap* – como dar e receber

Júnior Rodrigues

Tido como de suma importância para o desenvolvimento pessoal e profissional, o *feedback* sempre é um dos pontos mais críticos na relação da empresa com os colaboradores, devido à sua aplicação nem sempre ser eficaz. Diante disso, Jurgen Appelo (2011) criou essa técnica como parte da sua abordagem *Management* 3.0 para ser uma alternativa aos modelos de *feedback* usados no mercado.

O que é o *feedback wrap*?

É uma técnica utilizada para que se tenha uma comunicação mais efetiva, sendo uma prática acionável, que leva a uma ação positiva e motivada com foco no futuro.

É indicada para onde seja possível construir um ambiente seguro e focado no desenvolvimento do indivíduo, sendo essencial para obter transparência no trabalho e empatia com as pessoas da equipe.

O *feedback* é melhor se servido quente, ou seja, deve ser na hora em que a situação acontecer. Se você não conseguir encontrar-se pessoalmente (direta ou remotamente), é melhor escrever do que esperar.

Um *feedback* eficaz pode se tornar uma excelente alternativa a sistemas de avaliação que não trazem resultados, pois permite um acompanhamento mais próximo do indivíduo.

Por que usar?

Organizações são sistemas complexos, compostos por uma gama de interesses diversos, e igualmente é cada indivíduo que as compõe. Cada um possui uma forma única de lidar com o seu contexto, tendo expectativas diversas.

Portanto, ter um padrão, um processo rígido estabelecido para toda a equipe (que dirá para a organização), pode trazer enormes prejuízos para o desempenho individual e, consequentemente, para o resultado coletivo, sendo necessário adaptar o trato no ambiente de trabalho ao estilo de cada indivíduo.

É nesse sentido que o *feedback* se torna um artifício extremamente poderoso para aumentar o desempenho das pessoas e da equipe como um todo, pois foca naquilo que é mais importante e que está diretamente ligado ao indivíduo.

Isso porque o desempenho no trabalho possui uma relação direta com as ações tomadas por uma pessoa de acordo com o *feedback* recebido do ambiente em que ela se encontra.

Resultado esperado

É possível, portanto, estabelecer um plano de ação baseado em soluções e melhorias encontradas em conjunto e focadas no futuro, promovendo o desenvolvimento de competências e fomentando a colaboração.

Como funciona

É preciso encontrar formas de desenvolver os indivíduos que fazem parte da sua equipe valendo-se da transparência, empatia e colaboração na comunicação com as pessoas, e identificando o perfil de cada um e como este quer ser tratado.

Além disso, a criação de um ambiente de segurança psicológica, onde as pessoas se sintam seguras em expressar seus sentimentos e opiniões, promove um bem-estar coletivo e é essencial para que o *feedback* flua plenamente.

1. **Descreva seu contexto:** para esclarecer a situação em que se encontra ao aplicar o *feedback*. É a "massa" que envolve o restante, construindo confiança entre as partes

2. **Liste suas observações:** dê exemplos específicos sobre o caso, sem opiniões ou emoção envolvida.
3. **Expresse seus sentimentos:** qual o impacto que a situação causou a quem está dando o *feedback*, criando uma conexão forte com o outro.
4. **Explique o valor:** quais são as necessidades específicas e a importância do caso para a pessoa.
5. **Ofereça algumas sugestões:** deixe claro o que precisa ser feito para atender às necessidades e dê sugestões de como fazer. É o "molho" que dá o toque final, focando no futuro (*feedforward*).
6. **Mantenha por escrito:** é de boa praxe manter as metas e os acordos registrados, para acompanhamento e consultas posteriores.

48. Mapa de competências

Regiane M. Mendonça
Vitor Cardoso

O tema competências tornou-se popular no início da década de 1990, embora tenha sido abordado em trabalhos na década de 1970. No Brasil, apenas no final da década de 1990 passou a ser utilizado no ambiente de gestão.

Mapa ou matriz de competências é uma ferramenta para identificação do perfil dos membros de uma equipe, relacionando as competências técnicas e comportamentais apresentadas por cada profissional em comparação com as necessidades das suas funções.

A elaboração do mapa de competências é indicada para o reconhecimento do perfil de toda a equipe, facilitando o desenvolvimento, a divisão de atividades e a sucessão.

Seu objetivo é permitir uma análise das competências do time, assim como as competências que precisam ser desenvolvidas para atingir melhores resultados e, principalmente, atender às expectativas dos membros da equipe em questões de desenvolvimento, sucessão e carreira.

Como utilizar

Através da análise das competências, realizada em conjunto pelo líder e pelo colaborador, após definir o grau de evidência de cada membro para cada competência:

- ✓ Identificam-se as competências do time.
- ✓ Comparam-se e identificam-se *gaps* positivos (competências dos membros superiores às necessárias) e negativos (competências dos membros inferiores às necessárias).
- ✓ Cria-se um plano de desenvolvimento para o time, visando aquisição ou aperfeiçoamento de competências.

A atualização do mapa ocorre em períodos previamente definidos. Geralmente segue a periodicidade de outros processos, como, por exemplo, avaliações colegiadas de desempenho sobre remuneração. Muitas empresas realizam a calibração entre os ciclos de avaliação. Ciclos muito utilizados variam de seis a 12 meses.

Como funciona

1. Extrair todos os elementos de competências de acordo com as atividades/funções da equipe.
2. Atribuir grau de complexidade conforme a evidência da competência. Como, por exemplo:
   - Grau 0 – Nenhuma evidência da competência
   - Grau 1 – Pouquíssima evidência da competência
   - Grau 2 – Pouca evidência da competência
   - Grau 3 – Média evidência da competência
   - Grau 4 – Boa evidência da competência
   - Grau 5 – Forte evidência da competência
3. Avaliar em conjunto, líder e colaborador, o grau nas competências extraídas.
4. Comparar os graus dos colaboradores com as competências das atividades (Figura 48.1 – Leia-se: Av = Avaliação, I = Ideal e GAP = Ideal – Avaliação)
5. Identificar *gaps*:
   - *Gaps* positivos: grau do colaborador superior ao grau da atividade.
   - *Gaps* negativos: grau do colaborador inferior ao grau da atividade.
6. Elaborar os planos de desenvolvimento, objetivando eliminar os *gaps* negativos.
7. Definir trilhas de carreira para os colaboradores.
8. Sinalizar possíveis promoções/transferências/sucessões para colaboradores com *gaps* positivos.

Tabela 48.1. Apuração de *gaps*.
Fonte: os autores.

Funcionário	Gestão de pessoas	Relacionamento com clientes	Gestão de processos
A	3	2	4
B	4	3	3

Funcionário	Gestão de pessoas			Relacionamento com clientes			Gestão de processos		
	Av	I	GAP	Av	I	GAP	Av	I	GAP
A	3	4	-1	2	3	-1	4	3	+1
B	4	4	0	3	3	0	3	3	0

49. *Team canvas*

Paulo Alves
Gean Alex Pereira

Essa ferramenta foi criada em 2015 por Alex Ivanov e Mithya Voloshchuk, dois profissionais que utilizam o design e a facilitação para moldar a cultura de times e reuni-los para criar novas ideias. Eles acreditam que todos são criativos e capazes, basta que o ambiente e o contexto estejam adequados.

O *team canvas* é voltado para o trabalho de um time, sendo uma ferramenta que auxilia na formação e no desenvolvimento de equipes, trazendo alinhamento para todos os membros, resolução de conflitos, fomentando a criação de uma cultura produtiva mais rapidamente e auxiliando o time a passar mais rapidamente pela fase de *Storming*, do modelo de Tuckman, descrito no capítulo 55.

O *team canvas* se baseia nos valores da qualidade, um trabalho direcionado à ação, entendendo a mudança e abraçando a ambiguidade, a abertura, o crescimento orgânico e a cocriação.

É recomendado a todos que queiram fortalecer o propósito do time. Sua aplicação proporciona maior integração, autoconhecimento, alinhamento de expectativa e resolução de conflitos, aumentando, assim, o engajamento e a performance do time.

Como utilizar

O *team canvas* existe em dois formatos: o básico, indicado para o início de projetos mais curtos, e o completo, mais indicado para projetos maiores, resolução de conflitos e alinhamentos.

É um quadro, que pode ser desenhado ou impresso em uma folha A0/A1, que o time vai preenchendo com *post-its* em cada uma das divisões e deixando informações que são muito importantes para o maior engajamento.

As divisões, ou etapas, do *team canvas* são as seguintes:

1. **Pessoas e funções:** peça para que os participantes escrevam em *post-its* seus nomes e quais funções desempenham. É indicado um *post-it* por função.
2. **Objetivos em comum:** peça que o time entre em acordo sobre quais são os objetivos que todos têm em comum.
3. **Objetivos pessoais:** veja quais são os objetivos pessoais de cada membro do time dentro do projeto.
4. **Propósito:** transcendendo o objetivo que todos têm em comum, aqui identificamos o porquê de ir atrás daqueles objetivos, a motivação por trás disso – qual é o propósito? Essa etapa pode ser deixada para o final, para que o propósito respeite os valores e as necessidades que serão identificadas em outras etapas.
5. **Valores:** quais são os princípios e valores mais importantes que devem ser compartilhados e seguidos por todo o time? É muito importante que todo o time esteja de acordo com os valores apresentados.
6. **Pontos fortes e *skills*:** quais são os pontos fortes que temos no time? Quais *skills* podem contribuir para que o time alcance os seus objetivos e os pessoais? Peça que o time informe.
7. **Fraquezas e áreas de desenvolvimento:** quais são as fraquezas que temos no time? Com quais dificuldades temos que lidar? Que áreas devemos desenvolver?
8. **Necessidades e expectativas:** quais são as necessidades do time? O que o time está esperando?
9. **Regras e atividades:** deixe que o time defina quais são as regras que devem ser seguidas, regras que respeitem os valores e auxiliem o time a trabalhar com mais autonomia, conhecendo os limites e as atividades que são necessárias para cumprir seus objetivos.

Dicas complementares

Uma forma de potencializar o *team canvas* gerando maior contribuição do time e tornando a dinâmica produtiva e agradável é a utilização de estruturas libertadoras, que auxiliam na maior contribuição de todo o time, inclusive daquelas pessoas mais tímidas ou que têm maior receio em contribuir.

Por exemplo, é recomendado utilizar o *impromptu networking* no início da facilitação, com uma pergunta relacionada a expectativas e preocupações, e a utilização do *1-2-4-All* durante as atividades que são decididas em grupo, como os itens objetivos, propósito, valores e regras.

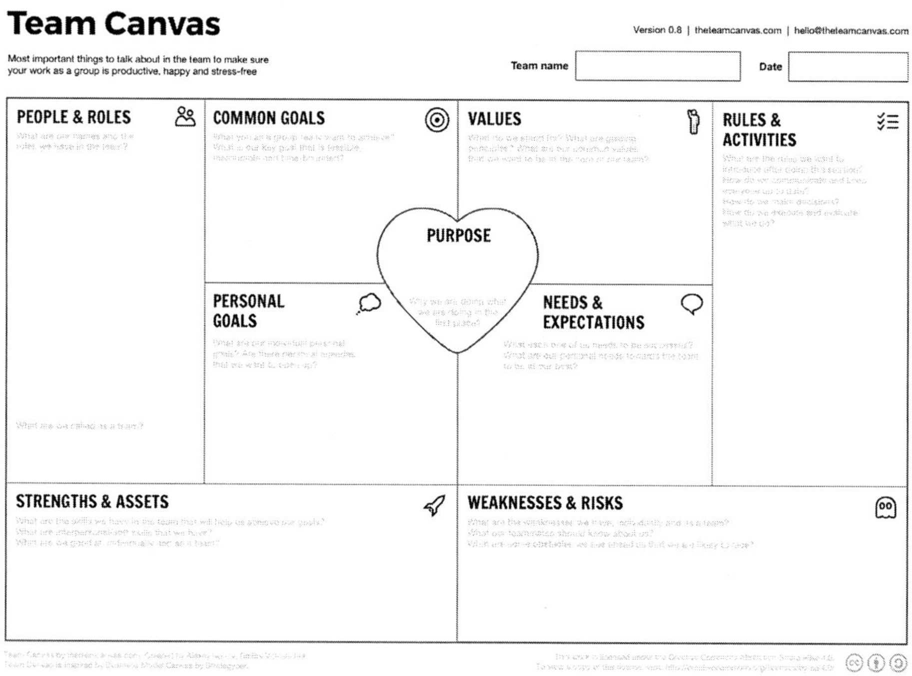

Figura 49.1. *Team canvas*.
Fonte: The Team Canvas, s.d.

50. *Kanban*

Coaracy Júnior
Ricardo Boessio dos Santos
Rafael Marcos de Araújo
Renata Castro

O termo *Kanban* não é novidade no mundo da gestão organizacional, o que aconteceu foi uma adaptação e a influência de novas ideias para um novo contexto. Ele nasceu na década de 50 pela necessidade da Toyota de otimizar o controle dos seus estoques, evitando sobrecargas e desabastecimento de peças. O sistema evoluiu para o uso em empresas de vários ramos no mundo da manufatura, mas no início dos anos 2000 ele recebeu um novo olhar.

Pare de começar e comece a terminar

David Anderson (2010), observando os princípios do sistema da Toyota e inspirado no pensamento de W. Edwards Deming, Eliyahu Goldratt, Donald Reinertsen, entre outros, idealizou a adaptação do *Kanban* para o trabalhador do conhecimento focando na gestão do fluxo para, através da observação e da análise das informações, definir e realizar ações de evolução gradativas e, através da experimentação, atingir melhores resultados com consistência e de forma sustentável.

O Método *Kanban* possui como princípios:

- ✓ Comece com o que se faz hoje.
  - Entender os processos atuais.
  - Respeitar os papéis e atribuições existentes.
- ✓ Concordar em buscar mudanças evolucionárias.
- ✓ Incentivar atos de liderança em todos os níveis da organização.

Com esses princípios como base, trabalham-se importantes aspectos:

- ✓ Clareza quanto aos objetivos a serem atingidos.
- ✓ Quais os problemas com o sistema atual que impedem de atingir os objetivos acordados.

✓ Quais tipos de serviços e demandas estão envolvidos no sistema.
✓ Deixar claro o fluxo de trabalho para todos os envolvidos.

Trabalhar com *Kanban* é entender a capacidade do fluxo das atividades, o que é conhecido por WIP (*Work in Progress*), e criar limites para esse trabalho. Limitar o WIP é uma ação de combate à sobrecarga ou ao desabastecimento do processo de trabalho, evitando impedimentos conhecidos como gargalos. Equilibrar a quantidade de trabalho sendo realizado, respeitando a velocidade da equipe e o contexto do negócio, contribui para a evolução dos processos e diminuição das filas e o desperdício de tempo e esforço.

Muitas vezes, ao começar a usar o método, os envolvidos focam grande esforço inicial em construir o quadro *Kanban* (*Kanban Board*). Porém, antes é necessário entender os aspectos do negócio, os problemas existentes que o impedem de atingir os objetivos estratégicos e os serviços envolvidos (no *Kanban* todas as atividades recebem o nome de serviço), para depois trabalhar o fluxo atual e criar o quadro como a materialização desses acordos e entendimentos.

Onde posso usar o método *Kanban*

O método *Kanban* é aplicável em qualquer tipo de organização, independentemente do seu tamanho e complexidade. Inicialmente começou com equipes de TI, mas a aplicação em outras áreas tem aumentado muito. Um dos aspectos positivos do método é a possibilidade de ser implementado em uma equipe e organicamente ganhar escalabilidade, integrando-se com outras iniciativas, ganhando força e amadurecendo junto com a organização.

Kanban é muito democrático e com grande poder de adaptação para trabalhar com outros métodos porque seu foco é em entender como as coisas são feitas hoje através da observação e mensuração, identificando pontos de melhoria e contribuindo para a definição de ações em um ciclo constante de evolução.

Por que utilizar

Ambientes complexos necessitam de ações que considerem a variabilidade como parte inseparável da realidade. *Kanban* não irá resolver os problemas de uma organização. Ele é uma janela aberta sobre o que está ocorrendo e convida a todos a participar da resolução com ações integradas.

Por onde começar

Muitas vezes, as pessoas começam criando o quadro de tarefas, mas não criam o engajamento esperado e ele acaba caindo no desuso.

Para aumentar a chances de sucesso do uso do método, o STATIK (*System Thinking Approach to Introducing Kanban*) tem se apresentado como uma solução consistente de apoio. Nele são trabalhados objetivos, o entendimento das insatisfações, quais os tipos de serviços e como é o fluxo desse trabalho. Essa visão sistêmica do contexto cria o alinhamento e o comprometimento dos envolvidos. Ele também pode ser usado para evolução do uso do *Kanban* e aplicado conforme o entendimento da equipe das mudanças que ocorrem.

Um aspecto muito importante que está associado ao *Kanban* é o quanto os objetivos da organização estão alinhados ao propósito dos seus clientes, gerando valor na sua percepção. David Anderson e Alexei Zheglov (2018) criaram o conceito e o *framework Fit For Purpos*e (F4P), que traz uma resposta consistente acerca do planejamento para atender ao cliente e às suas necessidades e expectativas.

Em 2007 surgiu o KMM (*Kanban Maturity Model*), mais um trabalho do David Anderson, agora com a participação de Teodora Bozheva. Com base nas experiências de mais de 10 anos de implantação de *Kanban* em organizações de tamanho e setores diferentes, foram avaliados aspectos que representam a maturidade na aplicação do *Kanban*. Um cuidado importante é não usar o KMM como uma certificação ou avaliador de resultados, pois existem variações dos níveis de maturidade conforme as mudanças e adaptações necessárias ao dia a dia do trabalho.

Para uma avaliação mais adequada é necessário mensurar o que está ocorrendo. No *Kanban* métricas de informações do fluxo traduzem em números e probabilidades estatísticas o que é visto na gestão diária. Com maior ênfase em resultados (*outcomes*) do que na quantidades de entregas (*output*), as métricas de vazão (*throughput*), do tempo que uma determinada atividade demora no fluxo (*leadtime*), e trabalhando com percentuais do total entregue (por exemplo, 85% de uma determinada amostragem), passamos de estimativas baseadas em opiniões para a previsibilidade de entregas baseadas no histórico da equipe.

Um lema muito usado pela comunidade *Kanban* que sintetiza bem a simplicidade e a força do uso do método é o "comece amanhã cedo a aplicar o que aprendeu hoje".

51. *Storytelling*

Gisela Azevedo
Renata Castro
Regiane M. Mendonça
Thiago Vial

O ser humano é movido a histórias. A habilidade de contar histórias acompanha o ser humano há mais de 30 mil anos. Atribui-se a essa habilidade nossa evolução para *homo sapiens*, como descreve Yuval Noah Harari no *bestseller* "Sapiens: uma breve história da humanidade" (2015).

Desde sempre a arte de contar boas histórias vem despertando emoções nas pessoas. Quem não se lembra de uma história de infância, de um livro lido na adolescência ou até mesmo um bom filme visto anos atrás? As emoções que essas histórias despertam ficam marcadas em nossas mentes.

Histórias nos despertam emoções e fatos nos levam à razão. A razão nos leva a pensar e avaliar e a emoção nos leva a agir. Portanto, se você quer mobilizar as pessoas ao seu redor e engajá-las ao seu propósito e à sua marca, o *storytelling* se apresenta como uma ferramenta muito poderosa.

Trazendo esse conceito para os tempos de hoje, o *storytelling* pode ser definido como o conjunto de técnicas narrativas para prorrogar suas ideias de maneira fluida e relevante, que prenda a atenção de seu público de forma que o impacte.

Em seu artigo de 2014 na *Havard Buiness Review*, o economista e psicólogo Paul J. Zak explica por que o cérebro humano gosta tanto de ouvir histórias. Durante as suas pesquisas notou que o hormônio oxitocina, responsável por sinalizar ao nosso cérebro que é seguro se aproximar de uma determinada pessoa, estimula o senso de empatia, que por sua vez colabora para aumentar o interesse em ouvir histórias. Foi demonstrado que o nível de atenção das pessoas, e de consequente liberação de oxitocina, está diretamente relacionado ao nível de tensão que a história é capaz de trazer ao interlocutor.

Por que e como utilizar

Os líderes mais bem-sucedidos utilizam o *storytelling* como uma ferramenta cada vez mais recorrente, conectando seu propósito, seu produto ou sua marca a uma história bem construída, gerando empatia e engajando o seu público. Geralmente, não compramos o que as marcas querem nos vender, mas o que há por trás daquela marca.

Uma empresa que aplica o *storytelling* com maestria é a Pixar. O estúdio de animação utiliza uma forma bem simples, porém muito eficaz, de contar histórias em seus filmes. A estrutura da história é dividida em três atos.

No primeiro ato, a apresentação. Somos introduzidos aos personagens em seu mundo e sua rotina, iniciando a empatia com o público. Até que temos um evento que anuncia o conflito.

No segundo ato, a jornada. Em função do conflito, vários outros acontecimentos se tornam obstáculos para o personagem principal. E até chegar ao conflito final, a tensão da história vai atraindo cada vez mais a atenção da audiência. Nessa jornada acompanhamos a sua transformação, que geralmente leva o personagem a uma quase morte para então alcançar um estado de superação que lhe permita resolver o conflito.

Já no último ato, somos apresentados a esse novo personagem, transformado pela sua jornada e agora em sua nova rotina. Assim, temos a mensagem transmitida de uma maneira que impacta e emociona o público.

A estrutura da Pixar é uma forma simplificada do modelo de Joseph Campbell, conhecido como a jornada do herói ou monomito (COUSINEAU; CAMPBELL, 2003). A jornada do herói identifica um padrão narrativo apresentado em diversas histórias de sucesso. Nessa jornada o herói se encontra em seu mundo comum e então recebe um chamado para a aventura.

Em um primeiro momento ele recusa o chamado, porém há um encontro com o mentor onde o herói é chamado a agir. Há então a travessia para o novo mundo onde ele encontra novos aliados, inimigos e desafios. Um desafio se aproxima e é superado para que, então, um desafio ainda maior seja apresentado e leve o protagonista a uma grande transformação antes de superá-lo.

Vencido o desafio, o herói recebe a recompensa, onde normalmente a mensagem principal da história é transmitida. Em seguida, o protagonista inicia o retorno para o seu mundo, mas antes um novo conflito é apresentado. Dessa vez, para superar o conflito o herói precisa utilizar a recompensa adquirida para que, agora sim, completamente transformado, possa retornar para seu mundo e mudar a vida de todos.

Segundo Joseph Campbell, ao passar por cada um desses estágios, temos uma narrativa completa. Mas a verdade é que você não precisa segui-los à risca. Vale muito mais tomar essa estrutura como base e adaptá-la para o seu caso, priorizando sempre a criatividade.

Da mesma maneira que essas estruturas de história auxiliam os escritores e roteiristas a criar grandes histórias que ficam marcadas em nossa mente, podemos usar o *storytelling* para influenciar pessoas a seguir nosso propósito, abraçar a nossa causa e aderir à nossa marca.

De forma bem pragmática, devemos identificar um conflito que nosso interlocutor precise vencer. E, então, mostrar ao nosso protagonista como nós, como elixir transformador, vamos ajudá-lo em sua jornada a superar seu desafio, para que ele, assim como os heróis das grandes histórias, possa retornar para o seu mundo, apto a mudar a vida de todos com a recompensa entregue na jornada.

52. *Cynefin*

Júnior Rodrigues
Gean Alex Pereira

O *Cynefin* começou a ser criado em 1999 por Dave Snowden na época em que este trabalhava na IBM. O intuito era gerenciar o capital intelectual da empresa, e foi evoluindo ao longo do tempo, inicialmente abordando os domínios do conhecido e conhecível (2003), que depois viraram simples (que depois virou óbvio em 2014) e complicado (2007), até se chegar ao modelo atual, quando o óbvio virou claro e a desordem virou aporético ou confuso (2020).

Framework Cynefin

É uma estrutura processual usada para auxiliar na tomada de decisões, cuja palavra foi originada no idioma galês para designar *habitat*. Ele oferece quatro contextos para a tomada de decisão, que também são chamados de domínios, definidos como claro, complicado, complexo, caótico. Além disso, ainda possui no seu centro o terreno do aporético ou confuso.

É indicado para identificar o contexto no qual se está inserido ou a situação que se está vivenciando, para que se possa categorizar e ajudar na realização de alguma ação, sendo de grande valia para se tomar a melhor decisão em um dado cenário e sobre como encará-lo.

O modelo tem uma variedade enorme de aplicação, sendo útil em qualquer situação onde se faça necessário avaliar o ambiente e, com base nisso, chegar a uma definição, podendo, inclusive, ser adotado para a definição da melhor abordagem para se gerenciar um projeto, por exemplo.

Isso não impede que a abordagem mude conforme o entendimento sobre o cenário se torne mais claro ou se transforme devido a uma nova variável, sendo perfeitamente capaz de apoiar a adaptação às mudanças e, por isso, tendo total aderência à agilidade necessária nesse mundo complexo em que vivemos.

Por que usar?

As organizações enfrentam ambientes cada vez mais complexos, devido a uma gama de interconexões, e convivem com uma incerteza crescente sobre as constantes mudanças vindouras e com a falta de aderência de modelos preditivos e que sirvam para um conjunto maior de cenários, fruto do mundo VUCA atual (conceito apresentado no Capítulo 2).

Da mesma forma, o surgimento dos chamados tempos pós-normais (Capítulo 2) requer o desenvolvimento de abordagens que permitam a organização a se tornar antifrágil (Capítulo 1) e a enfrentar o caos advindo de um mercado onde tudo é muito líquido e que desfaz certezas, premissas e modelos em um piscar de olhos.

Resultado esperado

Portanto, o *Cynefin* se torna uma poderosa ferramenta que auxilia a organização e, principalmente, seus líderes a tomar as ações mais acuradas com base em cada cenário identificado no *framework*.

Ele fornece, assim, uma melhor abordagem para o contexto em questão, para que se possa analisar, categorizar e decidir da melhor maneira possível quais as ações necessárias para se alcançar o objetivo.

Como funciona

O *framework* ajuda na análise do cenário e pode ser usado de forma colaborativa, utilizando-se de uma imagem do *Cynefin* desenhada em um *flipchart* ou impressa e solicitando-se aos participantes que enquadrem o problema ou cenário em um de seus domínios, para se iniciar a discussão a respeito.

O objetivo é que, uma vez alinhado em qual quadrante a situação se encontra, deva-se atuar de forma a torná-la a mais simples possível, aumentando a previsibilidade e reduzindo os esforços de planejamento e execução das ações. A seguir, os domínios e seus detalhes:

1. **Claro:** caracterizado por situações estáveis, onde relação causa e efeito é clara e sabe-se exatamente qual resultado será obtido para tal ação. Aqui os processos

existentes se encaixam, e a recomendação é o uso de melhores práticas para que se possa sentir o problema, categorizá-lo e responder mecanicamente.

2. **Complicado:** nesse domínio, sabe-se que para um dado problema tem-se uma resposta, porém existem diversos caminhos para se chegar ao resultado final. Faz-se necessário o uso de boas práticas para se planejar observando a situação e analisando as relações de causa e efeito, podendo-se usar métodos preditivos para tal.
3. **Complexo:** é o terreno das práticas chamadas de ***exaptive*** (SNOWDEN, 2020), que não têm tradução exata, mas estão ligadas à capacidade de se adaptar. Aqui se deve explorar o problema, sentir a reação ao cenário e, então, dar uma resposta à situação. Práticas irão emergir caso se tenha um ambiente favorável à experimentação, tendo-se a capacidade de se aprender e se adaptar conforme os resultados.
4. **Caótico:** a melhor ação nesse contexto é agir para estabelecer a ordem, utilizando-se de abordagens eficazes para se descobrir o problema e práticas disruptivas e inovações para solucioná-los. E, então, de acordo com a resposta dada, é possível que a situação se torne complexa ou até complicada.
5. **Aporético ou confuso:** nesse domínio encontram-se cenários onde não é possível definir uma solução, cujo contexto é tão repleto de indecisão (aporético) e confusão que se torna necessário fatiar o problema, a fim de que ele possa ser resolvido mais facilmente ao alocar suas partes nos demais domínios.

Figura 52.1. *Framework Cynefin*.
Fonte: adaptado de Snowden, 2020.

53. *Team building*

Rodrigo Cabral
Patricia Silva Corrêa

Apesar de ser um conceito bastante explorado e difundido nos dias de hoje, o *team building* não tem nada de novo.

O termo nasceu por volta dos anos 20, em Chicago, mais precisamente na Western Electric Company, onde eram executados alguns experimentos comportamentais que consistiam em retratar a relação entre a intensidade da iluminação e a produtividade dos operários. A experiência foi encabeçada por Elton Mayo, que avaliou aspectos como *turnover*, fadiga e acidentes de trabalho. O *team building* tem como intuito o engajamento de times, especificamente dos participantes desses times, explorando com isso a criatividade, a produtividade e a motivação, levando o time a gerar melhores resultados, maior engajamento e performance.

Como adotar o *team building*

Pontos importantes e necessários:

- ✓ **Propósito:** ter propósitos com objetivos bem claros, podendo trabalhar com OKR para maior direcionamento do time (Capítulo 54).
- ✓ **Treinamentos:** aplicar treinamentos fora da estrutura da empresa; locais mais despojados e menos formais ajudam na descontração e na quebra de gelo.
- ✓ **Atividades *outdoor*:** aplicar atividades fora da empresa, sejam elas oriundas do dia a dia de trabalho ou novas atividades. Isso tende a gerar maior entrosamento entre os integrantes dos times.
- ✓ **Gamificação:** a tradução de tarefas e/ou treinamentos para um formato mais lúdico eleva o envolvimento do time, facilitando o aprendizado e a disseminação dos temas envolvidos.
- ✓ **Comunicação:** a comunicação interpessoal, conforme comentado no Capítulo 38, é imprescindível quando falamos em engajar o time. Estimular esse tipo de comunicação e participação é fundamental para alcançarmos os objetivos.

- ✓ **Motivação do líder:** ter um líder motivado e comprometido com as causas do time é fundamental para puxar os times para a frente.

Com o seu conceito entendido e o alinhamento do que buscamos com a sua aplicação, podemos dar os primeiros passos para a sua execução. Algumas dinâmicas:

- ✓ ***Marshmallow challenge*:** construir uma estrutura independente mais alta possível, que apoiará um *marshmallow* no topo, usando 20 varas de espaguete, um rolo de fita e um de corda.
- ✓ **Duas verdades e uma mentira:** cada membro da equipe anota secretamente duas verdades e uma mentira sobre si mesmo em um pequeno pedaço de papel – não revele a ninguém o que você escreveu! Permita uma conversa aberta, na qual todos se interrogam. A ideia é convencer os outros de que sua mentira é realmente uma verdade e tentar adivinhar as verdades/mentiras de outras pessoas fazendo perguntas.
- ✓ **Uma pergunta, quebrando o gelo:** depois de juntar participantes em equipes, o líder colocará esta questão: se você pudesse fazer uma única pergunta para descobrir a adequação de uma pessoa (insira o tópico aqui), qual seria sua pergunta? Dependendo da situação escolhida, a atividade pode ser muito divertida, mas também pode demonstrar que questões cruciais devem ser desenvolvidas adequadamente.
- ✓ **Jogo *picture pieces*:** esta atividade de resolução de problemas exige que o líder escolha uma imagem conhecida por todos os participantes. A imagem precisa ser cortada em quadrados menores, na mesma quantidade que a de participantes. Cada participante deve receber um pedaço do "quebra-cabeça" e ser instruído a criar uma cópia exata de sua peça do quebra-cabeça cinco vezes maior do que o tamanho original.
- ✓ **A queda dos ovos:** atividade de resolução de problemas complicados. Exige dividir a sala em dois grandes grupos com a tarefa de construir um pacote de ovos que pode suportar uma queda de oito pés. Depois que os pacotes forem construídos, cada equipe deve apresentar um anúncio de 30 segundos sobre o pacote, destacando por que é único e como funciona. Na conclusão das apresentações, cada grupo terá que soltar o ovo usando seu pacote para ver se ele realmente funciona.

54. OKR para avaliação de resultados

André Bueno
Adalcinda de Lemos Leitão
Paulo Alves
Regiane M. Mendonça

O atingimento de metas e a gestão de performance têm sido o desafio de lideranças por décadas. Não obstante, vários pesquisadores e administradores já se debruçaram sobre esse tema. Porém, ainda assim, gestores e colaboradores perdem prazos, resultados, carreiras e mercados.

Foi diante desse desafio que, Andrew Grove (1995), ex-CEO da Intel, percebeu a necessidade de transmitir metas que garantam resultados, através do engajamento e da contribuição individual dos colaboradores envolvidos.

Um OKR, ou objetivos e resultados-chave (KRs), é um sistema de metas que ajuda as lideranças a direcionar os esforços individuais e coletivos para o atingimento de objetivos estratégicos, táticos e operacionais. Esse sistema tem forte inspiração nos fundamentos da Administração por Objetivos (APO), de Peter Drucker, que procura sustentar maior engajamento através da colaboração e do estabelecimento do trabalho em equipe. Tudo está em consonância com as metas individuais dos colaboradores e funcionários. Além disso, diferentemente de metas e indicadores de performance ou KPIs, OKRs permitem verificar de forma mais rápida se a conquista de uma meta de fato promove resultados que importam para a conquista dos objetivos definidos.

Assim, um OKR também atua como uma ferramenta de priorização baseada nos objetivos que mais importam para a empresa, seus projetos e seus colaboradores. Sendo um sistema de gestão orientado por resultados, o sistema OKR tem muitas indicações para a sua utilização, das quais destacamos:

- ✓ Lideranças de projetos, processos ou serviços que sofrem com atrasos.
- ✓ Equipes ou áreas onde muito é realizado, porém pouco resultado com valor agregado é entregue.
- ✓ Organizações que necessitam de foco para atividades que realmente importam para o sucesso de seus projetos.

Claro que os objetivos principais, os estratégicos, vêm da alta liderança (C-*level*). Porém, é incentivado que objetivos e resultados-chave sejam definidos em duas vias: 1) de cima para baixo; 2) de baixo para cima.

Dentre os muitos fundamentos de um OKR, acreditamos que o principal motivo que promove o atingimento de metas, no prazo e com resultados, está na participação cooperativa entre diferentes funções e níveis organizacionais.

Primeiros passos

Longe de esgotar todo o assunto, ou tratar de todos os aspectos comportamentais envolvidos na implementação de um sistema OKR, podemos propor um roteiro simplificado para a construção dos seus primeiros OKRs:

1. Defina quais são os objetivos essenciais da sua empresa ou projeto/produto principal.
2. Escolha de três a cinco objetivos, para ajudar a manter o foco no que realmente importa.
3. Defina a inspiração do seu objetivo. Deve ser um desejo e aspirar a um desafio, e não a uma atividade, pois o objetivo é qualitativo. Ele expressa o "o que" queremos alcançar. Ex.: "ganhar a fórmula Indy"; "atingir o valor de US$ 1 bilhão em receitas".
4. Defina de três a cinco KRs para cada objetivo. Um KR é quantitativo e expressa o "como" iremos atingir o objetivo. Ex.: "reduzir a melhor volta em 2s até o dia 15"; "aumentar o *mix* de produtos em 20% até o dia 30 de junho do ano corrente".
5. Todo objetivo pode ser SMART (específico, mensurável, atribuível, realista e atrelado ao tempo). Porém, é extremamente recomendado que todos os resultados-chave sejam SMART.
6. Procure criar metas compromissadas (essenciais para as atividades da empresa) e metas ambiciosas (que desafiam a zona de conforto).
7. Defina as cadências de avaliação e reavaliação dos seus OKRs e resultados-chave. Não há uma regra de ouro aqui, e vai depender muito do contexto organizacional e mercadológico de sua empresa. Porém, é comum encontrarmos períodos avaliativos semanais para OKRs operacionais, mensais para OKRs táticos e trimestrais para OKRs estratégicos.
8. Lembre-se: um KR não é inscrito em pedra. Se ele não estiver promovendo os resultados esperados, ajuste-o ou troque-o.

Há muito mais para ser discutido sobre a construção de metas ágeis utilizando OKRs, principalmente envolvendo suas estruturas verticais e horizontais e modelos como o *flight levels*. Porém, esse roteiro simplificado é o suficiente para os primeiros passos.

55. Modelo de Tuckman

Igor Susini Aquino
Paulo Alves

O modelo de Tuckman foi desenvolvido em 1965 por Bruce Tuckman, um pesquisador americano dedicado a estudar a psicologia e os comportamentos de grupos sociais. Em 1977 seu modelo fora revisado por Mary Ann Jensen, na época psicóloga atuante em Princeton, atingindo assim sua atual composição como a conhecemos hoje (CLAYTON, 2015).

Trata-se de um modelo que descreve as etapas de desenvolvimento de um grupo social, desde sua formação até sua dissolução. São elas:

- ✓ **Formação (*forming*)**: é a etapa onde os membros de um grupo ainda estão aprendendo e conhecendo uns aos outros.
- ✓ **Confrontação (*storming*)**: neste estágio, os membros do time começam a se confrontar com mais frequência, começando a distinguir seus papéis e responsabilidades de maneira mais clara.
- ✓ **Normatização (*norming*)**: nesta etapa os confrontos ainda existem, mas se normalizam. Os membros da equipe já se conhecem, o grupo começa a ganhar sua identidade e o time adquire uma competência moderada ou alta no que faz.
- ✓ **Atuação (*performing*)**: é o estágio onde o time começa a apresentar uma alta performance, com altos níveis de competência.
- ✓ **Dissolução (*adjourning*)**: representa o momento de dissolução do time e separação de seus membros.

O modelo de Tuckman é indicado para líderes que desejam entender em qual etapa de formação sua equipe se encontra, adaptando seu estilo de liderança para cada um desses estágios. Cada estágio de formação do time exige um estilo de liderança diferente. Liderar um time ainda em formação com diretrizes voltadas para times de performance já consolidada, por exemplo, trará problemas e resultará em uma liderança inadequada.

Para cada estágio de formação do time presente no modelo de Tuckman, utiliza-se um estilo da liderança situacional diferente, também conhecido como liderança adaptativa. Os estilos da liderança situacional são explicados em detalhes no Capítulo 11 deste livro, porém sua adoção conjunta com o modelo de Tuckman é encontrada a seguir.

Como funciona

Adaptar o estilo de liderança considerando o estágio de formação das equipes tornará as ações do líder mais efetivas e coerentes com o contexto social no qual ele se encontra com sua equipe. O líder deve combinar e aplicar os estilos de liderança situacional de acordo com o estágio de formação de seu time, conforme tabela a seguir.

Tabela 55.1. Tipo de liderança conforme estágio de formação do time. Fonte: adaptado de Clayton, 2015.

Modelo de Tuckman		Liderança situacional	
Estágio de formação do time	**Características do time nesse estágio**	**Estilo da liderança situacional**	**Característica do estilo de liderança**
Formação (*Forming*)	Baixa competência e alto comprometimento	Determinar/ Direcionar (*Directing*)	Alto direcionamento (dizer como fazer) e baixo suporte puro (apenas atuar como líder servidor)
Confrontação (*Storming*)	Média competência e baixo comprometimento	Persuadir (*Coaching*)	Alto direcionamento (dizer como fazer) e baixo suporte puro (apenas atuar como líder servidor)
Normalização (*Norming*)	Média/alta competência e comprometimento variável	Compartilhar/Apoiar (*Supporting*)	Baixo direcionamento (dizer como fazer) e alto suporte puro (apenas atuar como líder servidor)
Atuação (*Performing*)	Alta competência e alto comprometimento	Delegar (*Delegating*)	Baixo direcionamento (dizer como fazer) e baixo suporte puro (apenas atuar como líder servidor)

56. Gestão do tempo

Andréa Cordoniz
Wagner Drumond
Júnior Rodrigues

No mundo acelerado em que vivemos, estamos sempre ligados ao relógio e a compromissos. Ter disciplina para gerenciar atividades diárias e gerir o tempo com êxito se tornou essencial para atingir objetivos, ser mais produtivo e conciliar melhor a vida pessoal com a profissional (CORDONIZ, 2019).

Líderes que apresentam dificuldades para gerenciar seu tempo acabam prejudicando o sucesso da equipe. Não são raros os gestores que são viciados em urgências e acabam por passar a maior parte do tempo apagando incêndios, deixando de lado importantes planejamentos estratégicos. Tornam-se pessoas ocupadas, mas não produtivas. Saber administrar o tempo é um dos grandes segredos da eficácia.

Administrar o tempo significa cumprir tarefas de modo mais eficiente e não mais rápido. O tempo, nosso grande patrimônio, tem algumas características peculiares que precisam ser consideradas:

- ✓ **É distribuído democraticamente:** todos temos exatamente o mesmo número de horas a cada dia. Falsas crenças de que não temos como dar conta de tudo podem ser grandes inimigas de um gestor.
- ✓ **É inelástico:** não temos como esticá-lo. Podemos, sim, aproveitar ao máximo todo o tempo de que dispomos.
- ✓ **É irreversível:** impossível voltarmos no tempo. Tempo passado é passado.
- ✓ **É totalmente insubstituível.**
- ✓ **Não pode ser armazenado:** não temos como guardar o tempo para adicionar a um determinado dia que está mais corrido.

Por isso um bom planejamento, voltado para uma distribuição adequada de tarefas a curto, médio e longo prazo, é essencial.

A gestão do tempo é indicada para que pessoas se desenvolvam pessoalmente e profissionalmente. Que saibam distinguir prioridades e distribuam o tempo de forma a viver de maneira mais plena e saudável. Líderes que gerenciam bem seu tempo levam suas equipes a atuar com mais eficácia, permitindo que seus profissionais se tornem mais produtivos e tenham uma convivência mais empática.

No mundo atual, altamente acelerado, precisamos viver em constante movimento. Somos diariamente sobrecarregados de informações e necessitamos de respostas rápidas. Se não soubermos nos gerenciar para aproveitar o tempo de que dispomos da melhor maneira possível, podemos perder qualidade de vida e, profissionalmente, nos tornarmos ineficazes e improdutivos. Mais do que nunca, hoje, tempo é um valioso tesouro que merece total atenção e cuidado.

Como funciona

Desenvolver o autoconhecimento e a autodisciplina para corrigir possíveis atitudes indesejáveis quanto à utilização do tempo é essencial. É o primeiro passo.

É preciso avaliar como o tempo vem sendo utilizado, rever comportamentos e atitudes, rotinas e escolhas para poder fazer os ajustes necessários, de forma a potencializar cada minuto e obter melhor qualidade de vida (CORDONIZ, 2019).

Não conseguimos controlar o tempo sem saber ao certo onde ele realmente é empregado. Uma boa sugestão é usar como ferramenta o livro em forma de caixinha (CORDONIZ, 2019), que contém 100 perguntas que auxiliam a refletir sobre a utilização do tempo no dia a dia. Alguns gestores estão, inclusive, utilizando as cartas no início de reuniões. Outros profissionais adotam o livro em treinamentos, criando discussões bastante ricas.

- ✓ **As tentações:** ou seja, os desperdiçadores de tempo estão sempre por perto. Importante identificar quais são eles, para evitá-los ou, ao menos, minimizá-los.
- ✓ **Estabelecer prioridades:** distinguir clara e objetivamente o que é urgente do que é importante. Não permitir que o urgente impeça o líder de se ocupar do importante. Líderes precisam ter uma visão macro que lhes possibilitem antecipar possíveis problemas ou oportunidades. Determinar prazos viáveis e manter, assim, a sanidade e a motivação da equipe.
- ✓ **Delegar com clareza e precisão, evitando retrabalho:** perguntar-se "estou fazendo o que só eu posso fazer?" e "o que não estou fazendo que somente eu poderia fazer?" (COVEY, 1989).

- ✓ **Planejar:** disciplina é um dos pontos essenciais para quem quer administrar o tempo. Fazer uma agenda realista, ou seja, com atividades que possam de fato ser cumpridas no período estabelecido é um ponto-chave.
- ✓ **Saber dizer não:** é comum nos afogarmos em tarefas que deveriam ter sido negadas. Evitar assumir tarefas alheias é altamente recomendável.
- ✓ **Desmembrar metas em tarefas:** dessa forma criamos um caminho a seguir, para atingirmos o objetivo desejado.
- ✓ **Estimular os colaboradores:** para que eles tragam sempre soluções junto com os problemas, evitando, assim, a delegação reversa.
- ✓ **Atentar para a comunicação:** qualquer falha de comunicação, como ruído, mal-entendido, falta de clareza ou objetividade, pode comprometer seriamente todo o resultado de uma equipe e ocasionar em desperdício de tempo.
- ✓ **Evitar, a todo custo, reuniões improdutivas e desnecessárias:** organizar previamente uma agenda definindo tema, tempo de duração, informações que deverão ser levadas pelos participantes (quando for o caso) e definir quem de fato deve estar presente.
- ✓ **Não deixar que as tarefas se acumulem:** na maioria das vezes a procrastinação é o grande vilão. Importante lutar contra ela e não evitar tarefas entediantes ou difíceis.
- ✓ **Ter foco:** traçados os objetivos, delinear tarefas a serem feitas com a finalidade de atingir o alvo pretendido. Distanciar-se de possíveis distrações. Nesse quesito, o celular e as redes sociais têm sido os maiores vilões.
- ✓ **Ficar atento ao período de maior produtividade:** início do dia? Final da tarde? Aqui entra em cena também a opção pela escolha do horário mais propício, aquele que envolve menos distrações ou possíveis interrupções.
- ✓ **Fazer pequenas pausas:** evite o esgotamento físico e mental. Isso torna qualquer trabalho contraproducente, drenando drasticamente o tempo disponível.
- ✓ **Trabalhar com agendas mensais (digitais ou impressas):** para ter real noção do montante de tarefas e afazeres que devem ser cumpridos, uma agenda permite melhor gerenciamento do tempo e da equipe. Importante deixar sempre espaços para eventualidades. Elas sempre ocorrerão.
- ✓ **Bem estar e saúde:** dar importância para lazer, saúde, relacionamentos sociais e familiares, hobbies etc. Viver sobrecarregado prejudica imensamente a saúde. *Workaholics* não são mais bem-vistos. A exaustão é inimiga da produtividade.

Gerenciar o tempo é ser responsável pelo próprio desenvolvimento pessoal. É obter melhor qualidade de vida e se sentir mais realizado profissionalmente. O tempo, quando mal gerenciado, pode nos trazer sérios problemas, incluindo doenças físicas e mentais.

Hoje em dia o mundo nos impele a vivermos em uma velocidade frenética e podemos pagar caro, caso nos deixemos levar pela premência em resolver tudo no menor espaço de tempo possível. Há tempos psicólogos estudam a "síndrome da pressa". Segundo Marilda Lipp, professora de Psicologia da PUC de Campinas e Diretora Fundadora do Centro Psicológico de Controle do Stress, "a síndrome da pressa não é uma doença, mas um comportamento que pode eventualmente desencadear doenças". Profissionais que apresentam essa síndrome costumam sofrer de estresse, hipertensão, problemas de pele, distúrbios cardíacos, úlcera, síndrome do pânico etc. Ainda segundo a psicóloga, "apresentam características específicas como agressividade, competitividade e impaciência, além do constante estado de alerta, fala rápida e um ritmo de atividade acelerado. Ter pressa hoje em dia é normal, mas as pessoas que sofrem dessa síndrome estão muito apressadas mesmo quando não há necessidade. Elas têm a sensação de que o tempo nunca será suficiente para realização de tudo que pretendem" (MARTINS, 2010).

Muitos se cobram em demasia e se sentem culpados quando param para relaxar. Desfrutar de momentos de puro ócio e fazer pausas e caminhadas estimula a criatividade e auxilia a resolução de problemas.

57. *Agile strategy*

Júnior Rodrigues
Rafael Marcos de Araújo
Marcelo Viviani Junior

O *agile strategy* surgiu com a ampliação da transformação ágil nas organizações. Essa proposta transpõe as barreiras do uso tradicional dos métodos ágeis nas equipes e eleva a um nível estratégico, promovendo um maior engajamento dos colaboradores em busca de um mesmo objetivo e a cocriação de uma visão da empresa.

É uma forma de se obter uma estratégia adaptável em menos de uma semana, que foque na criação de uma visão compartilhada, de uma definição conjunta de objetivos estratégicos e de ações necessárias para alcançá-los, adequando-se às necessidades da organização e considerando aspectos como:

- ✓ Colaboração
- ✓ Adaptação
- ✓ Imersão
- ✓ Complexidade do ambiente

É indicado quando a organização compreende que não pode mais esperar por um processo de planejamento estratégico demorado e que crie um plano rígido de longo prazo, o qual não irá atender à necessidade de acompanhar as mudanças do mercado.

Organizações buscam encarar os desafios desse mundo de transformações constantes e precisam adaptar sua estratégia e seus objetivos continuamente, garantindo, então, *time to market* e a criação de vantagem competitiva perante os concorrentes.

Igualmente importante, os colaboradores precisam estar engajados e ajudar a definir a identidade real da organização, bem como cocriar os objetivos e as ações necessárias para alcançá-los.

Como começar

Para alcançar melhores resultados, é feita uma imersão que contará com relatórios e demais indicadores de desempenho, e informações acerca de projetos. Idealmente, envolve-se o maior número de *steakeholders* para garantir uma boa representatividade e equilíbrio.

Criar uma visão conjunta, levando-se em conta valores compartilhados, ações e sugestões de melhorias identificadas previamente, não só enriquece como também fortalece esse processo.

Como aplicar

1. Realize sessões de sensibilização sobre os impactos das transformações e a necessidade de mudança, o objetivo do trabalho e as suas etapas.
2. Avalie a necessidade de capacitação dos líderes estratégicos e táticos, com um enfoque nas transformações e nos conceitos estratégicos de liderança e novas abordagens.
3. Reserve a agenda para três dias inteiros e sequenciais, ou, se possível, cinco dias. Porém, o tempo alocado deve ser o que melhor se adeque à realidade da organização.
4. Garanta que estejam sem celular, *notebook* e, preferencialmente, realize a imersão em um lugar fora da empresa, buscando maior foco e produtividade da equipe.
5. Tenha um foco na colaboração e na multidisciplinaridade da equipe. Um número ótimo de participantes seria cerca de 30 pessoas, para que todos sejam ouvidos.
6. Siga a agenda proposta a seguir, adaptando a duração das atividades de acordo com a quantidade de dias disponíveis.

Tabela 57.1. Agenda *agile strategy*.
Fonte: Workshop *agile strategy*; adaptado de Souza, 2019.

<table>
<tr><th>Agenda</th><th>Primeiro dia</th><th>Segundo dia</th><th>Terceiro dia</th></tr>
<tr><td rowspan="4">Manhã – 9h às 13h</td><td>Introdução</td><td>Portfolio pitch</td><td rowspan="2">Radar dos stakeholders</td></tr>
<tr><td>Kick-off</td><td>Canvas H1</td></tr>
<tr><td>Propósito organizacional</td><td>Canvas H2</td><td rowspan="2">Jornada dos stakeholders</td></tr>
<tr><td>Identidade organizacional</td><td>Canvas H3</td></tr>
<tr><td colspan="4">Almoço</td></tr>
<tr><td rowspan="4">Tarde – 14h às 18h</td><td>Organização É/Não é/ Faz/Não faz</td><td>Análise de portfólio</td><td>Mapear e priorizar ações Kanban</td></tr>
<tr><td>Visão da organização</td><td>Radar de mercado</td><td>Plano de ações</td></tr>
<tr><td>Objetivos estratégicos</td><td>Matriz de atuação</td><td>Showcase</td></tr>
<tr><td>Consolidação</td><td>Consolidação</td><td>Consolidação</td></tr>
</table>

O resultado final esperado é a definição clara do propósito, dos valores, da visão, dos objetivos e das ações, contando com um maior comprometimento de todos para sua realização.

PARTE VI.
PONTOS DE ATENÇÃO NA LIDERANÇA ÁGIL (*FAIL*)

58. Falta de patrocínio executivo

Claudio Cidade
Stella Souto

O contexto corporativo

Um dos maiores fatores de sucesso de qualquer iniciativa de disseminação da cultura ágil em uma organização será sua capacidade de conquistar e canalizar o engajamento dos diferentes grupos envolvidos na entrega de valor para o cliente final. Esse engajamento envolve questões que vão além da correta aplicação desta ou daquela metodologia, afinal por trás de toda organização existe um mercado de influência que está além do seu controle individual.

Sabendo disso, é correto dizer que a variável externa que pode influenciar diretamente o sucesso ou fracasso da formação e do engajamento de times ágeis é o nível de suporte e patrocínio da alta gestão.

Toda empresa é um organismo vivo alimentado por um conjunto de hábitos e métodos estabelecidos em torno da forma como são entregues seus produtos ou serviços. Isso faz com que, em uma parcela considerável dos casos, iniciativas de transformação organizacional sejam encaradas como uma ameaça à visibilidade e ao prestígio conquistado pelas lideranças estabelecidas.

É por causa dessa intrincada teia de relações organizacionais que mudanças organizacionais precisam receber suporte contínuo da liderança executiva. Sem isso, qualquer investida de melhoria poderá ser "sufocada" por gargalos no processo existente ou sabotada pelo sequestro dos recursos destinados ao trabalho que você se propôs ou foi contratado para fazer.

Com o tempo, todo o resultado incrível demonstrado pelo seu trabalho será capaz de motivar e engajar naturalmente outros líderes no nível horizontal, mas, até lá, é preciso escolher as cartas com cuidado e assegurar um canal de comunicação e engajamento com a liderança executiva da organização.

Definição

Antes de nos aprofundarmos nos impactos causados pela ausência de patrocínio executivo, vamos começar fazendo uma definição clara do que significa ter esse suporte.

Suporte e patrocínio executivo é uma atividade, e não um status de aprovação ou carta branca para tentar uma estratégia nova. O engajamento dos executivos da organização é um canal de comunicação capaz de dar viabilidade à agilidade. Exatamente por isso é muito importante distinguir que não se trata de permissão e financiamento; caso contrário, a percepção que se tem é que a iniciativa ágil é apenas tolerada.

Toda comunidade ou organização é um reflexo da sua liderança, um resultado direto da duplicação de padrões de comportamento e tomada de decisão de quem abriu caminhos até ali. Por isso, não se engane! Quando os executivos não são ágeis, a organização também não é.

Diagnóstico

Para que a transformação organizacional exista, é preciso diagnosticar quais são as possíveis influências negativas e falhas de entendimento que cancelam a percepção de valor dos *stakeholders* e expandem o *gap* que existe entre a liderança executiva e os agentes da transformação digital. A seguir, uma lista dos principais obstáculos causadores de obstrução do patrocínio executivo.

Executivos que compram agilidade como tática e não como estratégia de diferenciação

Considere uma organização cujo típico cenário de transformação ágil se dá unicamente pela reorganização estrutural dos times e orquestração do trabalho por meio de *sprints* e um *backlog* com *user stories*. Operacionalmente existe um ganho ao diminuir o tempo em que o trabalho é transferido de uma equipe para a outra e os tempos de análise, desenvolvimento, testes e *deploy* diminuem, mas isso não garante que os gargalos existentes na colaboração entre as equipes de infraestrutura, treinamento, recursos humanos e finanças se resolvam.

Enquanto a iniciativa ágil for percebida como uma redução de prazos e custos em vez de uma cultura organizacional alinhada aos valores que impulsionam a organização, a liderança executiva continuará tendo a percepção de que sua participação, seu suporte e seu patrocínio são formas de microgestão e simplesmente não se encaixam nas prioridades de suas agendas ocupadas.

A cura para todas as doenças

É possível que a alta gestão tenha ouvido centenas de vezes o mantra da promessa ágil – "se nós adotarmos 'o ágil', os produtos ficarão prontos mais rápido e por menos dinheiro". Ou então "com ágil a gente não vai mais perder tempo com ". E, simples assim, é possível que a liderança executiva tenha a percepção de que estamos lidando com uma bala de prata, capaz de eliminar todas as mazelas que assombram os projetos mais criticados.

Essa percepção é perigosa, pois, além de criar ansiedade nas equipes operacionais envolvidas na iniciativa, cria e nutre expectativas irreais. Enquanto os números dos resultados (ou dos problemas) permanecerem inalterados por tempo demais, todo e qualquer engajamento vindo do topo se perderá.

Múltiplos objetivos concorrentes a nível executivo

Empresas buscam agilidade por um motivo: ter mais e melhores resultados. Adotar práticas ágeis sem alinhamento com a visão da empresa é mais prejudicial do que permanecer como está. No entanto, muitas empresas escolhem se tornar ágeis apenas para se encaixar nas tendências. Quando isso acontece, é possível perceber que, em vez de a transformação acontecer em um nível que contagie todas as equipes, produtos e processos, a iniciativa ágil se torna mais uma promessa engasgada na fila de projetos atrasados, recebendo pouca ou nenhuma prioridade da alta gestão.

Solução

Entenda: executivos operam em níveis diferentes dos de seus subordinados. Eles têm pouco ou nenhum tempo para entender e participar ativamente de todas as novas soluções propostas, a não ser que realmente entendam como o resultado final impacta os resultados da empresa.

Quando um executivo pergunta as horas, ele espera que você diga as horas e não que faça um relatório sobre como um relógio funciona e quais seriam suas ineficiências e riscos. Portanto, a solução depende quase que integralmente de ajustes na comunicação, para que seja claro o benefício no nível de negócios, em vez de oferecer apenas o ponto de vista operacional.

O foco hoje não pode se restringir a convencer a liderança executiva de que a transformação ágil tem benefícios operacionais, afinal para a maioria dos executivos esses benefícios são minimamente conhecidos antes mesmo de haver oportunidade para o diálogo. Eles sabem do que se trata, superficialmente.

Assegure um canal de comunicação despolitizado

Você precisa entender que líderes executivos têm sua percepção construída a partir do *feedback* dos seus subordinados diretos, e talvez eles tenham mais interesse em manter as coisas como estão em vez de abrir as portas do seu departamento para críticas e melhorias.

Portanto, é muito importante negociar e conquistar um canal de comunicação com os executivos que seja, minimamente, a prova de influências hierárquicas. Nele, seu objetivo será compartilhar e analisar sem julgamentos as percepções e expectativas de outras partes importantes da organização.

Fale o dialeto da alta gestão: resultados

A maior parte dos agentes da mudança organizacional tem pouca ou nenhuma oportunidade de influenciar a liderança executiva. E geralmente quando essa oportunidade surge não houve uma preparação para fazer seu *elevator pitch*. Você precisa estar preparado para vender o tipo de mudança que a alta gestão realmente quer comprar.

Para conquistar o suporte e o entusiasmo dos executivos, é preciso falar sobre resultados em nível de negócio e maximizar as suas oportunidades de efetivamente mostrar como a transformação ágil pode impactar positivamente suas necessidades e responsabilidades. Nada de falar sobre tempos de compilação, servidores e *Kanban boards*.

Para isso, identifique dois ou mais objetivos de médio e longo prazo que estejam no radar da organização e faça o dever de casa estudando como, por quanto e em quanto tempo é possível impactar esses projetos por meio da iniciativa ágil.

Torne-se capaz de sintetizar essa mensagem em uma rápida explicação de no máximo 60 segundos e repita-a como um mantra para que você seja capaz de aproveitar a próxima oportunidade de conexão com os executivos.

Seja objetivo e resumido

Como foi dito anteriormente: quando um executivo perguntar as horas, não explique como funciona um relógio. Apenas diga as horas.

Líderes executivos são ocupados, seja na agenda ou em suas mentes. Há sempre muito mais coisas acontecendo do que eles talvez queiram que você saiba. Portanto, aproveite a oportunidade para desenvolver seu poder da síntese.

No item anterior, nós falamos sobre como criar um *pitch* de elevador que você pode usar para comunicar as vantagens da iniciativa ágil. Mas não pense que acabou aí. As pessoas querem estar curiosas e interessadas no que você tem a dizer, portanto sempre que surgirem novas oportunidades de comunicar o progresso da transformação, seja simples, claro e objetivo.

Antecipe-se

Nos capítulos seguintes você conhecerá outros obstáculos comuns na jornada de transformação ágil da sua organização, e isso vai ajudar você a se manter menos reativo a esses desafios tão comuns.

Esteja atento às dinâmicas desafiadoras identificadas no ambiente organizacional e tenha consigo uma relação de cinco a dez obstáculos mais comuns que oferecem risco para o sucesso da sua iniciativa de liderança ágil. Mantenha consigo esse diário de bordo e antecipe-se elaborando diferentes perspectivas de solução para cada problema.

Executivos da alta gestão preferem conversar sobre soluções e não sobre problemas. É por isso que esse exercício ajudará a conquistar a credibilidade da liderança executiva ao demonstrar que você é uma pessoa com foco em resultados, e não em problematizações e queixumes.

A maioria dos grandes líderes executivos está disposta a reconhecer um líder aprendiz e, com a abordagem certa municiada com dados, soluções e sugestões, você poderá conquistar maior engajamento.

Conclusão

Quando existe engajamento ativo da gestão executiva da empresa, é possível habilitar e empoderar agentes da mudança que precisam exercer influência desprovida de autoridade, como os *Scrum Masters*, por exemplo. Qualquer um que tenha contato com a rotina de um time ágil sabe a força da gravidade aplicada por outras equipes e setores da empresa, fazendo com que haja atrasos ou incêndios nas fronteiras de entrada e saída do *backlog* de trabalho da equipe. Só o patrocínio executivo pode ajudar a diminuir as tensões e ansiedades nas negociações pela paz na fronteira entre a agilidade e o desperdício.

59. Comando e controle disfarçado

Rodrigo Cilento
Rafael Marcos de Araújo
Renata Castro
Sebastião Cesar Paiva

Dentre os exemplos de fracasso na liderança de times ágeis, aqui trataremos daquele que talvez tenha o maior potencial destrutivo: comando e controle disfarçado ou velado. A explicação para tamanho impacto está diretamente relacionada à extensão dos efeitos ao longo do projeto e ao sentimento de tortura causado no time.

Ok, tortura pode ter sido um pouco pesado demais: vamos tentar de outra forma. Pensemos em um time formado por mentes brilhantes, dispostas a se dedicar e a entregar os resultados esperados. Eles estão empolgados, ávidos por colocar em prática suas experiências com métodos ágeis e fazer acontecer. O gestor se apresenta como inovador e o discurso é contagiante – vamos transformar essa empresa! Entregas rápidas, com alto valor agregado, sempre respeitando os ritos, claro... – seremos referência no mercado, podem anotar...

O *Product Owner* (PO) fica meio ressabiado, mas está confiante de que dessa vez as coisas serão diferentes, porém em breve o caldo começará a entornar... veremos com mais detalhe a seguir alguns conceitos importantes para contextualizar essa armadilha e acompanhar como termina essa história.

O chefe "ágil"

A conhecida dicotomia entre liderança ágil ou tradicional reduz e simplifica demais uma discussão que, conforme acompanhamos neste livro até aqui, deve levar em consideração nuances bem mais complexas. Entretanto, há características e comportamentos fundamentais do gestor comando-e-controle-maníaco que precisam ser enfatizados a partir dessa relação binária ágil x chefe.

Impregnado pela hierarquia e pelos conceitos tradicionais da administração que zelaram durante anos pela esteira de produção, nosso gestor foi formado na escola convencional onde recursos humanos eram tratados de fato como recursos. Com a evolução tecnológica e o surgimento de ferramentas gerenciais e o foco na qualidade, mais instrumentos foram colocados à disposição para controlar os projetos.

Em uma das bíblias do gerenciamento de projetos, Harold Kerzner (2006) foi taxativo ao afirmar que "executivos não são habilitados exclusivamente a levar projetos ao sucesso, muito pelo contrário: é igualmente deles a capacidade de criar um ambiente que acarrete o fracasso". E complementa: "é também importante lembrar que os executivos podem ter motivos válidos para insistir no microgerenciamento. [...] Na maioria das empresas, a alta administração, em um primeiro momento, confia apenas em pessoas que estão no seu mesmo nível na hierarquia da empresa. [...] A delegação de poder é um processo que leva tempo e infelizmente a maioria das empresas nunca chega à concretização plena da delegação de autoridade".

Tendo como pano de fundo essa formação enraizada no comando e controle, nosso líder avança para a era do conhecimento e da economia criativa. As motivações pessoais mudaram e os liderados agora são movidos por propósito, autonomia, um vínculo que lhes permita integração plena dos objetivos da empresa com seus valores pessoais. Ele busca se atualizar, lê alguns livros e percebe que muitas empresas estão formando times multidisciplinares com foco em entregas rápidas. É natural que pense em seguir o mesmo caminho, "virando" sua equipe para o modelo ágil.

Ao tentar colocar em prática esse plano de um dia para o outro sem repensar a forma de gerenciar, inicia-se um conflito de *mindset* prejudicial tanto para o líder como para os liderados – e nestes de forma muito mais contundente, diga-se de passagem.

Diante da necessidade de adaptação, muitos gestores adotam um modelo híbrido, tentando mesclar seu método aos modelos mais modernos e colaborativos, conforme amplamente discutido na Parte II deste livro.

O "teatro da inovação"

Tendo conhecido melhor o gestor comando-e-controle-maníaco e seu *mindset* "híbrido", entramos em uma arena um tanto quanto perigosa, porém muito comum nos tempos atuais: o teatro da inovação.

Você deve conhecer alguma empresa que colou meia dúzia de adesivos nas paredes, liberou o traje informal e colocou uma piscina de bolinhas na sala de reunião esperando que com isso seus projetos se tornassem ágeis. Pois é, esse é o *habitat* ideal para a proliferação dos líderes comando-e-controle-velado. Se não há um processo corporativo estruturado de mudança da cultura, muitas organizações mergulham nesse teatro de superficialismo e aparências.

Tem *Kanban* para todo lado, é design disso, design daquilo, mas no final do dia ainda se exige o controle das atividades de cada membro do time diariamente. As prioridades são alteradas no meio da *sprint* sem discussão com o time e começam a ocorrer interações com o time de desenvolvimento sem a presença do *Product Owner* (PO). E, enfim, o ágil é interpretado como "para ontem". O time deixa de ser autogerenciável, perde autonomia, é pressionado e passa a operar sob a ótica do medo. As declarações do gestor já não são as mesmas: "o que eles vão entregar hoje? Não dá para esperar o final da *sprint*, precisamos entregar esta funcionalidade na próxima semana, preciso levar alguma novidade para o presidente... se os resultados não aparecerem precisaremos cancelar essa coisa de ágil... não está funcionando".

Aqui começa um declínio moral do time, muitas vezes irreversível. Reuniões diárias são ensaiadas para que não se diga nada comprometedor na frente do PO. Muitas vezes é preciso fazer mais de uma, para que se possa discutir abertamente os impedimentos. As intervenções do PO, que atua sob forte pressão do gestor maníaco, acabam impactando a produtividade do time e os resultados começam de fato a degringolar.

Ao ser questionado, o gestor mantém a postura de inovador e garante que a empresa está se adaptando, cada time tem sua própria dinâmica e que é preciso engajar mais os *stakeholders*. Com o passar do tempo, a distância entre o discurso e a prática vai aumentando, os resultados passam a ser questionados e a tendência é que a equipe seja desmobilizada. Antes que isso aconteça, todos passam a operar em modo automático, fazendo o que é determinado, e predomina um clima de estagnação, como veremos a seguir na narrativa de um caso real.

Case: comando e controle disfarçado

Veja esse caso real acontecido em uma grande empresa brasileira que está passando pelo seu processo de transformação digital e adoção de metodologia ágil através de um *framework* escalado.

Para contextualizar a operação onde se dará o caso: um *release train* com vários *squads*, todos possuindo PO e SM. Mas a companhia ainda é majoritariamente *top-down*, existe um comitê semanal onde o CEO se reúne com todos os seus diretores para que as decisões sejam tomadas e as novas ideias sejam levantadas.

Tudo começou com uma nova necessidade de uma importante área de negócio, que desejava melhorias e adequações dos sistemas e processos para um produto, ou seja, diversas *features* novas que precisavam ser entregues – por vários *squads* – para que essa nova necessidade de negócio fosse desenvolvida, testada, homologada e implantada e mudasse a forma de utilização do produto. Todas as adaptações de processos da operação deveriam ser acordadas e modificadas.

Pois bem, a necessidade surgiu como um mero desejo, uma ideia que iria ajudar a fomentar a utilização do produto e sua venda e prospecção seriam mais fáceis, e assim aumentaria a receita mensal e o número de clientes da solução. Também por unanimidade entre os clientes do projeto estava a ambição de que esse novo mecanismo iria facilitar o batimento tanto das metas comerciais quanto financeiras. Ressaltamos que todo esse desejo não estava embasado em nenhuma métrica, não havia nenhum estudo, gráfico, *dashboard* ou planilha que mostrasse que a iniciativa tinha um percentual elevado de sucesso ou não. Não foi realizada nenhuma forma de teste de hipóteses e validação das ideias.

A adaptação era complexa e não só envolvia as áreas de negócio da empresa como também áreas de apoio, em uma operação compartilhada com: jurídico, financeiro, fiscal, contábil, RH, etc.

Começaram os levantamentos de ideias somente com os *reports* diretos do CEO, e ali surgiram algumas possibilidades. Em todas elas sempre havia um detalhe que os fazia voltar à estaca zero. Aventuraram inúmeras possibilidades, mas em todas elas as mudanças sempre seriam muitas, e bem complexas. Dessa forma, um cronograma inicial sempre indicava vários meses de desenvolvimento, e havia pressa para que a solução fosse logo entregue.

Diante da dificuldade de um denominador comum para a empreitada, foi discutida a adoção de alguma técnica de descoberta e ferramenta para facilitação de criação de *backlog* e entendimento das necessidades com todos os envolvidos para a criação da melhor solução. Assim sendo, foi marcada uma sessão de *Google Design Sprint* para que esse grupo heterogêneo e de diversos especialistas fosse ouvido e juntos chegassem a uma solução adequada.

Após os dois dias em que todos ficaram imersos no problema, surgiu uma solução que agradou a todos e que atendia às necessidades iniciais e ao processo regulatório também, mas a solução ainda continuava complexa, pois o problema era realmente muito complexo e delicado.

Quando a proposta de solução foi apresentada para o CEO e foi dada uma ideia de prazo inicial junto com as mudanças que deveriam ser feitas nos processos da operação, a proposta foi negada. O que foi decidido e escolhido como sendo a solução colaborativa no *Design Sprint* foi descartado.

Diante desse cenário, voltou-se à etapa zero, ao dia 1. Começaram todas as discussões novamente com toda a diretoria comandando e controlando o que deveria ser feito e como.

A solução desenhada, como já dito, é complexa, mas agora virou um monstro híbrido, onde os times já não enxergam os ganhos, não estão motivados e simplesmente estão desenvolvendo *features* que chamamos de "empurradas" (do jeito que vieram), e não "puxadas", como deveriam ser.

Infelizmente, o comando e controle não está nem disfarçado: a adoção de uma metodologia ágil em escala está parecendo a mesma forma antiga de trabalhar, só que com nomes bonitinhos, *post-its* e salas coloridas.

Evitando o naufrágio

Antes que tudo esteja perdido é possível traçar um plano para recuperação do projeto e do time, claro. Um detalhe, porém, torna-se central nessa correção: o gestor comando-e-controle-maníaco está ciente dos danos que causou? Ou mantém o disfarce proposital e intencionalmente, pois é assim que sabe/gosta de trabalhar? Se o arrependimento não for sincero, vai ser difícil resgatar a empolgação e a confiança lá do início do capítulo... é mais provável que o time seja desfeito e um novo grupo de torturados seja selecionado para dar início a mais um ciclo de insucesso.

Se estiver de fato consciente dos erros cometidos, a história pode servir inclusive de lição aprendida, uma referência de aprendizado para que possam seguir em frente sem ressentimentos. Uma figura será fundamental nesse resgate: o *Scrum Master*. Através dele os papéis do time poderão ser novamente conciliados e os ritos replanejados para que cumpram seu propósito original. Esse processo vai exigir muita maturidade e resiliência, mas é um caminho viável para se consertar o estrago inicialmente causado.

Para uma transição efetiva de *mindset*, nosso gestor deve abandonar o comportamento "tarefeiro", explorando mais o compartilhamento e a persuasão e evitando o microgerenciamento do time. Na verdade, muito mais que gerenciar, ele deve passar a liderar de fato o grupo. Ser cada vez mais líder e menos chefe. O engajamento definitivo do time virá com uma adesão real do gestor ao modelo ágil, removendo seu disfarce e abraçando o papel de *coach*, estimulando a colaboração e a interação de todos na busca por soluções mais adequadas e não impondo sua decisão. Seu principal objetivo deve ser empoderar o time e facilitar o caminho para que atinjam o mais alto grau de performance. Agindo assim, os resultados aparecerão naturalmente.

60. Métodos acima de pessoas

Paulo Alves
Cristina Garcia Moreira

Outro erro que também é muito comum de ser cometido por lideranças, principalmente durante a fase de transformação ágil, é considerar as metodologias mais importantes do que as pessoas envolvidas no processo. Esse erro ocorre porque, normalmente, o primeiro contato com a agilidade se dá por metodologias que são explicadas e ensinadas de forma bem prescritiva e com um bom embasamento teórico e prático, o que faz com que os times inexperientes sigam essa prescrição à risca sem deixar aberturas para ouvir as pessoas e atender às suas necessidades no processo, desrespeitando, assim, um dos valores do Manifesto Ágil, "indivíduos e interações mais que processos e ferramentas".

Esse equívoco é tão comum que levou um dos signatários a se manifestar e tentar mudar um pouco a direção que a "agilidade" estava tomando, como Alistair Cockburn com o movimento *Heart of Agile* e também o surgimento de outros movimentos como o *Modern Agile*.

> *Modern Agile é ultraleve, o oposto do Manifesto Ágil, que está se afogando no emaranhado de ferramentas empresariais, estrutura de escala e certificados questionáveis, que produzem mais burocracia do que resultados.*
>
> *Joshua Kerievsky*

Esses movimentos foram criados a partir de uma preocupação com o rumo que a agilidade estava tomando e com a necessidade de que o foco fosse voltado para a essência que deu origem ao manifesto.

Heart of Agile

Em *Heart of Agile*, Alistair Cockburn, para voltar à essência, simplificou duas décadas de práticas em apenas quatro palavras, embora elas possam se desdobrar em diversas ações:

- ✓ **Colabore:** com as pessoas para gerar e desenvolver melhores ideias iniciais. Comunique-se frequentemente para facilitar as transições.
- ✓ **Entregue:** pequenas ondas inicialmente para aprender como o mundo realmente funciona. Expanda as entregas à medida que aprende a prever e influenciar os resultados.
- ✓ **Reflita:** periodicamente, ao longo do caminho. Pense no que aprendeu em sua colaboração e em suas entregas.
- ✓ **Melhore:** a direção de suas ideias, sua implementação técnica e seus processos internos.

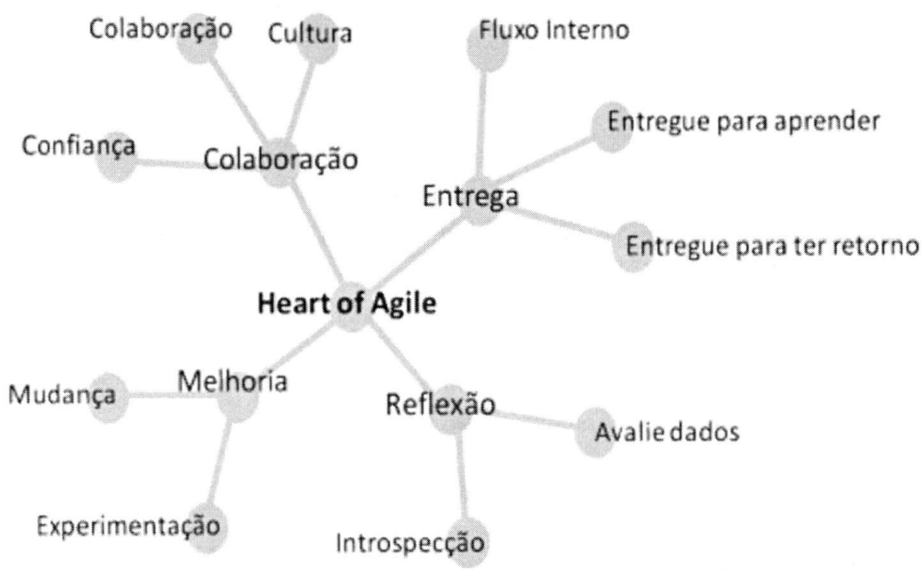

Figura 60.1. *Heart of Agile*.
Fonte: adaptado de Heart of Agile, s.d.

Modern Agile

Já Joshua Kerievsky, em *Modern Agile,* utilizou alguns princípios para mudar a direção que o mercado está tomando, conforme consta no Capítulo 6:

- ✓ Torne as pessoas incríveis.
- ✓ Entregue valor de forma contínua.
- ✓ Tenha a segurança como um pré-requisito.
- ✓ Experimente e aprenda rapidamente.

Como evitar este erro

A melhor forma de se evitar esse erro é, no surgimento de qualquer dúvida ou questionamento dentro de um processo, retornar ao manifesto ou a um desses movimentos citados e verificar se a metodologia está realmente atendendo aos princípios e valores, além de assegurar que ela está de fato trazendo melhoria para o time e as pessoas, e não apenas sendo processos burocráticos que podem deixar o time menos ágil.

61. Não permitir experimentações e falhas

Mauricio Moreira da Silva
Cristina Garcia Moreira

Nenhum de nós gosta de falhar. Cometer erros e reconhecê-los como oportunidade de aprendizado para melhoria contínua não é algo fácil de se aplicar em nossas vidas. Agora vamos levar esse conceito para dentro das organizações. Fica mais difícil ainda quando as empresas não aceitam e não reconhecem as falhas como parte do processo para gerar aprendizado e melhoria contínua.

Quando a cultura organizacional está baseada em modelos e processos rígidos, onde não há transparência e *feedback* em relação aos erros – e o pior: quando a cultura é de punição –, acaba-se criando um ambiente extremamente improdutivo, principalmente quando a criatividade é fator fundamental para crescimento e evolução.

O principal ponto de conexão neste capítulo é em relação à experimentação e às falhas, pois em um mundo cada vez mais dinâmico, onde as incertezas e volatilidades fazem parte do nosso dia a dia, para conseguirmos gerar valor aos nossos clientes devemos praticar a experimentação e validar hipóteses, sabendo que iremos falhar em alguns momentos, porém reconhecendo as falhas, aprendendo e evoluindo continuamente com melhores soluções.

Empirismo e métodos ágeis

O empirismo é uma corrente filosófica cujo nome se origina da palavra grega *empeiria*, que significa experiência.

O termo foi definido pela primeira vez em 1690 de uma maneira formalizada e conceitual pelo inglês John Locke na obra "Ensaio Acerca do Entendimento Humano".

No empirismo, a razão tem o papel de organizar os dados empíricos obtidos pela via sensorial: "nada pode existir na mente que não tenha passado antes pelos sentidos".

A veracidade de um fato deve ser verificada por meio dos resultados de experiências e percepção sensorial.

Interessante notar que o conceito primário do empirismo é o que guia a base de diversos métodos ágeis que temos hoje. Para um produto ou serviço desenvolvido com abordagem ágil, no início do projeto o esforço maior é despendido na lista de problemas que queremos resolver. Nas iterações iniciais, algumas soluções para esses problemas são implementadas ou desenvolvidas. A cada ciclo ou iteração o conhecimento sobre os problemas a serem solucionados aumenta através da experimentação, e novos insumos são gerados para melhorarmos o produto ou serviço.

O planejamento de projetos com abordagem ágil também é baseado no empirismo, pois as equipes elaboram estimativas de tamanho ou complexidade com base em experiências adquiridas ao longo do trabalho em projetos anteriores, logo, podemos concluir que tanto a execução como o planejamento de projetos ágeis utilizam conceitos do empirismo.

Não é objetivo deste capítulo entrar em muitos detalhes sobre o empirismo ou métodos ágeis, mas somente contextualizar que os métodos ágeis possuem uma relação com essa linha de pensamento. O sucesso ou não da aplicação desses métodos depende de um entendimento mínimo das ideias que estão por trás do empirismo.

O valor da falha para os métodos ágeis

Os métodos ágeis são empíricos. O conhecimento é adquirido através da experimentação e consequentemente das falhas, que acabam fazendo parte do processo, já que, para adquirirmos conhecimento, é natural que as falhas ocorram.

Isso não quer dizer que a falha deva ser tratada de forma displicente. Ela deve gerar insumos para melhorias no processo, sejam melhorias técnicas ou comportamentais (por exemplo, relacionadas à construção de um produto, desenvolvimento de software ou mesmo prestação de um serviço).

Se uma empresa não permite a experimentação e não aceita a falha dentro do seu processo de trabalho, dificilmente será possível atingir bons resultados utilizando métodos ágeis, cuja base é o empirismo.

A liderança ágil precisa estar atenta ao valor das falhas, saber ouvir de verdade mais do que falar, conseguindo dar *feedback* sem condenar os erros ou punindo as pessoas pelas falhas. É preciso que haja realmente cooperação dentro das equipes através de uma comunicação eficiente e não violenta.

Punição às falhas limita a criatividade

Uma das maiores dificuldades das empresas em aplicar uma filosofia ágil nos processos de trabalho e na relação entre as pessoas é ainda ter fortemente enraizada uma cultura organizacional de punição ou baixa tolerância a falhas.

Quando isso ocorre, a criatividade acaba ficando limitada, pois o medo de errar limita a capacidade das pessoas de sugerir novas ideias e também de pensar de maneira diferente. As pessoas ficam presas a velhos comportamentos e acabam se limitando a fazer o trabalho de forma apenas satisfatória, ou seja, o suficiente para se manterem seguras em seus postos de trabalho.

Pior ainda quando esse medo da punição faz as pessoas esconderem as falhas em vez de compartilhá-las para gerar aprendizado e melhorias. Nessa situação, não podemos melhorar ou corrigir, pois simplesmente não sabemos onde está o problema.

Esse comportamento é extremamente tóxico em um ambiente onde a criatividade e a inovação deveriam ser exercidas para que a empresa consiga se manter em um mercado cada vez mais competitivo.

No processo ágil, a liderança deve visualizar as falhas como grandes oportunidades de melhorias, tanto em relação à criação de produtos ou serviços como para melhoria de processos, e não como combustível para punição. Encorajar as pessoas a assumir certos riscos em um ambiente saudável, onde o erro é transformado em insumo para novos aprendizados, é o caminho para estimular o processo criativo dos colaboradores, fortalecendo os processos de inovação.

A mudança desse paradigma da punição pelo erro e do medo de falhar deve ter como exemplo a liderança ágil, que também está aberta a assumir e reconhecer seus próprios erros, aprendendo e evoluindo de forma contínua.

Porém, é importante frisar que esse pensamento deve estar suportado por um processo ágil de desenvolvimento, independente de tecnologia, com ciclos de desenvolvimento e entregas curtos, justamente para controle do risco das falhas, através de um processo de *feedback* e testes frequentes.

Não estimular experimentações e compartilhamento de ideias

Um dos pontos mais importantes no processo de desenvolvimento ágil de novos produtos ou serviços é estimular as pessoas a expor novas ideias e poder validá-las em um ambiente aberto a experimentações e *feedback* rápido e frequente.

Nesse contexto, uma liderança ágil tem papel fundamental no empoderamento das pessoas para pensar e agir de forma criativa, sem medo de punições, caso a experiência não seja, a princípio, bem-sucedida.

Na contramão desse pensamento, empresas que não permitem de forma aberta experimentações e *feedbacks* rápidos e frequentes de novas ideias de seus colaboradores acabam ficando presas em seus velhos paradigmas e modelos de trabalho e consequentemente correm sério risco de ficar para trás e serem engolidas pela concorrência, independentemente do ramo de atuação.

É claro que a mudança de *mindset* em empresas com esse modelo tradicional não ocorre da noite para o dia. É necessária uma liderança ágil alinhada com a estratégia da organização que ofereça ferramentas e recursos para o empoderamento de seus colaboradores.

Dentro do mundo do desenvolvimento de software, por exemplo, diversas iniciativas ágeis podem ser consideradas processos importantes para estímulo a experimentações e *feedbacks* frequentes.

Processos ágeis de qualidade de software estimulam a transparência e o trabalho colaborativo entre diferentes papéis e perfis de colaboradores, auxiliam no processo de experimentação e validação frequente e trazem a curto prazo uma cultura de qualidade que acaba refletindo diretamente na qualidade dos produtos criados ou serviços prestados.

A preocupação com qualidade é um dos pontos mais importantes em uma cultura ágil. Trabalhar com ciclos curtos no desenvolvimento permitirá que falhas sejam identificadas rapidamente e consequentemente tratadas e corrigidas nos ciclos subsequentes. Esse cenário já é de grande auxílio para que a cultura da experimentação e do aprendizado com os erros seja implantada de maneira mais fácil.

Dentro desse conceito de experimentação, quanto mais cedo os problemas ou falhas forem identificados, menor será o impacto. Mas, para isso funcionar, é importante a aplicação dos princípios e valores da agilidade, bem como dos processos dos *frameworks* ágeis utilizados.

É importante que a liderança ágil das organizações esteja atenta a esses processos ágeis, que irão garantir uma maior segurança para os colaboradores poderem praticar as experimentações com ciclos curtos e frequentes de validação, sendo suportados por processos e ferramentas robustas, não se limitando ao cenário de desenvolvimento de software, mas podendo ser aplicados a diversas áreas.

A liderança como exemplo

Quando a liderança não reconhece seus próprios erros, acaba fortalecendo a cultura do medo de errar dentro das organizações. Portanto, o primeiro passo para a mudança desse paradigma é uma liderança transparente, que reconheça seus próprios erros e mostre para os demais colaboradores a importância do aprendizado e da melhoria contínua com as suas próprias falhas.

Quando há transparência da liderança em relação às suas próprias falhas, o compartilhamento das ideias dentro das equipes gera importantes oportunidades de melhorias de processos, produtos ou serviços. Esse comportamento vai ficando cada vez mais enraizado na cultura das organizações, gerando mais segurança para que todos se comuniquem da forma mais transparente possível e os erros passem a ser encarados com mais naturalidade, pois todos sabem que irão gerar discussões para melhorias e novos aprendizados.

Porém, o contrário ocorre quando a liderança não segue essa linha da transparência: a cultura do medo de errar se fortalece, a produtividade fica limitada e a criatividade de seus colaboradores diminui.

Identificar e celebrar as falhas como oportunidades de melhorias é algo que deve fazer parte do dia a dia das organizações. Nós aprendemos com a experiência – e mesmo que a experiência não seja bem-sucedida, sempre resultará em aprendizado.

A liderança ágil, com perfil de liderança servidora, é a que mais se encaixa nesse modelo, pois deixa de ser uma liderança com perfil de comando e controle e passa a ser inspiradora, transparente e aceita as falhas como parte do processo de experimentação.

A filosofia ágil estimula a experimentação e a aceitação das falhas como parte do processo de criação e desenvolvimento, mas é importante notar que as falhas passam a ser relevantes no processo se forem realmente consideradas para a melhoria e o aprendizado contínuo. É por esse motivo que uma liderança ágil, alinhada com os valores e princípios da agilidade, é fundamental para uma jornada bem-sucedida.

62. O problema da falta de escutatória

Roberta Ferreira
Cristina Garcia Moreira

Escutatória é a habilidade de **ouvir de verdade, prestar atenção de forma integral** em alguém, levando em consideração estar inteiro no momento da fala. Por diversas vezes alegamos que estamos atentos à fala do outro, mas torcemos para que o interlocutor acabe sua fala ou faça um breve resumo, e quando o outro acaba de falar, sequer é possível fazer conexão com o assunto, pois a atenção está completamente desviada.

Segundo Rubem Alves (1999), a escutatória é a arte de escutar. Em linhas gerais, todo mundo quer aprender a falar, mas ninguém quer aprender a ouvir. Nesse mundo tão acelerado que estamos vivendo muitos querem aprender a falar, desenvolver a arte da oratória, mas e a arte de ouvir? Escutar é complicado e sutil. Não basta ter belos pares de ouvidos para ouvir o que é dito, é preciso escutar, compreender o que o outro fala na mesma sintonia do que é sentido, de forma que a empatia o torne um bom escutador e não apenas um ouvinte. A capacidade de escutar o outro está ligada ao seu emocional e expressamente ligada ao controle das suas emoções. Ao falar, nem sempre as pessoas se sentem seguras e ficam preocupadas em demonstrar isso a quem escuta. É importante, como escutador, que você permita que as pessoas se expressem de forma confortável.

Princípios como humildade e empatia precisam estar atrelados quando estamos falando de liderança, pois isso faz com que o liderado se sinta acolhido. A escuta ativa é mais do que necessária nos tempos atuais, e o domínio dessa habilidade é um dos grandes trunfos para a liderança. O líder atual precisa estar atento aos seus colaboradores a fim de que seja possível captar ao máximo as suas participações e iniciativas para aproveitá-las de modo estratégico. É importante ressaltar que a escuta ativa requer do líder concentração focada e empatia. Quanto mais os líderes entenderem os seus liderados, melhor e mais eficaz será a sua liderança, visto que compreender o próximo é um dos itens que não podem faltar no leque de habilidades do líder.

Escutar ativamente é a maneira mais democrática de exercer a liderança e muda completamente o cenário autoritário que cerca o tema líder x liderado, uma vez que o diálogo é incentivado e propicia a ambas as partes desenvolverem um relacionamento amistoso e de parceria. No livro "Leader Effectiveness Training", escrito em 1977, o psicólogo Thomas Gordon afirma que "a escuta ativa certamente não é complexa. Os ouvintes precisam apenas reafirmar, em sua própria linguagem, sua impressão sobre a expressão do interlocutor. Ainda assim, aprender a exercer bem uma escuta ativa é uma tarefa bastante difícil".

Peter Drucker, considerado o pai da administração moderna, dizia que "o mais importante na comunicação é ouvir aquilo que não foi dito". As entrelinhas escondem percepções não faladas e podem desvendar situações e resolver problemas antes não observados e por vezes até mesmo evitá-los.

Grande parte das discussões sobre o tema liderança recai sobre a pergunta: "quais habilidades um líder necessita ter para exercer sua atividade com eficácia e efetividade de resultados?". Pode-se dizer que a habilidade mais difícil de ser desenvolvida, e que faz um líder ter grande destaque, é a escuta ativa. No Capítulo 21 – Liderança eficaz: cinco regras do código de liderança – você poderá encontrar mais detalhes sobre as demais habilidades necessárias.

Os efeitos da boa escuta são cruciais. Os ouvintes percebem a oportunidade de expressar com mais clareza os pensamentos e sentimentos. **Escutar é uma habilidade**. As pessoas se sentem incluídas, valorizadas e confortáveis para expor seus pensamentos e demonstrar seus anseios.

Peter Senge, em seu livro "A quinta disciplina" (2018), traz uma visão disruptiva que nos ajuda a entender como a informação do mundo está crescendo de forma exponencial, sendo grande parte dela extremamente complexa. Em suas palavras, "talvez pela primeira vez na história, nós seres humanos estamos recebendo mais informações do que somos capazes de absorver".

É importante tratar o outro de forma que ele consiga se comunicar sem a sensação de opressão, mas com o conceito de ambiente seguro. Todo ser humano é importante e deseja ser ouvido e interpretado de modo correto. Sabemos que isso não é um processo fácil de ser observado, e para tanto foram listados a seguir alguns pontos que precisam ser devidamente observados:

- ✓ **Empobrecimento da atenção.** É através da concentração que nos tornamos atentos. No mundo atual, estamos cada vez mais carentes de habilidades nativas e sedentos de habilidades que necessitam ser desenvolvidas. Desenvolver *soft skills* é fator decisivo para líderes inovadores.

✓ **Sinais verdes e vermelhos.** Existem três tendências naturais que atrapalham nossos relacionamentos:
  - **Dominância:** tendência natural a querer ter razão.
  - **Indiferença:** tendência natural a querer pensar pelo outro.
  - **Submissão:** tendência natural a querer se diminuir.

✓ **Pontos de vista.** Cada indivíduo possui uma percepção em relação à determinada coisa; desse modo, nada mais justo que observar todas as percepções.

✓ ***Storytelling*.** Escutar é uma arte, porém contar boas histórias também é, conforme já visto no Capítulo 51. Garanta que ao contar suas histórias você está levando o leitor a uma jornada. Como diria o autor Neil Gaiman, "histórias lidas no momento certo jamais o abandonam. Você pode esquecer o autor ou o título. Pode até não lembrar precisamente o que aconteceu. Mas se você se identifica com uma história, ela continua com você para sempre".

✓ **Julgamentos ao ouvir.** Tenha empatia, coloque-se na dor do outro e não apresente julgamentos acerca do seu interlocutor. Cada pessoa possui uma percepção das situações, não subestime o sentimento alheio. Cada ser humano é único.

✓ **Interrupções na fala do outro.** Permita que o interlocutor se pronuncie de modo confortável, sem interrupções. Dar importância à fala altera o sentimento de quem se pronuncia. Não conclua a fala do outro, deixe-o se expressar.

✓ **Apresentar soluções.** Não julgue. Ouça as pessoas sem interromper, atentamente, a fim de que seja possível ao interlocutor finalizar e propor soluções.

✓ **Não se distraia.** Foque no momento em que está conversando com alguém, não se distraia. Esteja presente.

✓ **Demonstre interesse.** Direcione perguntas e mostre interesse real acerca do problema no qual você está exercendo o papel da escuta. Estamos vivendo conectados praticamente o tempo todo, porém é bem verdade que estamos mais distraídos. Olhar o próximo e dar a atenção devida à fala das pessoas cria elos. No Capítulo 63 (Sociedade distraída) você pode encontrar mais informações sobre o assunto.

Por fim, em tempos disruptivos e de tecnologia avançando de maneira exponencial a cada dia, é necessário desenvolver e treinar constantemente habilidades inter-relacionadas, comunicação efetiva, bem como a escuta ativa. Elas são balizadoras de um líder. Somos estimulados desde pequenos a sermos apenas faladores, e isso é uma habilidade comportamental que permeia os séculos. Portanto, fica o convite para que você pratique a escutatória, fortalecendo essa competência que irá favorecê-lo no papel de liderança.

63. Sociedade distraída

Andreia Rodrigues Azevedo
Cristina Garcia Moreira
Neide Lúcia de Oliveira Almeida

O sociólogo e antropólogo Edgar Morin (1985), um dos maiores pensadores da contemporaneidade, afirmou que, em um mundo em constante transformação, era preciso não apenas falar em ordem, mas, igualmente, entender a concepção do caos, da desordem. Em pleno século XXI, tempos em que a tecnologia assume o protagonismo e transforma as relações humanas e profissionais, mais do que nunca é preciso assumir a incerteza e a inquietude (RÖSING; FALCI, 2004).

Vivemos hoje na sociedade do desempenho, caracterizada pelo excesso de positividade, superprodução, superdesempenho e supercomunicação (HAN, 2015). O excesso de positividade, diz Han (2015), se manifesta também como o excesso de estímulos, informações e impulsos. Na era do compartilhamento, onde a multiplicidade de mensagens, notificações e notícias chega a todo tempo e de todo lugar, não só é fácil acreditar que tudo é importante, essencial e urgente, como também é comum duvidarmos da veracidade da origem de muitas delas. Selecionar o que será absorvido e gerenciar ações tomadas, a partir desse incrível volume de conteúdo com que somos bombardeados a todo instante, é tarefa bastante complexa. Liderar nesse ambiente requer ainda mais habilidades do que há pouquíssimas décadas.

Em posições de liderança, trafegamos sempre em uma via de mão dupla: de um lado, estão os que nos fornecem as informações que precisamos para executar algo; de outro, aqueles aos quais repassaremos as informações necessárias para cumprirem suas tarefas. Usando cada vez mais ferramentas para acompanhar e dar respostas rápidas e precisas a tudo que acontece, seja através de telefonemas ou de e-mails, aplicativos de mensagens ou redes sociais, nos tornamos protagonistas e antagonistas dos reflexos causados por todo esse fluxo e troca de informação.

Passou a ser 'normal' desenvolvermos atividades rotineiras automaticamente, sem nos darmos conta de como ou quando as fizemos. O ritmo diário de grande parte das pessoas e a capacidade de sermos 'multitarefas', fomentado pela tecnologia e pelo mundo digital, quase não nos permite parar. Se não bastassem as demandas acadêmica e profissional, estar 'antenado' para sentir-se 'incluído', hoje em dia, é saber sobre tudo e sobre todos, inclusive nas esferas pessoal, social e até política. Tudo ao mesmo tempo, agora! Nascem assim os *multitaskers* – pessoas que habitualmente se dedicam a mais de uma tarefa simultânea, distraem-se com grande facilidade e são menos hábeis em ignorar informações irrelevantes.

Os 'e se...', a curiosidade crescente com tantas possibilidades globalmente compartilhadas e as questões sobre como a realidade pode vir a ser acabam por aumentar nossa ansiedade, em uma busca insaciável por algo totalmente novo, sem ao menos nos darmos conta do que ocorre. A redução da atenção e da capacidade contemplativa cede vez à hiperatividade (HAN, 2015).

Dispondo de uma quantidade exagerada de opções e diante da incapacidade de estabelecer ligações profundas e/ou intensas, a liderança ágil precisa identificar esse comportamento e buscar meios de gerenciar não apenas a sua atenção, mas, igualmente, tudo aquilo que pode causar a distração do seu time.

Características da sociedade distraída que podem impactar na liderança

- ✓ **Ter indivíduos *multitaskers*:** "as pessoas que costumam fazer muitas coisas ao mesmo tempo são as piores em fazer muitas coisas ao mesmo tempo". Esta é a surpreendente conclusão de pesquisadores da Universidade Stanford. "A grande descoberta é que, quanto mais mídias as pessoas usam, piores elas são ao utilizar qualquer mídia. Ficamos totalmente chocados", disse Clifford Nass, professor do Departamento de Comunicação de Stanford (OPHIR; NASS; WAGNER, 2009). Os pesquisadores estudaram 262 estudantes universitários, dividindo-os em grupos de alta concentração de tarefas e baixa concentração, comparando coisas como memória, capacidade de passar de uma tarefa para a outra e capacidade de focalizar na tarefa imediata. As descobertas são descritas no periódico *Proceedings of the National Academy of Sciences* (2009). Quando essas capacidades básicas foram mensuradas, as pessoas que mantinham uma grande concentração de tarefas, ou *multitasking*, não obtiveram uma pontuação tão boa quanto os demais.
- ✓ **Ter indivíduos com tendência à procrastinação:** procrastinar é a ação de adiar a realização de uma tarefa que precisa ser concluída. O psicólogo Timothy

Pychyl, da Universidade Carleton, resume o ato de procrastinar da seguinte forma: "você sabe o que deve fazer e não é capaz de fazer. É uma lacuna entre intenção e ação" (SIROIS; PYCHYL, 2016). De forma inconsciente ou consciente, pratica-se o ato de procrastinar. A tarefa mais difícil é adiada, sendo substituída por outra mais fácil e prazerosa ou até mesmo optando-se por não fazer nada. Isso se dá devido ao fato de o cérebro humano ter a tendência a preferir a recompensa imediata; ou seja, quando a tarefa traz recompensas futuras que precisam de muita dedicação no presente, ele tem a tendência de refutar a realização dela.

- ✓ **Ter indivíduos que fazem uso do celular de forma não controlada:** as redes sociais e os aplicativos de mensagens emitem notificações a todo momento. Caso a equipe pare a todo instante para verificá-las, não será possível manter o foco, resultando na perda da linha de raciocínio. Dessa forma, o tempo para a conclusão de uma atividade é significativamente impactado devido a essas interrupções.
- ✓ **Ter excesso de informação:** vivemos em um mundo com uma grande quantidade de informações disponíveis e somos frequentemente bombardeados com notícias através de sites, *podcasts*, aplicativos, redes sociais e TV. Em julho de 2019, a empresa norte-americana Domo lançou a sétima edição da pesquisa *Data Never Sleeps*, ou "os dados nunca dormem", na qual fica evidenciado o quanto de dados são gerados a cada minuto nas principais redes sociais do mundo, nos dando a dimensão dessas ferramentas e o quanto de informações estamos gerando a cada 60 segundos.
- ✓ **Ter indivíduos cujos pensamentos e preocupações atrapalham a concentração:** o cérebro humano não para de processar informações. Pensamentos sempre passam pela cabeça do indivíduo, porém, quando há um desequilíbrio desses pensamentos e as preocupações passam a controlar, a concentração é impactada diretamente. Com a globalização sendo a nova referência, o efêmero, o vazio e a crise iminente rondam nossos pensamentos. "As tecnologias da informação encolhem o espaço. Nada mais parece impossível e cresce o sentimento de impotência diante dos impasses, da instabilidade e da precariedade das conquistas. O homem atual sente-se sem rumo" (DUPAS, 2014, p. 125).

Como evitar que a distração impacte na liderança

- ✓ **Pratique o *mindfulness*:** *mindfulness* é uma técnica de meditação que tem como princípio o ato de focar a atenção no momento presente, sem qualquer julgamento. Aqui, as palavras-chave são intenção, ausência de julgamento e experiência dos vários momentos. Adotar esta prática através da meditação não é algo novo e sua origem remonta às práticas budistas, com mais de 2.500 anos. Em 1979, o *mindfulness* começou a ser aplicado como prática terapêutica pelo médico Jon Kabat-Zinn e, em 2001, Mark Williams, John Teasdale e Zindel V. Segal desenvolveram uma terapia cognitiva com base no *mindfulness* (*Mindfulness-Based Cognitive Therapy* – MBCT). A prática de *mindfulness* traz benefícios quando a inserimos em nossa rotina, tais como:
  - Demonstração de mais autocontrole.
  - Mais objetividade.
  - Mais tolerância.
  - Aumento da capacidade de concentração.
  - Demonstração de maior inteligência emocional.
  - Diminuição do ritmo do batimento cardíaco.
  - Redução da pressão sanguínea.
  - Relaxamento dos músculos, ao mesmo tempo em que a tensão é libertada.
- ✓ **Mantenha o foco nas atividades, realizando-as uma por vez:** O líder é acionado pela equipe, pelo gestor direto a quem reporta, por clientes e por pessoas de outros setores, a todo momento. Porém, é necessário que o líder estabeleça prioridades, realizando uma atividade por vez e delegando aquelas que podem ser executadas por seus liderados. Não há problema em pedir que alguém aguarde você terminar uma atividade. Existem situações que podem requerer uma intervenção imediata, mas o importante é saber gerenciar as prioridades, as urgências e as emergências.
- ✓ **Controle o uso do celular, desativando as notificações:** os aplicativos possuem opções para gerenciamento das notificações. Obviamente, essas notificações são originalmente ativadas logo que os instalamos, visto que o objetivo do desenvolvedor é que seja acessado de forma frequente, mas é possível e recomendado que sejam desativadas.
- ✓ **Evite verificar o e-mail corporativo a todo momento:** o e-mail, apesar de muito importante e amplamente usado no mundo corporativo, não é o tipo de comunicação da qual se espera visualização e resposta instantânea. Logo, reservar momentos do dia para checá-lo é natural e esperado de quem precisa manter o foco em atividades que requeiram atenção e atuação imediata.

- ✓ **Organize sua mesa, sua agenda e faça uma lista de prioridades:** a organização é um requisito essencial para que o líder consiga cumprir as inúmeras responsabilidades que possui. Começar um dia de trabalho organizando sua mesa fará com que você evite a distração ocasionada pela poluição visual. Da mesma forma, ao chegar, prepare uma lista com as atividades e os compromissos do dia, elencando-os por grau de prioridade. Essa providência é de grande utilidade para a manutenção do foco no que é mais urgente. Assim, evita-se o desperdício de tempo com atividades e compromissos não relevantes.
- ✓ **Realize pequenas pausas durante o horário de trabalho:** Recomenda-se realizar pequenas pausas, de até cinco minutos, em intervalos regulares, durante o dia para evitar a sobrecarga do cérebro. Longe de se confundir com inquietude, essa prática contribui para o relaxamento, evitando a depressão, o estresse e o *burnout*, consequências patológicas do excesso de exigência do alto desempenho.
- ✓ **Aprenda a dizer não e a negociar prazos:** assumir prazos inviáveis aumenta a pressão, o que pode comprometer a conclusão da atividade no prazo estabelecido. Estabelecer metas factíveis e passíveis de ser cumpridas é essencial para o atingimento dos objetivos coletivos.

Tenha em mente que uma organização, seja ela familiar ou global, precisa de líderes mais humanos e mais atentos a si e aos seus times, que eliminem barreiras e que favoreçam a interação e a cooperação entre todos. Para isso é fundamental manter o foco e a organização das demandas.

64. *Mindset*: o componente do sucesso e do fracasso

Andresa Fogel
Luciana Lemos
Luciana Nunes
Rafael Marcos de Araújo

De acordo com Dweck (2017), *mindset* diz respeito a uma certa mentalidade constituída de crenças e pensamentos que são cultivados e que determinam o modo de se comportar, lidar com as mais diversas situações, enxergar o mundo e dar significado às experiências. Para a autora, sobressaem dois tipos de mentalidade, de características diametralmente opostas: o *mindset* fixo e o *mindset* de crescimento. Trata-se de mentalidades que são formadas ao longo de anos, marcadas pelas experiências e convivências desde a infância, transmitindo significados ao que é vivido. Estão estritamente relacionados às formas como desafios e fracassos são internalizados: como experiências limitantes que colocam em xeque sua própria capacidade ou como oportunidades de aprendizado e aperfeiçoamento.

O *mindset* fixo é baseado na ideia de que características são imutáveis e em uma completa descrença no potencial transformador da experiência, da motivação e dos esforços. Os desafios são encarados como uma prova de capacidade pessoal, podendo levar ao sentimento de desvalorização ou frustração, caso o resultado não seja o esperado. Assim, pessoas que possuem *mindset* fixo tentam se esquivar desse tipo de situação, com receio de não ser bem-sucedidas na avaliação que fazem de si próprias (e que pensam ser a mesma que os outros fazem), ou seja, a grande questão é o risco da experiência de fracasso.

Por outro lado, o conceito de *mindset* de crescimento se sustenta na ideia de que as características podem ser desenvolvidas por força da experiência. Assim, o potencial inicial é tido, tão-somente, como o ponto de largada para uma jornada existencial de crescimento contínuo. Existe o gosto pelos desafios porque estes são vivenciados como oportunidades de aprendizado para aperfeiçoamento de habilidades, competências e conhecimentos. Essa concepção considera que não se deve limitar o potencial de uma pessoa, pois este é simplesmente desconhecido, o que não significa afirmar que todos se tornarão gênios.

Mas, afinal, como o *mindset* está relacionado às organizações e às suas lideranças?

Autoras como Dweck (2017) e Li (2019) defendem a ideia, já amplamente divulgada, de que não apenas indivíduos, mas também as organizações possuem um *mindset* que determina a forma como vão se comportar diante de fatores como riscos, erros, fracassos, esforços e desafios.

Vemos empresas que permanecem estagnadas diante da intensa evolução dos mercados, tendendo até a desaparecer – como os conhecidos casos da Kodak e Blockbuster –, enquanto outras prosperam ou mesmo provocam verdadeira disrupção no negócio e nos seus resultados, criando mercados e transformando outros já estabelecidos. Estudos demonstram que o principal fator que influencia e sustenta cada uma dessas trajetórias é o *mindset* da empresa.

O *mindset* organizacional relaciona-se à cultura da empresa, sendo fortemente influenciado pela mentalidade das lideranças, ou seja, pela forma como líderes pensam e agem. Pesquisas demonstram que o fator crucial que diferencia empresas progressivas de todas as demais é a capacidade de seus líderes de conduzi-las ao sucesso. Esses líderes não são do tipo que ficam, a todo o momento, tentando provar ao mundo o seu próprio valor. Trata-se de pessoas que perguntam e ouvem, que possuem coragem suficiente para lidar com adversidades, como os episódios de fracassos, por exemplo. "(...) As pessoas que cultuam seu ego e buscam a próxima oportunidade de promover a sua imagem não são as mesmas que impulsionam a saúde duradoura nas empresas" (DWECK, 2017, p. 124).

Li (2019), por sua vez, desenvolve estudos em empresas disruptivas. Ela tem verificado que o *mindset* de crescimento sustenta os processos de disrupção e, mais ainda, que se trata de um fator intimamente relacionado à liderança. Segundo a autora, nem todas as empresas com *mindset* de crescimento se tornam disruptivas, mas todas as organizações que provocaram alguma disrupção em suas trajetórias e no seu mercado de atuação cultivam um *mindset* de crescimento, o qual é incentivado pelos seus líderes.

Há muito tempo, um grande número de empresas investe no desenvolvimento de competências de liderança entre os seus colaboradores a fim de gerar resultados competitivos. No entanto, isso tem se revelado um objetivo bem desafiador. Segundo artigo publicado pela *Harvard Business Review*, empresas investem anualmente cerca de US$ 356 bilhões no desenvolvimento de líderes. Por outro lado, estudos realizados pelo *Brandon Hall Group* indicam que a maioria das empresas obtém resultados aquém do esperado. Esse cenário desfavorável parece estar relacionado ao fato de que alguns programas de treinamento desconsideram as mentalidades de seus colaboradores e, consequentemente, não trabalham nas transformações necessárias de *mindset*, o fator primordial para o sucesso da organização (GOTTFREDSON; REINA, 2020).

Qual é o seu *mindset*? E o *mindset* de sua organização?

Tabela 64.1. Modelos de *mindset*.
Fonte: adaptado de Dweck (2017)

Mindset fixo **Inteligência é estática**		***Mindset* do crescimento** **Inteligência pode ser desenvolvida**
...evitar desafios	**DESAFIOS**	...abraçar desafios
...ficar na defensiva ou desistir facilmente	**OBSTÁCULOS**	...persistir na dificuldade
...enxergar o esforço como algo infrutífero ou pior	**ESFORÇO**	...ver o esforço como caminho para a excelência
...ignorar *feedback* negativo útil	**CRÍTICA**	...aprender com a crítica
...sentir-se ameaçado pelo sucesso dos outros	**SUCESSO DOS OUTROS**	...encontrar lições e inspiração no sucesso dos outros

Líderes com *mindset* fixo criam na empresa o que Dweck (2017) chama de "cultura de gênios", onde há uma supervalorização de alguns poucos colaboradores que se destacam e são tratados como gênios natos. Os holofotes e a atenção são voltados para eles em detrimento dos demais, a quem normalmente não são dadas as mesmas oportunidades de desenvolvimento na empresa. Não consideram necessária a existência de vários líderes na empresa – bastam os gênios. Em geral, esse e outros comportamentos similares levam a um ambiente onde há pouca transparência, segredos que emperram o fluxo das informações e indefinição do foco no resultado a ser alcançado. Além disso, líderes que tendem a apoiar menos os seus colaboradores em relação a riscos e fracassos estão diminuindo o potencial de inovação.

Em contrapartida, líderes com *mindset* de crescimento não se intimidam com a vivência de um fracasso porque, para eles, isso faz parte do amplo espectro das experiências humanas, podendo levar a um maior autoconhecimento, aprendizado e melhoria contínua. O fracasso não paralisa ou causa desespero, pois não anula o seu valor como profissional. Entrar em contato com seus pontos fortes e fracos é um exercício que revela oportunidades de aperfeiçoamento e demonstra autoconhecimento. Essas pessoas se destacam não porque seja este o objetivo que as motiva, mas por conta da forma com que atuam junto às suas equipes, mostrando o caminho para cada um fazer o seu melhor com satisfação e comprometimento com seus próprios propósitos de vida, o que naturalmente conduzirá a organização a melhores resultados.

Uma empresa com mentalidade de crescimento busca abraçar o desenvolvimento das capacidades dos funcionários – e estes são comprometidos com seu próprio crescimento e aprendizado –, apoia a criatividade e a ousadia em assumir riscos (calculados) com o objetivo de inovar. Colaboradores nutrem uma percepção mais positiva da empresa, sendo que isso é recíproco, pois supervisores também tendem a admirar os seus colaboradores. "Essas são todas coisas que fazem uma empresa ser mais ágil e com mais chance de se colocar na vanguarda" (DWECK, 2017, p. 156).

Se você identificou em si ou em sua empresa características de *mindset* fixo, a boa notícia é que ele pode ser transformado por meio de conhecimento, da experiência e de esforços pessoais e organizacionais. A própria Carol Dweck afirma que mudou o seu *mindset* influenciada pelo aprendizado que obteve com os resultados de seus estudos, desistindo de algumas crenças de longa data.

A jornada de transformação do *mindset*

A transformação de *mindset* é um processo profundo do qual toda a organização participa. No entanto, segundo Li (2019), existem barreiras emocionais que podem provocar resistências organizacionais intensas, como os riscos aos quais você expõe o *status quo* e a ausência de confiança no ambiente da organização. Na prática, subsistem forças políticas que se sentem ameaçadas e que precisam ser superadas em favor do crescimento, da abertura e da transformação. Por outro lado, criar uma cultura de confiança exige uma revisão das relações inter-humanas estabelecidas no cotidiano da empresa.

Estamos tratando de questões que não são superficiais, pois implicam em um esforço de transformação de cultura. Esta representa, senão o ponto de partida, a base da transformação e também o seu motor, ou seja, o componente que determinará a velocidade com que a empresa será capaz de realizar essa jornada (LI, 2019). Nesse sentido, qualquer movimento que não considere a cultura da empresa está corrompido em sua base e fadado a não produzir os resultados esperados. "Cada elemento de sua cultura o prenderá ao *status quo* ou o impelirá na direção de um futuro de crescimento disruptivo" (LI, 2019, p. 131).

É preciso conscientizar os colaboradores, envolver mentes, conquistar corações e capacitar as pessoas para uma nova forma de fazer, de se relacionar e de ser no âmbito da organização. Para Li, "as pessoas só promoverão disrupção e transformação radical na maneira como trabalham e realizam tarefas se sentirem segurança, porque a mudança é impulsionada pelas emoções e não pela lógica" (LI, 2019, p. 131). Tudo isso implica em um trabalho intenso que deve contar com a participação das lideranças, pois modifica a forma como a empresa vai contratar, o perfil das pessoas que busca para os seus times e a liberdade de atuação que terão, como a empresa lida com erros e riscos, e como premia esforços criativos e resultados de excelência.

A meta da transformação cultural na direção de um *mindset* de crescimento não reside na conquista da perfeição, mas na criação de uma mentalidade baseada em três crenças: "abertura, liberdade e agilidade" (LI, 2019, p. 125). Tais crenças são capazes de transformar a cultura, passando de um modo de ser inerte para uma cultura fluida (relacionada à disrupção e à prosperidade).

Todo o esforço de mudança é potencializado pela revolução tecnológica e pela consequente criação de novos padrões comportamentais, tanto externos à organização – como é o caso do próprio mercado, mas também de outros componentes como o governamental – quanto internos, o que diz respeito ao próprio time da organização (GONÇALVES; CAMPOS, 2016).

Embora as organizações tenham estratégias diferentes de lidar com o fator humano, vem sendo observado que empresas que alcançam resultados extraordinários apostam no seu time de colaboradores como verdadeiro fator disruptivo. Esse é o caso de empresas como Pixar, Google e tantas outras.

Para que a transformação aconteça, é imprescindível envolver as pessoas a partir de um ambiente onde se sintam seguras, motivadas e comprometidas. Conhecimento técnico, formação e compreensão lógica são partes importantes da jornada de transformação, mas a mudança só é posta em processo a partir do componente emocional. Deve-se concluir que a mudança é possível a partir de esforços, experiências e aprendizados, sendo que as pessoas constituem o componente principal de todo o processo de transformação.

65. Falta de propósito

Alan Fernandes
Fernando Fernandes Barbosa
Fernando Hannaka

Neste capítulo trataremos sobre como a falta da definição de um propósito pode prejudicar a evolução da equipe e o alcance de seus resultados. De acordo com Indigo, em um mundo VUCA é necessário que a empresa tenha um propósito bem definido para sobreviver a todas as complexidades do mundo atual, onde há um grande volume de mudanças, falta de clareza, indefinição, instabilidade e insegurança dentro da organização.

Não se trata de uma novidade o fato de que as organizações precisam estar em constante movimento para acompanhar o rápido desenvolvimento tecnológico, a descoberta de novas técnicas, novas formas de atuação e de pensamento. As empresas que não possuem esse propósito e direção bem definidos apresentam dificuldades para se desenvolver no mercado. Algumas dessas empresas acabam sendo impulsionadas pela liderança a buscar esse propósito, enquanto outras se perdem e deixam de alcançar os resultados esperados.

Como a falta de propósito pode afetar as organizações

O mundo atual é extremamente complexo. As empresas se encontram em um cenário em que, a qualquer custo, precisam acompanhar as novidades do mercado de forma eficiente. Para isso, faz-se necessário que todos os colaboradores trabalhem integrados, buscando o propósito já definido pela empresa. A falta de consenso irá impactar de forma significativa a organização, por não ser algo seguido por todos os níveis da empresa, fazendo com que o grupo não tenha um propósito único e cada um crie o seu próprio objetivo, fazendo com que cada silo da organização vá em busca do seu propósito próprio e não o da empresa. O cenário contrário, onde há um propósito bem definido adotado por vários setores, resulta em melhores resultados financeiros, ajuda a empresa na busca por novos talentos e gera engajamento, motivação, além de inspiração.

Mas, afinal, o que é missão, visão e propósito

A visão é onde a empresa busca chegar, missão é o como e o que é feito e propósito é o porquê de ela fazer o que faz ou até a razão de sua existência. Sem propósito definido nem os funcionários, nem os próprios clientes e nem os talentos que buscarão a empresa saberão o motivo pelo qual a empresa existe. Por exemplo, uma organização pode ter a seguinte visão: em 10 anos tornar-se a maior empresa do Brasil no setor de tecnologia. Para alcançar isso é preciso ter uma missão bem definida, saber como fazer isso, e o propósito que motiva uma organização e seus membros a chegar lá. É necessário fazer o caminho inverso e perguntar: essa visão está de acordo com o propósito da sua organização?

A partir daí, percebemos que as organizações que não possuem um propósito não conseguem acompanhar a evolução das outras empresas, diante de um cenário cujos desafios a cada dia são maiores.

Como a falta de propósito pode afetar a evolução dos times

Com a agilidade a todo vapor, é possível ver times auto-organizados, os quais trabalham em iterações de poucas semanas para entregar algo ao cliente final. Essas entregas estão relacionadas e serão afetadas pelo propósito da empresa, direcionando os times no caminho que eles precisam seguir, para que todos trabalhem de forma homogênea.

Podemos dizer então que times sem a visão clara do propósito podem realizar entregas que não estão alinhadas com o motivo da empresa existir. Nesses casos, vemos a famosa situação de pessoas perdidas no que estão fazendo, cada um remando para um lado diferente, o que acaba trazendo uma atuação desorganizada e lenta para a empresa, além de outras dificuldades decorrentes de atuações como essa, como dificuldades de integração da equipe, insegurança, instabilidade e até dificuldades de comunicação e relacionamento.

Como a definição de propósito dentro do time pode ajudar a equipe

Em muitas empresas vemos a dificuldade das equipes de se conectar com o propósito da empresa. Muitas vezes, isso gera falta de motivação e falta de engajamento, principalmente quando o propósito da empresa não é consolidado na organização.

Podemos conectar esses times à empresa criando um propósito específico de cada time, para que se aproximem do propósito geral da organização. Essa ação gera vários benefícios, como a equipe vestir cada vez mais a camisa da empresa, gerando colaboração, comprometimento e respeito. Para alinhar o propósito do time, a ferramenta *team canvas* pode ser utilizada (Capítulo 49).

Como a definição de propósito pode ajudar a alcançar os resultados desejados

Inúmeras organizações, como Zappos, Toms e Magazine Luiza, estão à frente do mercado por ter um porquê, uma definição de propósito que realmente mostre por que a empresa existe. Essa definição de propósito, além de oferecer um direcionamento estratégico, gera na equipe engajamento, motivação e inspiração para trabalhar. A partir daí, a eficiência e a eficácia ficam cada vez maiores nos times, aperfeiçoando tanto a frequência das entregas como também a entrega de valor que essas demandas irão gerar para a empresa, alcançando assim os resultados desejados.

Case: o propósito do indivíduo, do time e a conexão com o todo

Em um momento onde a empresa crescia exponencialmente, muitas contratações, criações e reestruturações de áreas foram realizadas, visando aproveitar as oportunidades de mercado. Buscando atuar e responder com velocidade, grande parte desses movimentos não teve a devida atenção de uma gestão de mudanças. Tendo em seus valores o incentivo por ações de empreendedorismo e postura de dono, acompanhando bonificação por grandes resultados, os colaboradores criaram novas formas de trabalhar e interagir, buscando eficiência, resultados e também visibilidade.

Durante esses movimentos, uma das estruturas buscou segmentar os blocos de atuação por grupos de áreas de negócio, visando atender a todos os clientes internos, gerenciando as demandas e colocando um modelo de linha de produção. Parte do trabalho envolvia outra equipe, a qual estava em outra estrutura gerencial e que foi demandada porque possuía uma estrutura de *pool* onde os colaboradores se complementam em seus conhecimentos.

Durante essa movimentação, o time foi distribuído fisicamente e cada um dos colaboradores deveria atuar em todas as etapas independentemente da sua competência, gerando um grande desconforto e muita desmotivação do time. O time foi quebrado, o senso de equipe perdido devido à distância e muitas atividades foram demandadas pela capacidade técnica, mas fora do contexto da área. Os colaboradores dessa gestão perguntavam qual era o propósito daquele time e deles, pois não sentiam mais vontade de ir trabalhar e não tinham mais clareza do seu escopo de trabalho. Sabiam da clareza do propósito da empresa, mas não conseguiam se sentir parte dele.

Em uma das contratações, um novo gestor entrou para cuidar dessa equipe. Percebendo o cenário, de forma inteligente, o novo gestor procurou entender o motivo de tal estratégia, conversando individualmente com seus colaboradores. Entendendo que se tratava de uma estratégia e considerando um benefício localizado, apenas em um ponto da cadeia de valor e que não se sustentaria, esse gestor em reuniões *one on one* identificou o propósito de cada colaborador.

Em paralelo a essas ações, buscou parcerias com as áreas, definindo limites, escopo de trabalho e competências para cada área. Através da visão unificada, agora de área e do propósito de cada um do seu time, reuniu todos fisicamente novamente no departamento e construiu em conjunto com todos o propósito daquela equipe, para aquele contexto de fluxo de valor, permitindo, assim, que os colaboradores entendessem como eles contribuem com o propósito corporativo, mantendo sua identidade.

Depois desse trabalho, o time melhorou o seu desempenho em torno de 20% em relação ao período em que estava isolado e obteve uma maior sinergia.

66. Liderança tóxica!

Priscila Paulo
Cristina Garcia Moreira
Vitor Cardoso

Expusemos neste livro os conceitos que norteiam os indivíduos à compreensão da cultura corporativa orientada à agilidade, englobando princípios de liderança e ferramentas que os auxiliam a exercer a função de líderes com segurança e eficácia.

Entretanto, cabe a nós estimular a reflexão nos novos e antigos líderes: você está realmente pronto para assumir a liderança no contexto ágil? Como você lida com situações em que sejam evidenciadas falta de respeito, assédio ou boicote? Sua equipe, time ou *squad* enxerga em você um exemplo a ser seguido, ou o consideram a personificação de Hitler nos tempos modernos?

Se você teve dúvidas para responder algumas dessas questões, cuidado: seu estilo de liderança pode acabar culminando em fracasso. Fique atento para não cair nessas armadilhas e evite ser um líder tóxico.

Ações e atitudes de um líder tóxico

Muitas são as características e atitudes que nos permitem identificar líderes tóxicos. Dentre as mais comuns, podemos destacar:

- ✓ Microgerenciamento da equipe.
- ✓ Ausência de *feedbacks*.
- ✓ Não praticam a escuta ativa com seus liderados.
- ✓ Responsabilizam terceiros por seus próprios erros.
- ✓ Apropriam-se de ideias que não lhes pertencem.
- ✓ Fomentam o medo.
- ✓ Faltam com o respeito, ameaçam e/ou assediam seus liderados.
- ✓ Não honram os compromissos assumidos com seus times.
- ✓ São ineficazes no engajamento de suas equipes.

- ✓ São autoritários, rudes ou grosseiros.
- ✓ Estimulam competições negativas entre membros da equipe.
- ✓ Não aceitam opiniões contrárias às suas.

A liderança tóxica pode ser exercida de forma inconsciente, evidenciando a falta de maturidade do profissional que assume essa posição, ou de forma consciente, onde o intuito do "líder" é demonstrar autoritarismo e assumir uma posição de destaque hierárquico sobre os demais.

Liderança tóxica inconsciente

Se as atitudes são praticadas de forma inconsciente, a correção de rota pode acontecer com uma boa conversa ou *feedback* vindos de superiores hierárquicos, pares e/ou liderados. Com predisposição, mudança de atitude e uma dose de empatia, é possível reverter a situação e sair do estigma de "tóxico" para "inspirador" em pouco tempo.

> *Nunca vou esquecer um dia em que minha equipe me chamou para uma reunião. Eles tinham algo importante para me dizer. Confesso que fiquei assustada. Fomos todos para a sala de reuniões.*
>
> *Por um momento eu me senti em um paredão e imaginei que seria bombardeada. O que eles tinham para me dizer era que precisavam que eu mudasse meu comportamento.*
>
> *'Mas mudar exatamente o quê?'*
>
> *'Você nos interrompe o tempo todo.'*
>
> *'Eu faço isso?'*
>
> *'O tempo todo.'*
>
> *Se eu falasse que fazia mesmo e nunca tinha percebido, talvez ninguém acreditasse. Naquele dia minha atitude foi me desculpar e pedir ajuda. Afinal, se eu faço algo que não percebo, como vou parar de fazer?*
>
> *Criamos juntos um mecanismo de privacidade muito legal. Tipo uma plaquinha com cores verde e vermelha que ficava colada em cima da tela do computador.*

Eu as conseguia ver de longe. Se estivesse verde, significava que eu poderia ir até lá. Se estivesse vermelho, eu não poderia interromper.

A experiência rendeu muitos frutos, porque todos passaram a respeitar muito mais a privacidade do outro, inclusive a minha. E encaramos tudo isso com bom humor, foi até engraçado porque não foram poucas as vezes em que me aproximei e dei meia volta. A única regra era que o vermelho não poderia ultrapassar mais de 50% do tempo total do dia de trabalho. Depois de algum tempo, recebi até elogios da equipe, e hoje é algo que não preciso mais policiar em meu comportamento. Eu não fazia por mal. Eu queria ser útil, queria resolver, estar presente, ajudar e servir. E estava sendo tóxica. Ainda bem que tive uma equipe que veio conversar comigo sobre isso. Mas eu sempre fui acessível. E isso também pode fazer muita diferença.[3]

O exemplo citado representa uma forma ingênua de toxicidade: por demonstrar total disponibilidade e boa vontade em ajudar, a líder acabou interrompendo demais a equipe, afetando não somente o desempenho, como também o clima organizacional.

Vejamos outras formas inconscientes de liderar indevidamente.

1. Desorganização

Os líderes desorganizados cometem as mesmas interrupções que os líderes muito disponíveis, com um agravante: mudam constantemente os direcionamentos. Se ao longo de um dia de trabalho, em momentos distintos, são dados comandos de execução ou feitos pedidos diversos a uma mesma pessoa, é muito provável que ela encontre dificuldade em executar as atividades necessárias de forma eficiente. O reflexo negativo pode surgir ainda em ciclos de avaliação, onde pode ser destacado, injustamente, que a pessoa é improdutiva ou sem foco.

A desorganização do líder tende a se propagar e pode gerar efeitos negativos, que vão desde a dificuldade de estabelecimento de uma linha de raciocínio para garantir a estruturação de soluções sólidas até a execução de uma mesma atividade por um ou mais membros do time desnecessariamente.

Organização é uma característica que pode ser trabalhada e desenvolvida. Independentemente da forma utilizada (papel e caneta ou recurso eletrônico), procure listar as atividades em ordem de prioridade e delegue-as uma por vez. Certifique-se

[3] Trecho do livro "Liderança Tóxica" (ASSAD, 2017).

de estabelecer, junto ao executor, marcos de acompanhamento e um prazo para conclusão, e lembre-se de comunicar que novas tarefas serão delegadas à medida que as entregas ocorrerem. Caso apareça uma atividade não listada anteriormente, procure priorizá-la em relação às atividades remanescentes, para evitar interromper tarefas em andamento.

2. Falta de formação ou aptidão

A cena é recorrente em organizações que não possuem uma carreira em Y: para evitar a perda de um colaborador com carreira técnica cujo desempenho supera as expectativas, as empresas recorrem à promoção a um cargo de gestão. Contudo, na grande maioria dos casos, as empresas tomam a ação sem atentar para a necessidade de formação adequada que os cargos de gestão exigem ou para a real aptidão do profissional para assumir uma posição desse porte.

Como consequência, o recente líder enfrenta, por exemplo, dificuldades para administrar conflitos na equipe, comunica-se de forma inapropriada e mantém o foco em entregas cuja parte técnica seja de seu domínio.

Para evitar que esse problema aconteça, é fundamental a atuação do RH, cuja responsabilidade é avaliar, em conjunto com a camada de gestão das organizações, se todos os requisitos comportamentais e técnicos foram preenchidos pelo candidato à liderança antes de atribuí-lo ao cargo. Na ausência de um ou mais requisitos, é preciso viabilizar a devida capacitação antes de concretizar a promoção do candidato à nova função.

Liderança tóxica consciente

A expressão "Seja líder; não seja chefe" é antiga. Segundo apontado em uma matéria do site G1 (2019), uma pesquisa realizada pela consultoria Michael Page comprovou que "8 em cada 10 profissionais pedem demissão por causa do chefe". Ser "chefe" é sinônimo de ser tirano, autoritário e repugnante.

Por que, então, insistir nesse estilo? Por que ignorar que vivemos na era da experimentação, das escolhas livres e da liberdade plena de expressão, onde o direito de ir e vir é plenamente exercido e só criam raízes aqueles que se sentem respeitados, ouvidos e felizes na profissão?

Dentre as formas tóxicas intencionais mais abrangentes, temos:

1. Falta de respeito

Desrespeitar é, por definição, faltar com a consideração ou com a atenção a alguém.

Sempre que você ignora a fala de um liderado, seja por distração ou por estar com outros assuntos mais importantes na cabeça, você está faltando ao respeito com ele. E quando você interrompe a fala da pessoa, você demonstra que não a considera digna de ser ouvida. Mais sérias ainda são as situações em que você desmerece a pessoa por sua religião, cor, raça, partido político ou opção sexual.

Para não cometer esses erros, lembre-se de como se sentiu quando seus líderes o trataram com respeito. Ative na memória o quanto se sentiu confiante e capaz todas as vezes em que suas opiniões foram respeitadas. Mantenha-se atento ao fato de que posições são transitórias e que ninguém, em nenhuma instância, gosta de ter sua individualidade desrespeitada.

2. Apropriação de ideias

A apropriação de ideias é um ato comum entre líderes tóxicos.

Acontece quando o líder apresenta um problema para a equipe resolver e, uma vez solucionada a questão, ele se apropria da solução como se fosse de sua autoria. Dessa forma, isola a equipe da alta gestão e não dá o crédito ao devido autor, seja por receio de perder a função para o verdadeiro solucionador, seja por querer se promover às custas do esforço dos outros.

O que deve ser pensado antes de agir dessa forma é que, cada vez mais, o círculo profissional está ampliado. Sendo assim, a reputação do mau líder é igualmente ampliada, dificultando a colaboração, a transparência e a motivação daqueles que interagem com ele.

3. Assédio

Assédio é, dentre todos os erros da liderança, o mais grave.

Além de todas as implicações jurídicas que esse erro pode causar a quem o comete, o assédio ultrapassa o limite tênue da falta de respeito e violenta diretamente o interlocutor, o qual se sente (e, de fato, é) ofendido, humilhado ou perseguido.

É comum a palavra "assédio" remeter ao contexto moral (praticado quando alguém é exposto à humilhação constantemente) ou sexual (caracterizado pelo ato de constranger alguém com o intuito de obter vantagem ou favorecimento sexual). Entretanto, existem outras formas de assédio:

- ✓ **Verbal:** situações em que ocorrem xingamentos, insultos e/ou ameaças ao outro.
- ✓ **Virtual:** executado pelo uso da tecnologia com o intuito de ofender, causar danos ou ameaçar alguém.
- ✓ **Psicológico:** o famoso "terror psicológico", muito praticado por quem estimula o medo no interlocutor para obter vantagem ou resultado.

Como mitigar a liderança tóxica

O melhor caminho para mitigar uma liderança tóxica é estabelecer um vínculo de confiança com pares e liderados.

Esteja disponível a ajudar quando for solicitado, garanta que todos compreendam a própria importância no time, dê *feedbacks* para manter a motivação e corrigir rumos e, sobretudo, estimule a transparência e a comunicação clara.

Lembre-se de que, independentemente da posição hierárquica, não há mal em discordarmos uns dos outros. Diferentes pontos de vista e culturas são muito enriquecedores quando estamos dispostos a entendê-los. Mudanças, principalmente comportamentais, requerem um nível altíssimo de dedicação de todas as partes, até que o efeito esperado seja atingido e os frutos colhidos.

Transforme o negativo no positivo, lidere pelo bom exemplo e colha os frutos. Quando um ganha, todos ganham.

Boa liderança para você!

Referências bibliográficas

8 EM CADA 10 profissionais pedem demissão por causa do chefe; veja os motivos. **G1**, 22 nov. 2019. Disponível em: <https://g1.globo.com/economia/concursos-e-emprego/noticia/2019/11/22/8-em-cada-10-profissionais-pedem-demissao-por-causa-do-chefe-veja-os-motivos.ghtml>. Acesso em: 29 jun. 2020.

A INTERNET está destruindo nossas mentes, diz livro. **Veja**, 04 jun. 2010. Disponível em: <https://veja.abril.com.br/tecnologia/a-internet-esta-destruindo-nossas-mentes-diz-livro-2/>. Acesso em: 25 jun. 2020.

ACERVO HISTÓRICO. O último discurso de Martin Luther King. **YouTube**, 25 maio 2017. Disponível em: <https://www.youtube.com/watch?v=a8Jde27Ajv4>. Acesso em: 25 jun. 2020.

ADAMS, Scott. **Dilbert.** Feb. 15, 2013. Disponível em: <https://dilbert.com/strip/2013-02-15>. Acesso em: 26 jun. 2020.

ALVES, Melina. Menos simpatia e mais empatia: a ascensão das mulheres em cargos de liderança. **Bem Paraná**, 01 jan. 2020. Disponível em: <https://www.bemparana.com.br/noticia/menos-simpatia-e-mais-empatia-a-ascensao-das-mulheres-em-cargos-de-lideranca#.XjBET3dFzmQ>. Acesso em: 25 jun. 2020.

ALVES, Nadine. O que são os silos organizacionais e como combatê-los na sua empresa? **Construct**, 17 nov. 2017. Disponível em: <https://constructapp.io/pt/silos-organizacionais/>. Acesso em: 01 jul. 2020.

ALVES, Paulo. Agilidade antes de metodologias e frameworks. **LinkedIn**, 20 ago. 2019. Disponível em: <https://www.linkedin.com/pulse/agilidade-antes-de-metodologias-e-ferramentas-paulo-alves>. Acesso em: 25 jun. 2020.

ALVES, Paulo. Team Canvas com estruturas libertadoras. **LinkedIn**, 01 fev. 2020. Disponível em: <https://www.linkedin.com/pulse/team-canvas-com-estruturas-libertadoras-paulo-alves/>. Acesso em: 25 jun. 2020.

ALVES, Rubem. **O amor que acende a lua.** 8.ed. Campinas: Papirus, 1999.

ANDERSON, David J. **Kanban:** successful evolutionary changes for your technology business. Washington: Blue Hole Press, 2010.

ANDERSON, David J.; ZHEGLOV, Alexei. **Fit for purpose:** how modern businesses find, satisfy, & keep customers. 2nd.ed. Seattle, WA: Blue Hole Press, 2018.

ANON, Josh; VILLAUMBROSIA, Carlos González. **The Product Book:** how to become a great product manager. Kindle edition. S.l.: Product School, 2017.

ANTONAKIS, John; DAY, David V. (eds.). **The nature of leadership.** 3rd.ed. Thousand Oaks, CA: SAGE publications, 2017.

APENAS 3% das mulheres no Brasil ocupam cargos de liderança, aposta pesquisa. **Estado de Minas**, 12 jul. 2019. Disponível em: <https://www.em.com.br/app/noticia/economia/2019/07/12/internas_economia,1069103/apenas-3-mulheres-brasil-ocupam-cargos-de-lideranca-aponta-pesquisa.shtml>. Acesso em: 26 jun. 2020.

APPELO, Jurgen. **#Workout:** games, tools & practices to engage people, improve work, and delight clients. Rotterdam: Happy Melly Express, 2014.

APPELO, Jurgen. **Management 3.0:** leading agile developers, developing agile leaders. (Addison-Wesley Signature Series). Upper Saddle River, NJ: Addison-Wesley, 2011.

APPELO, Jurgen. **Managing for happiness:** games, tools, and practices to motivate any team. Hoboken, NJ: Wiley, 2016.

ARAKI, Michael Espindola. **Polymathic leadership:** theoretical foundation and construct development. Apr. 15, 2015. SSRN 3166622.

ARAKI, Michael Espindola. Polymathy: a new outlook. **Journal of Genius and Eminence**, vol. 3, n. 1, 2018, p. 66-82. Disponível em: <http://dx.doi.org/10.18536/jge.2018.04.3.1.05>. Acesso em: 25 jun. 2020.

ARAKI, Michael. Scientific Polymathy: The end of a two-cultures era? **The Lancet**, vol. 395, n. 10218, Jan. 11, 2020, p. 113-114. Disponível em: <https://doi.org/10.1016/S0140-6736(19)32564-4>. Acesso em: 25 jun. 2020.

ARINS, Bruno. 7 passos para construir uma Employee Experience efetiva. **Great Place to Work**, 30 maio 2019.

ASHKENAS, Ron; MANVILLE, Brook. The 6 Fundamental Skills Every Leader Should Practice. **Harvard Business Review**, Oct. 24, 2018.

ASPERCOM. Site. Disponível em: <http://aspercom.com.br/>. Acesso em: 25 jun. 2020.

ASSAD, Alessandra. **Liderança tóxica.** Rio de Janeiro: Alta Books, 2017.

BADAL, Sangeeta Bharadwaj; OTT, Bryant. Delegating: A Huge Management Challenge for Entrepreneurs. **Gallup**, Apr. 14, 2015.

BARBOSA, Christian. **A tríade do tempo**. Rio de Janeiro: Campus, 2008.

BASADUR, Min; BASADUR, Tim. Where are the generators? **Psychology of Aesthetics, Creativity, and the Arts**, vol. 5, n. 1, 2011, p. 29-42.

BASS, Bernard M; RIGGIO, Ronald E. **Transformational leadership.** 2nd.ed. Mahwah, NJ: L. Erlbaum Associates, 2006.

BASS, Bernard. M.; AVOLIO, Bruce J. Transformational leadership and organizational culture. **International Journal of Public Administration**, vol. 17, n. 3-4, 1994, p. 541-554.

BATHA, Emma. It's (still) a man's world as equality pledges fail 1.4 billion women. **Reuters**, June 3, 2019. Disponível em: <https://www.reuters.com/article/us-women-conference-equality-index/its-a-mans-world-as-equality-pledges-fail-14-billion-women-idUSKCN1T4151>. Acesso em: 25 jun. 2020.

BATISTA, Jovandir; MARQUES, José Roberto. **Espiritualidade e coaching:** a perspectiva de um padre coach e de um mestre de coaching. São Paulo: IBC, 2019.

BATISTA, Luciana; MATTOS, Luiza. Sem atalhos: transformando o discurso em ações efetivas para promover a liderança feminina. **Bain & Company**, 03 jul. 2019. Disponível em: <https://www.bain.com/pt-br/insights/No-shortcuts-turning-the-speech-into-effective-actions-to-promote-female-leadership/>. Acesso em: 01 set. 2020.

BATISTA, Marcos. Reflexões de uma mudança de era. **Palestras & Conteúdo**, s.d. Disponível em: <https://palestraseconteudo.com.br/reflexoes-de-uma-mudanca-de-era/>. Acesso em: 25 jun. 2020.

BECK, Kent et al. **Princípios por trás do Manifesto Ágil.** 2001. Disponível em: <https://agilemanifesto.org/iso/ptbr/principles.html>. Acesso em: 25 jun. 2020.

BERG, Ernesto Artur. **Administração de conflitos:** abordagens práticas para o dia a dia. Curitiba: Juruá, 2010.

BIANCO, Alessandra. **O trabalho em equipes autogerenciadas e sua influência na motivação dos empregados**. Dissertação de Mestrado. Fundação Getúlio Vargas, 2003.

BLANK, Steve. **Lean Innovation Management – Making Corporate Innovation Work**. June 26, 2015. Disponível em: <https://steveblank.com/2015/06/26/lean-innovation-management-making-corporate-innovation-work/>. Acesso em: 25 jun. 2020.

BOURKE, Juliet; DILLON, Bernadette. The six signature traits of inclusive leadership: thriving in a diverse new world. **Deloitte Insights**, Apr. 14, 2016.

BRAGA, Celso Teixeira. **Lifelong Learning:** aprender para a vida. São Paulo: IBEX, 2018.

BRANDÃO, Hugo Pena. **Mapeamento de Competências:** métodos, técnicas e aplicações em gestão de pessoas. São Paulo: Editora Atlas, 2012.

BRANDON HALL GROUP. Site. Disponível em: <https://brandonhall.com/excellence-talent>. Acesso em: 01 set. 2020.

BRENNAN, Barbara Ann. **Mãos de Luz:** um guia para a cura através do campo de energia humano. São Paulo: Pensamento, 1990.

BRIEU, Thomas. Escutatória & padrões de linguagem cooperativos. **Do it Brasil**, 02 fev. 2020. Disponível em: <http://comunicacaoprodutiva.com.br/escutatoria/designdeconversas/>. Acesso em: 26 jun. 2020.

BURBRIDGE, Marc; BURBRIDGE, Anna. **Gestão de conflitos:** desafios do mundo corporativo. São Paulo: Saraiva, 2012.

BURKE, Peter. **A social history of knowledge:** from the encyclopedie to Wikipedia. Vol. 2. Cambridge, UK; Malden, MA: Polity, 2012.

BURNS, James MacGregor. **Transforming leadership:** a new pursuit of happiness. New York: Atlantic Monthly Press, 2003.

CÂMARA, Isabella. Lifelong learning: a importância de NUNCA parar de estudar na vida. **StartSe**, 03 set. 2018. Disponível em: <https://www.startse.com/noticia/empreendedores/54579/lifelong-learning>. Acesso em: 26 jun. 2020.

CAPGEMINI. **Digital Transformations Review.** 10th.ed. Capgemini Digital Transformations Institute, 2017.

CARUCCI, Ron. 3 Ways Senior Leaders Create a Toxic Culture. **Harvard Business Review**, May 01, 2018.

CARVALHO, Luciana. Equipes com mulheres são mais inteligentes. **Exame**, 16 out. 2010. Disponível em <https://exame.com/negocios/equipes-mulheres-sao-mais-inteligentes-604126/> . Acesso em: 01 set. 2020.

CATHO COMUNICAÇÃO. Liderança situacional e a teoria de Hersey e Blanchard. **Catho**, 10 maio 2013. Disponível em: <https://www.catho.com.br/carreira-sucesso/carreira/lideranca/o-lider-situacional/>. Acesso em: 26 jun. 2020.

CB INSIGHTS. **The Global Unicorn Club.** Disponível em: <https://www.cbinsights.com/research-unicorn-companies>. Acesso em: 26 jun. 2020.

CHAMINE, Shirzad. **Inteligência Positiva:** por que só 20% das equipes e dos indivíduos alcançam seu verdadeiro potencial e como você pode alcançar o seu. Rio de Janeiro: Fontanar, 2013.

CHARLTON, Emma. Those are the 10 most in-demand skills of 2019, according to LinkedIn. **World Economic Forum**, Jan. 14, 2019. Disponível em: <https://www.weforum.org/agenda/2019/01/the-hard-and-soft-skills-to-futureproof-your-career-according-to-linkedin/>. Acesso em: 29 jun. 2020.

CHIAVENATO, Idalberto. **Gestão de pessoas**: o novo papel dos recursos humanos na organização. 2.ed. Rio de Janeiro: Elsevier, 2005.

CHIAVENATO, Idalberto. **Introdução à teoria geral da administração**: uma visão abrangente da moderna administração das organizações. 7.ed. rev. e atual. Rio de Janeiro: Elsevier, 2004.

CHIAVENATO, Idalberto. **Princípios de Administração:** o essencial em teoria geral da administração. Rio de Janeiro: Elsevier, 2006.

CLAYTON, Mike. Bruce Tuckman: Group Development. **Management Pocketbooks**, Apr. 07, 2015. Disponível em: <https://www.pocketbook.co.uk/blog/tag/mary-ann-jensen/>. Acesso em: 26 jun. 2020.

COELHO, João Batista Soares; JÚNIOR, José Antônio Valle Antunes; LEIS, Rodrigo Pinto. Sistema de Produção Enxuto e Sistema Sócio-Técnico: Impactos na Organização do Trabalho em Uma Empresa de Medidores de Energia. **XXXI Encontro da ANPAD**, Rio de Janeiro, 22-26 set. 2007

COEXISTE.INFO. **O futuro demanda mais consciência e espiritualidade.** Disponível em: <https://coexiste.info/o-futuro-demanda-mais-consciencia-e-espiritualidade>. Acesso em: 26 jun. 2020.

COGNITIVE EDGE. **Cynefin® framework introduction.** Disponível em: <https://cognitive-edge.com/videos/cynefin-framework-introduction/>. Acesso em: 29 jun. 2020.

COHEN, Paul. R. **A Return to Polymathy.** Jan. 30, 2015. Disponível em: <http://paulrcohen.github.io/papers/Polymathy.pdf>. Acesso em: 26 jun. 2020.

CONGER, Jay A. Charismatic and transformational leadership in organizations: an insider's perspective on these developing streams of research. **The Leadership Quarterly**, vol. 10, n. 2, Summer 1999, p. 145-179.

CORDONIZ, Andréa. **Administração do tempo:** 100 perguntas para melhorar sua produtividade. São Paulo: Matrix, 2019.

COUSINEAU, Phil (org.); CAMPBELL, Joseph. **A jornada do herói:** Joseph Campbell – Vida e obra. São Paulo: Ágora, 2003.

COVEY, Stephen R. **Os 7 hábitos das pessoas muito eficazes.** São Paulo: Best Seller, 1989.

CRAIN, Anthony. Why real agile leaders embrace failure. **TechBeacon**, s.d. Disponível em: <https://techbeacon.com/app-dev-testing/why-real-agile-leaders-embrace-failure>. Acesso em: 26 jun. 2020.

CRESCIMENTUM. **Lifelong Learning nas Organizações:** como o RH pode preparar colaboradores para uma aprendizagem contínua. E-book.

CRISPIN, Lisa; GREGORY, Janet. **Agile Testing:** a practical guide for testers and agile teams. (Addison-Wesley Signature Series). Upper Saddle River, NJ: Addison-Wesley, 2009.

CRUZ, Tadeu. **Sistemas, Métodos & Processos:** administrando organizações por meio de processos de negócios. São Paulo: Atlas, 2005.

DAFT, Richard. **Organizações:** teoria e projetos. São Paulo: Thomson Learning, 2006.

DEANGELO, Michael. O experimento da Holacracia no governo de Washington (estado). **Regenera**, 17 out. 2018. Disponível em: <http://regenera.site/o-experimento-da-holacracia-no-governo-de-washington-estado/>. Acesso em: 29 jun. 2020.

DEBONO, Edward. **Os seis chapéus do pensamento.** Rio de Janeiro: Sextante, 2008.

DEZORZI, Marluce. **Ferramentas da qualidade:** aplicadas à gestão de recursos humanos. Rio de Janeiro: Qualitymark, 2011.

DINH, Jessica E. et al. Leadership theory and research in the new millennium: current theoretical trends and changing perspectives. **The Leadership Quarterly**, vol. 25, n. 1, 2014, p. 36-62.

DINIZ, Daniela. 5 mudanças no RH: como ser digital sem perder a essência. **Great Place to Work**, 30 set. 2019. Disponível em: <https://gptw.com.br/conteudo/artigos/mudancas-no-rh/>. Acesso em: 26 jun. 2020.

DINIZ, Daniela. A falta de diversidade na liderança pode impactar a transformação digital? **Great Place to Work**, 23 jan. 2020. Disponível em: <https://gptw.com.br/conteudo/artigos/diversidade-na-lideranca/>. Acesso em: 26 jun. 2020.

DOERR, John. **Measure What Matters:** how Google, Bono, and the Gates Foundation rock the world with OKRs. New York: Portfolio/Penguin, 2018.

DOMO. **Data Never Sleeps 7.0.** Disponível em: <https://www.domo.com/learn/data-never-sleeps-7#/>. Acesso em: 26 jun. 2020.

DONNA. **Grupos de trabalho em que mulheres são maioria tendem a ser mais eficientes.** 09 nov. 2010. Disponível em: <https://gauchazh.clicrbs.com.br/donna/noticia/2010/11/grupos-de-trabalho-em-que-mulheres-sao-maioria-tendem-a-ser-mais-eficientes-cjpmtzq5f02covtcns33f7co7.html>. Acesso em: 26 jun. 2020.

DOYLE, DANIELLA. Como montar team building: 6 dicas para unir, desenvolver e motivar sua equipe. **Siteware**, 09 maio 2019. Disponível em: <https://www.siteware.com.br/gestao-de-equipe/como-montar-team-building>. Acesso em: 26 jun. 2020.

DOYLE, DANIELLA. O que é team building? Como ele pode ajudar sua equipe a ser mais produtiva? **Siteware**, 01 jul. 2019. Disponível em: <https://www.siteware.com.br/gestao-de-equipe/o-que-e-team-building/>. Acesso em: 26 jun. 2020.

DRUCKER, Peter. **O líder do futuro:** visões, estratégias e práticas para uma nova era. 7.ed. São Paulo: Futura, 1996.

DRUCKER, Peter. **The Practice of Management**. Oxford: Butterworth-Heinemann, 1996.

DUARTE, Giselle Aparecida; PAPA, Adriana Cássia. A utilização da liderança situacional como diferencial estratégico para as organizações contemporâneas. **Revista de Administração da UFSM**, vol. 4, n. 3, art. 3, 2011, p. 364-377.

DUDOVSKIY, John. Facebook Inc. Organizational Structure: Hybrid of Hierarchical and Divisional Organizational Structures. **Research Methodology**, Jan. 5, 2017. Disponível em: <https://research-methodology.net/facebook-organizational-structure-hybrid-of-hierarchical-and-divisional-organizational-structures/>. Acesso em: 26 jun. 2020.

DUPAS, Gilberto. **Desafios da Sociedade Contemporânea:** reflexões de Gilberto Dupas. São Paulo: Unesp, 2014.

DUTRA, Diogo. O teatro da inovação nas corporações. **LinkedIn**, 30 jan. 2017. Disponível em: <https://www.linkedin.com/pulse/o-teatro-da-inova%C3%A7%C3%A3o-nas-corpora%C3%A7%C3%B5es-diogo-dutra>. Acesso em: 26 jun. 2020.

DWECK, Carol S. **Mindset:** a nova psicologia do sucesso. Rio de Janeiro: Objetiva, 2017.

DYER, William G.; DYER, W. Gibb, Jr.; DYER, Jeffrey H. **Team Building:** proven strategies for improving team performance. San Francisco, CA: Jossey-Bass, 2013.

ECHOS. Equipe multidisciplinar: como trabalhar a inovação no time da empresa. **Escola de Design Thinking**, 12 dez. 2018. Atualizado em 27 set. 2019. Disponível em: <https://escoladesignthinking.echos.cc/blog/2018/12/equipe-multidisciplinar>. Acesso em: 26 jun. 2020.

EKER, T. Harv. **Os segredos da mente milionária**. Rio de Janeiro: Sextante, 2006.

ENGAGE. **Equipes autogerenciáveis: o que são e como desenvolvê-las?** 08 jun. 2017. Disponível em: <https://blog.engage.bz/equipes-autogerenciaveis/>. Acesso em: 26 jun. 2020.

ESTANTE. **O que é o mindfulness?** 23 abr. 2016. Disponível em: <http://www.revistaestante.fnac.pt/o-que-e-o-mindfulness/>. Acesso em: 29 jun. 2020.

ESTRUTURAS LIBERTADORAS. Site. Disponível em: <http://www.liberatingstructures.com.br>. Acesso em: 26 jun. 2020.

FAZER muitas coisas ao mesmo tempo pode atrapalhar o cérebro. **Associated Press/Estadão**, 24 ago. 2009. Disponível em: <https://ciencia.estadao.com.br/noticias/geral,fazer-muitas-coisas-ao-mesmo-tempo-pode-atrapalhar-o-cerebro,423965>. Acesso em: 26 jun. 2020.

FERREIRA, Lauter Fontana. **Construindo equipes de alta performance:** melhorando comportamentos e resultados. Rio de Janeiro: Qualitymark, 2014.

FERREIRA, Rafael Henrique Mainardes; SILVA, Fernanda Raine da; RAPOSO, Rafael de Oliveira. Times Auto Gerenciáveis (TAG) e Caracterizações: levantamento bibliométrico diante das bases de dados científicas. **VIII Congresso Brasileiro de Engenharia de Produção**, Ponta Grossa, PR, Brasil, 05-07 dez. 2018.

FRABASILE, Daniela. Empresas com propósito têm os melhores resultados no longo prazo. **Época Negócios**, 14 mar. 2018. Disponível em: <https://epocanegocios.globo.com/Empresa/noticia/2018/03/empresas-com-proposito-tem-os-melhores-resultados-no-longo-prazo.html>. Acesso em: 26 jun. 2020.

GALASSO, Andrea. A importância do trabalho multidisciplinar. **Mundo do Marketing**, 02 nov. 2006. Disponível em: <https://www.mundodomarketing.com.br/artigos/redacao/268/a-importancia-do-trabalho-multidisciplinar.html>. Acesso em: 01 set. 2020.

GAPGEMINI RESEARCH INSTITUTE. **Digital Transformation Review**. 2017.

GARDNER, Howard. **Inteligências Múltiplas:** a teoria na prática. Porto Alegre: Artmed, 1995.

GARDNER, Howard. **Mentes Que Lideram.** Rio de Janeiro: Campus, 2013.GENSLER. **U.S. Workplace Survey 2016.** July 12, 2016. Disponível em: <https://www.gensler.com/news/press-releases/us-workplace-survey-2016-findings>. Acesso em: 01 set. 2020.

GERBER, Michael E. **O Mito do Empreendedor.** Curitiba: Fundamento, 2011.

GIBRAN, Khalil. **The Prophet.** New York: A. A. Knopf, 1951.

GIDLEY, Jennifer M. Postformal Priorities for Postnormal Times: a rejoinder to Ziauddin Sardar. **Futures**, vol. 42, n. 6. Aug. 2010, p. 625-632.

GOLDRATT, Eliyahu M. **Corrente crítica:** Teoria das Restrições (TOC) em gestão de projetos. São Paulo: Nobel, 2014.

GOLEMAN, Daniel. **Emotional Intelligence:** why it can matter more than IQ. New York: Bantam Books, 2005.

GOLEMAN, Daniel. **Inteligência Emocional:** a teoria revolucionária que redefine o que é ser inteligente. Rio de Janeiro: Objetiva, 1997.

GOLEMAN, Daniel. Leadership that gets results. **Harvard Business Review**, March-April, 2000.

GOLEMAN, Daniel. **Liderança:** a inteligência emocional na formação do líder de sucesso. Rio de Janeiro: Objetiva, 2015.

GOLEMAN, Daniel. Você é competente em inteligência emocional? **Administradores.com**, 26 set. 2016. Disponível em <https://administradores.com.br/artigos/voce-e-competente-em-inteligencia-emocional>. Acesso em 1 Jun 2020.

GOMBRICH, Carl. Polymathy, New Generalism, and the Future of Work: A Little Theory and Some Practice from UCL's Arts and Sciences Degree. *In*: KIRBY, William C.; VAN DER WENDE, Marijk (eds.). **Experiences in Liberal Arts and Science Education from America, Europe, and Asia:** a dialogue across continents. New York: Palgrave Macmillan, 2016, p. 75-89.

GONÇALVES, Vicente; CAMPOS, Carla. **HCMBOK – o fator humano na liderança de projetos.** 3.ed. Rio de Janeiro: Brasport, 2016.

GORDON, Thomas. **Leader Effectiveness Training: L.E.T.** (Revised and Updated 25th Anniversary edition). New York: Perigee, 2001.

GOTTFREDSON, Ryan K.; REINA, Christopher S. Exploring why leaders do what they do: an integrative review of the situation-trait approach and situation-encoding schemas. **The Leadership Quarterly**, vol. 31, n. 1, Feb. 2020.

GOTTFREDSON, Ryan; REINA, Chris. To Be a Great Leader, You Need the Right Mindset. **Harvard Business Review**, Jan. 17, 2020. Site. Disponível em: <https://hbr.org/2020/01/to-be-a-great-leader-you-need-the-right-mindset>. Acesso em: 26 jun. 2020.

GRANATO, Luisa. Nos métodos ágeis, errar faz parte. Mesmo assim, evite estes deslizes. **Exame**, 03 set. 2019. Alterado em 11 fev. 2020. Disponível em: <https://exame.abril.com.br/carreira/nos-metodos-ageis-errar-faz-parte-mesmo-assim-evite-estes-deslizes/>. Acesso em: 26 jun. 2020.

GREAT PLACE TO WORK; APPUS. **People Analytics para iniciantes.** Disponível em: <http://conteudo.gptw.com.br/people-analytics-iniciantes>. Acesso em: 26 jun. 2020.

GRECCO, Luiz. Liderança 'comando e controle': seus dias estão contados. **LinkedIn**, 03 jul. 2017. Disponível em: <https://www.linkedin.com/pulse/lideran%C3%A7a-comando-e-controle-seus-dias-est%C3%A3o-contados-grecco-pmp/>. Acesso em: 26 jun. 2020.

GREENBERG, Neil; MACLEAN, Paul D.; FERGUSON, John L. Role of the paleostriatum in species-typical display behavior of the lizard (Anolis carolinensis). **Brain Research**, vol. 172, n. 2, 1979, p. 229-241.

GREENLEAF, Robert K. The servant as leader. **Center for Applied Studies**, 1973.

GROVE, Andrew S. **High Output Management**. New York: Vintage Books,1995.

GRUPO FATOS. **Equipes Autogerenciadas:** O guia para ter férias tranquilas, sem dores de cabeça_01. Disponível em: <https://blog.grupofatos.com.br/materiais_gratuitos/297/equipes-autogerenciadas-o-guia-para-ter-ferias-tranquilas-sem-dores-de-cabeca_01/>. Acesso em: 26 jun. 2020.

GUTIERREZ; Felipe; SILVEIRA, Daniel. Expectativa de vida do brasileiro ao nascer é de 76,3 anos em 2018, diz IBGE. **G1**, 28 nov. 2019. Disponível em: <https://g1.globo.com/bemestar/noticia/2019/11/28/expectativa-de-vida-do-brasileiro-ao-nascer-foi-de-763-anos-em-2018-diz-ibge.ghtml>. Acesso em: 25 jun. 2020.

HAN, Byung-Chul. **Sociedade do cansaço.** Petrópolis: Vozes, 2015.

HARARI, Yuval Noah. **Sapiens:** uma breve história da humanidade. Porto Alegre: L&PM, 2015.

HARVARD BUSINESS REVIEW. **Gerenciando Pessoas:** os melhores artigos da Harvard Business Review sobre como liderar equipes. Rio de Janeiro: Sextante, 2018.

HASTINGS, Reed. Netflix Culture: Freedom & Responsibility. **SlideShare**, Aug. 01, 2009. Disponível em: <https://www.slideshare.net/reed2001/culture-1798664/5-Many_companies_have_nice_soundingvalue>. Acesso em: 29 jun. 2020.

HEART OF AGILE. Site. Disponível em: <https://heartofagile.com/>. Acesso em: 26 jun. 2020.

HENDERSON, James E.; HOY, Wayne K. Leader authenticity: The development and test of an operational measure. **Educational & Psychological Research**, vol. 3, n. 2, Jan. 1983.

HERLING, Richard W. Operational definitions of expertise and competence. **Advances in developing human resources**, vol. 2, n. 1, 2000, p. 8-21.

HERRMANN, Ned. **The whole brain business book.** New York: McGraw-Hill, 1996.

HERSEY, Paul; BLANCHARD, Kenneth H. **Psicologia para administradores:** a teoria e as técnicas da liderança situacional. São Paulo: Editora Pedagógica e Universitária, 1986.

HOLACRACIA BRASIL. **Constituição da Holacracia (Holocracia) em português (v4.1).** Disponível em: <http://holacracia.wpengine.com/constituicao-v4-1/>. Acesso em: 26 jun. 2020.

HOROWITZ, Ben. **Good Product Manager/Bad Product Manager.** June 15, 2012. Disponível em: <https://a16z.com/2012/06/15/good-product-managerbad-product-manager/>. Acesso em: 26 jun. 2020.

HOUSE, Robert. J. **A 1976 theory of charismatic leadership.** *In*: HUNT, James G.; LARSON, Lars L. **Leadership: The cutting edge**. Carbondale: Southern Illinois University Press, 1977.

HUMAN SPACES. **The Global Impact of Biophilic Design in the Workplace.** 2015. Disponível em: <https://greenplantsforgreenbuildings.org/wp-content/uploads/2015/08/Human-Spaces-Report-Biophilic-Global_Impact_Biophilic_Design.pdf>. Acesso em: 01 set. 2020.

HUMPHREY, Albert. SWOT analysis for management consulting. **SRI alumni Newsletter**, vol. 1, 2005, p. 7-8.

HUNTER, James C. **Como se tornar um líder servidor:** os princípios de liderança de o monge e o executivo. Rio de Janeiro: Sextante, 2006.

HUNTER, James C. **O Monge e o Executivo:** uma história sobre a essência da liderança. Rio de Janeiro: Sextante, 2004.

IBC. A diferença entre liderança transacional e transformacional. **Instituto Brasileiro de Coaching,** 06 jun. 2019. Disponível em: <https://www.ibccoaching.com.br/portal/lideranca-e-motivacao/a-diferenca-entre-lideranca-transacional-e-transformacional/>. Acesso em: 26 jun. 2020.

IBC. Conheça as principais características da liderança servidora. **Instituto Brasileiro de Coaching,** 15 jul. 2019. Disponível em: <https://www.ibccoaching.com.br/portal/conheca-as-principais-caracteristicas-da-lideranca-servidora/>. Acesso em: 26 jun. 2020.

IBM. **Big Data:** big challenge or big opportunity. Disponível em: <https://www.ibm.com/watson/infographic/discovery/big-data-challenge-opportunity/>. Acesso em: 26 jun. 2020.

IBM. **IBM 2010 Global CEO Study:** creativity selected as most crucial factor for future success. Disponível em: <https://www-03.ibm.com/press/us/en/pressrelease/31670.wss>. Acesso em: 26 jun. 2020.

INDIGO. **Mundo VUCA:** O que é e como se preparar. Disponível em: <https://redeindigo.com.br/mundo-vuca-preparar/>. Acesso em: 29 jun. 2020

JONES, Duncan. **How To Build A Culture Of Experimentation Within Your Company**. June 9, 2018. Disponível em: <https://www.duncanjonesnz.com/culture-of-experimentation/>. Acesso em: 26 jun. 2020.

JÚNIOR, José Carlos R. Como ser um bom líder e influenciar sua equipe. **Conube**, 07 abr. 2017. Disponível em: <https://conube.com.br/blog/como-ser-um-bom-lider/>. Acesso em: 25 jun. 2020.

KAFURI, Sérgio. Como Liderar uma Equipe Autogerenciável. **Wash-up Comdata-DTE**, 2005. Disponível em: <https://www.slideserve.com/talitha/wash-up-comdata-dte-como-liderar-uma-equipe-auto-gerenci-vel-s-rgio-kafuri-fev>. Acesso em: 26 jun. 2020.

KANBAN MATURITY MODEL. Site. Disponível em: <https://www.kanbanmaturitymodel.com/>. Acesso em: 01 set. 2020.

KANBAN UNIVERSITY. Site. Disponível em: <https://www.kanban.university>. Acesso em: 26 jun. 2020.

KAPLAN, Robert S.; NORTON, David P. **The Balanced Scorecard:** translating strategy into action. Boston, MA: Harvard Business School Press, 1996.

KENOBY. **Team Building:** entenda a importância e algumas maneiras de fazer. Disponível em: <https://kenoby.com/blog/team-building/>. Acesso em: 26 jun. 2020.

KERZNER, Harold. **Gestão de Projetos:** as melhores práticas. 2.ed. Porto Alegre: Bookman, 2006.

KEYSER, Jonathan. Viewpoint: Why punishing employee mistakes can sabotage your company. **SHRM**, July 18, 2019. Disponível em: <https://www.shrm.org/resourcesandtools/hr-topics/employee-relations/pages/employee-mistakes-.aspx>. Acesso em: 26 jun. 2020.

KNOWLEDGE21. Site. Disponível em: <https://www.knowledge21.com.br>. Acesso em: 26 jun. 2020.

KOTTER, John P. **Acelere:** tenha agilidade estratégica em um mundo em constante transformação. São Paulo: HSM, 2015.

KOTTER, John P. **Liderando mudanças:** transforme empresas com a força das emoções. Rio de Janeiro: Elsevier, 2013.

KOTTERINC.COM. **8-Step Process.** Disponível em: <https://www.kotterinc.com/8-steps-process-for-leading-change>. Acesso em: 26 jun. 2020.

LAMEIRA, Allan Pablo; GAWRYSZEWSKI, Luiz de Gonzaga; PEREIRA JR, Antônio. Neurônios espelho. **Psicologia USP**, vol. 17, n. 4, São Paulo, 2006, p. 123-133. Disponível em: <https://dx.doi.org/10.1590/S0103-65642006000400007>. Acesso em: 26 jun. 2020.

LANNES, Luciano Santos. Equipes autogerenciáveis e a forma de organização do trabalho adequada à sua implantação. Seminários em Administração FEA-USP. **Anais.** São Paulo, Semead, 1999.

LANVIN, Bruno; EVANS, Paul (eds.). **The Global Talent Competitiveness Index 2013**. INSEAD; Human Capital Leadership Institute; Adecco Group, 2013. Disponível em: <https://www.insead.edu/sites/default/files/assets/dept/globalindices/docs/GTCI-2013-report.pdf>. Acesso em: 26 jun. 2020.

LEE, Aileen. Welcome To The Unicorn Club: Learning From Billion-Dollar Startups. **TechCrunch**, Nov. 2, 2013. Disponível em: <https://techcrunch.com/2013/11/02/welcome-to-the-unicorn-club/>. Acesso em: 25 jun. 2020.

LEITE, Rodrigo Côrrea. **O Poder da Escutatória:** feedback genuíno para transformação pessoal e construção de relações duradouras. São Paulo: Évora, 2016.

LENT, Roberto. **Cem Bilhões de Neurônios?:** conceitos fundamentais de neurociência. 2.ed. Rio de Janeiro: Atheneu, 2010.

LEOPOLD, Till Alexander; RATCHEVA, Vasselina Stefanova; ZAHIDI, Saadia. **The Future of Jobs Report: 2018 (Insight Report).** Geneva: World Economic Forum, 2018. Disponível em: <http://www3.weforum.org/docs/WEF_Future_of_Jobs_2018.pdf>. Acesso em: 01 set. 2020.

LI, Charlene. **Mindset da Disrupção:** por que algumas organizações se transformam e outras falham. Rio de Janeiro: Alta Books, 2019.

LITTLE, Jason; **Lean Change Management:** innovative practices for managing organizational change. S.l.: Happy Melly Express, 2014.

LOCKE, Edwin A. Goal theory vs. control theory: Contrasting approaches to understanding work motivation. **Motivation and Emotion**, n. 15, 1991, p. 9-28, 1991. Disponível em: <https://doi.org/10.1007/BF00991473>. Acesso em: 26 jun. 2020.

LOCKE, John. **Ensaio acerca do entendimento humano.** São Paulo: Nova cultural, 1997.

LOGAN, Dave; KING, John; FISCHER-WRIGHT, Halee. **Tribal Leadership:** leveraging natural groups to build a thriving organization. New York, NY: Harper Business, 2008.

LOGAN; Dave; KING, John. **Tribal Leadership:** how successful groups form great organizations. New York: Collins, 2008.

LOPES, Sonia. Gestão de mudanças e projetos. Palestra no 2º CONAGP em 19. mar. 2019.

LOPES, Sonia; STOECKICHT, Ingrid. **Negociação.** Rio de Janeiro: FGV, 2009.

LOURENÇO, Maria Regina; TREVIZAN, Maria Auxiliadora. Liderança situacional: análise de estilo de enfermeiros-líderes. **Acta Paul. Enf.**, vol. 15, n. 1, jan./mar. 2002, p.48-52.

LUDOSPRO. **Entenda o Lifelong Learning e não fique para trás!** 30 ago. 2019. Disponível em: <https://www.ludospro.com.br/blog/lifelong-learning>. Acesso em: 26 jun. 2020.

LUNDGREN, Ronaldo. **Teoria da Liderança Servidora.** 16 abr. 2018. Disponível em: <http://www.lideranca.blog.br/teoria-da-lideranca-servidora>. Acesso em: 29 jun. 2020.

LUSSIER, Robert N.; ACHUA, Christopher F. **Effective Leadership.** 3rd.ed. Mason, OH: Thomson/South Western, 2007.

M, Lydia. O que é trabalho remoto e como integrar times distantes. **Trello**, 19 fev. 2015. Disponível em: <https://blog.trello.com/br/o-que-e-trabalho-remoto>. Acesso em: 26 jun. 2020.

MACHADO, Fredy. **É possível:** se reinventar e integrar a vida pessoal e profissional. São Paulo: Benvirá, 2018.

MADDUX, Robert B. **Team Building:** an exercise in leadership. 2nd.ed. London: Kogan Page, 1994.

MAGALDI, Sandro; NETO, José Salibi; **Gestão do Amanhã:** tudo o que você precisa saber sobre gestão, inovação e liderança para vencer na 4ª revolução industrial. São Paulo: Gente, 2018.

MANAGEMENT 3.0. **Delegation Poker & Delegation Board.** Disponível em: <https://management30.com/practice/delegation-poker/>. Acesso em: 26 jun. 2020.

MANAGEMENT 3.0. **Kudo Box & Kudo Cards.** Disponível em: <https://management30.com/practice/kudo-cards/>. Acesso em: 26 jun. 2020.

MANAGEMENT 3.0. **Moving Motivators.** Disponível em: <https://management30.com/practice/moving-motivators/>. Acesso em: 26 jun. 2020.

MANAGEMENT 3.0. **Personal Maps.** Disponível em: <https://management30.com/practice/personal-maps/>. Acesso em: 26 jun. 2020.

MARSTON, William Moulton. **Philosophy.** London: Kegan Paul, Trench, Trübner & Co., 1928.

MARTINEZ, Monica. **Jornada do herói:** a estrutura narrativa mítica na construção de histórias de vida em jornalismo. São Paulo: Annablume, 2008.

MARTINS, José Carlos Cordeiro. **Soft Skills:** conheça as ferramentas para você adquirir, consolidar e compartilhar conhecimentos. Rio de Janeiro: Brasport, 2017.

MARTINS, Lúcia. A síndrome da pressa. **Época**, 13 dez. 2010.

MASSARI, Vitor L. **Agile Scrum Master no Gerenciamento avançado de projetos:** base para certificação EXIN Agile Scrum Master. Rio de Janeiro: Brasport, 2016.

MCINTOSH, Susan. O que é exatamente o mindset ágil? **InfoQ**, 25 jun. 2019. Disponível em: <https://www.infoq.com/br/articles/what-agile-mindset/>. Acesso em: 29 jun. 2020.

MENDONÇA, Bruno. Gestão de conflitos nas organizações: o que é e como lidar. **Edools**, 22 mar. 2019. Disponível em: <https://www.edools.com/gestao-de-conflitos/>. Acesso em: 29 jun. 2020.

MENDONÇA, Bruno. O que é liderança tóxica e como se defender desse tipo de líder? **Edools**, 03 maio 2019. Disponível em <https://www.edools.com/lideranca-toxica/>. Acesso em: 29 jun. 2020

MENDONÇA, Bruno. Soft Skills: habilidades que destacam profissionais. **Edools**, 02 abr. 2018. Disponível em: <https://www.edools.com/soft-skills>. Acesso em: 29 jun. 2020.

MENDONÇA, Regiane Moura. Curso Mapeamento e Desenvolvimento de Competências. Grupo Trhoca.

METLIFE. **Gerenciar times remotos: a habilidade do futuro.** 22 jan. 2019. Disponível em: <https://www.metlife.com.br/blog/insights-de-negocio/gerenciar_times_remotos_a_habilidade_do_futuro/>. Acesso em: 29 jun. 2020.

MICHELETTI, Camila. Trabalho em equipe: essencial para todas as empresas. **Empregos.com.br**, 17 nov. 2015. Disponível em: <http://carreiras.empregos.com.br/seu-emprego/trabalho-em-equipe-essencial-para-todas-as-empresas/>. Acesso em: 03 fev. 2020.

MILNER, Julia; MILNER, Trenton. Most Managers Don't Know How to Coach People. But They Can Learn. **Harvard Business Review**, Aug. 14, 2018. Updated Aug. 16, 2018. Disponível em: <https://hbr.org/2018/08/most-managers-dont-know-how-to-coach-people-but-they-can-learn>. Acesso em: 29 jun. 2020.

MITCHEL, Ian. Twenty Top Fails in Executive Agile Leadership. **Scrum.org**, Mar. 22, 2018. Disponível em: <https://www.scrum.org/resources/blog/twenty-top-fails-executive-agile-leadership>. Acesso em: 29 jun. 2020.

MODERN AGILE. Site. Disponível em: <http://modernagile.org/>. Acesso em: 29 jun. 2020.

MOGI, Ken. **Ikigai:** os cinco passos para encontrar seu propósito de vida e ser mais feliz. Bauru, SP: Astral Cultural, 2018.

MOHRMAN, Susan A.; MOHRMAN JR, Allan M.; COHEN, Susan G. Organizing knowledge work systems. **Advances in interdisciplinary studies of work teams**, vol. 2, 1995, p. 61-91.

MOREIRA, Daniela (ed.). O que é uma startup? Respondido por Yuri Gitahy, especialista em startups. **Exame**, 03 fev. 2016, alterado em 01 mar. 2018. Disponível em: <https://exame.abril.com.br/pme/o-que-e-uma-startup/>. Acesso em: 26 jun. 2020.

MORENO, Eric Müller. Visão e missão não é propósito. **Medium**, 23 mar. 2015. Disponível em: <https://medium.com/@ericmllermoreno/vis%C3%A3o-e-miss%C3%A3o-n%C3%A3o-%C3%A9-prop%C3%B3sito-eb64bb0c7d50>. Acesso em: 29 jun.2020.

MORESCO, Patrícia. O desafio do Planejamento Estratégico em um mundo VUCA. **Comunidade SEBRAE**, 18 out. 2019. Disponível em: <https://comunidadesebrae.com.br/blog/o-desafio-do-planejamento-estrategico-em-um-mundo-vuca>. Acesso em: 29 jun. 2020.

MORGAN, Jacob. **The Future of Work:** attract new talent, build better leaders, and create a competitive organization. Hoboken, NJ: Wiley, 2014.

MORIN, Edgar. **O método.** Vol. I. A Natureza da Natureza. Lisboa: Europa-América, 1985.

MORIN, Edgar; KERN, Anne Brigitte. **Terra-Pátria.** Porto Alegre: Sulina, 1995.

MUELLER, Jennifer S.; GONCALO, Jack; KAMDAR, Dishan. Recognizing creative leadership: Can creative idea expression negatively relate to perceptions of leadership potential? **Journal of Experimental Social Psychology**, vol. 47, n. 2, Mar. 2011.

MUNIZ, Antonio et al. **Jornada Ágil de Qualidade.** Rio de Janeiro: Brasport, 2020.

NARAYANDAS, Das; MOLDOVEANU, Mihnea. The Future of Leadership Development. **Harvard Business Review**, vol. 97, n. 4, Mar.-Apr. 2019, p. 40-48.

NEWPORT, Cal. **Trabalho Focado:** como ter sucesso em um mundo distraído. Rio de Janeiro: Alta Books, 2018.

NOGUEIRA, Vanessa Silva; OLIVEIRA, Carlos Alberto Arruda de. Causa da mortalidade das startups brasileiras: como aumentar as chances de sobrevivência no mercado. **Nova Lima, DOM**, vol. 9, n. 25, nov./fev. 2014/2015, p. 26-33.

NONAKA, Ikujiro; TAKEUCHI, Hirotaka; UMEMOTO, Katsushiro. A theory of organizational knowledge creation. **International Journal of Technology Management**, vol. 11, n. 7-8, 1996, p. 833-845.

NUBANK. **Startup unicórnio: de onde veio esse termo e o que significa?** 23 jan. 2020. Disponível em: <https://blog.nubank.com.br/startup-unicornio>. Acesso em: 29 jun. 2020.

O HUB. **Team Building – O que é?** Disponível em: <https://www.ohub.com.br/ideias/team-building-o-que-e/>. Acesso em: 29 jun. 2020.

OHNO, Taiichi. **O Sistema Toyota de Produção:** além da produção em larga escala. Porto Alegre: Bookman, 1997.

OLIVEIRA, Djalma de Pinho Rebouças de. **Estrutura Organizacional:** uma abordagem para resultados e competitividade. 3.ed. São Paulo: Atlas, 2014.

OPHIR, Eyal; NASS, Clifford; WAGNER, Anthony D. Cognitive control in Media Multitaskers. **Proceedings of the National Academy of Sciences**, vol. 106, n. 37, Sep. 15, 2009, p. 15583-7.

ORDÓÑEZ, Lisa D. et al. Goals Gone Wild: the systematic side effects of over-prescribing goal setting. **Harvard Business School NOM Unit Working Paper**, n. 09-083, Jan. 23, 2009. Last revised: May 08, 2012. Disponível em: <https://dx.doi.org/10.2139/ssrn.1332071>. Acesso em: 29 jun. 2020.

ORTEGA, João. Metodologia Agile: a organização que torna empresas mais ágeis e eficientes. **StartSe**, 12 fev. 2019. Disponível em: <https://www.startse.com/noticia/nova-economia/60866/metodologia-agile>. Acesso em: 29 jun. 2020.

OSTERWALDER, Alexander; PIGNEUR, Yves. **Business Model Generation:** inovação em modelos de negócios. Rio de Janeiro: Alta Books, 2011.

PACHECO, Filipe; CAROLI, Paulo. **Management 3.0:** como o gerenciamento pode ser tratado na agilidade. S.l.: Leanpub, 2019.

PAIK, Karen; IWERKS, Leslie. **To infinity and beyond!**: the story of Pixar Animation Studios. San Francisco, CA: Chronicle Books, 2007.

PENSADOR. Site. Disponível em: <https://www.pensador.com/>. Acesso em: 26 jun. 2020.

PERUZZO, Marcelo. **Ask.Brain:** perguntas e respostas essenciais sobre a mente e o cérebro humano. Curitiba: iPerson, 2017.

PORTAL DALE CARNEGIE. **Qual a diferença entre Gestão e Liderança?** 14 jun. 2018. Disponível em: <https://portaldalecarnegie.com/qual-a-diferenca-entre-gestao-e-lideranca/>. Acesso em: 26 jun. 2020.

PORTUGAL, Nathalia. Você sabe a diferença entre gestão e liderança? **Blog CathoEdu**, 23 jul. 2018. Disponível em: <https://www.catho.com.br/educacao/blog/voce-sabe-a-diferenca-entre-gestao-e-lideranca/>. Acesso em: 29 jun. 2020.

PROJECT MANAGEMENT INSTITUTE. **A Guide to the Project Management Body of Knowledge (PMBOK® Guide).** 6.ed. Newtown Square: PMI, 2017.

RAMA, Betina C. **Liderazgo Femenino:** aprendizajes de carrera de ejeçutivas latinas. Kindle edition, 2015.

REDE QUILOMBISTA. Discurso "Eu tenho um sonho" de Martin Luther King. **YouTube**, s.d. Disponível em: <https://www.youtube.com/watch?v=IfufX8OLuuM>. Acesso em: 29 jun. 2020.

REISS, Steven; HAVERCAMP, Susan M. Motivation in Developmental Context: A New Method for Studying Self-Actualization. **Journal of Humanistic Psychology**, vol. 45, n. 1, 2005.

RENTSCH, Joan R.; HALL, Rosalie J. Members of great teams think alike: a model of team effectiveness and schema similarity among team members. *In*: BEYERLEIN, Michael M.; JOHNSON, Douglas A.; BEYERLEIN, Susan T. (eds.). **Advances in Interdisciplinary Studies of Work Teams:** theories of self-managing work teams. Vol. 1. S.l.: Elsevier Science/JAI Press, 1994.

REZENDE, Denis Alcides. **Planejamento estratégico para organizações privadas e públicas:** guia prático para elaboração do projeto de plano de negócios. Rio de Janeiro: Brasport, 2008.

RHR INTERNATIONAL RESEARCH STUDY. **Senior Team Effectiveness:** C-Suite Solidarity. RHR, 2017.

RIEGEL, Deborah Grayson. 8 Ways Leaders Delegate Successfully. **Harvard Business Review**, Aug. 15, 2019.

RIES, Eric. **A startup enxuta**. São Paulo: Leya, 2012.

RISING, Stephanie. **DISC:** leverage your nature – increase your sales. Kindle edition, 2014.

ROBBINS, Stephen Paul. **Fundamentos do comportamento organizacional**. 7.ed. São Paulo: Pearson Prentice Hall, 2004.

ROBBINS, Tony. **Poder sem limites:** a nova ciência do sucesso pessoal. 27.ed. Rio de Janeiro: Best Seller, 2017.

ROBERT K. GREENLEAF CENTER FOR SERVANT LEADERSHIP. Site. Disponível em: <https://www.greenleaf.org>. Acesso em: 26 jun. 2020.

ROBERTS, Andi. **VUCA Resources.** July 24, 2019. Disponível em: <http://masterfacilitator.com/vuca-resources/>. Acesso em: 29 jun. 2020.

ROBERTSON, Brian J. **Holacracia:** o novo sistema de gestão que propõe o fim da hierarquia. São Paulo: Benvirá, 2016.

ROCK, David. **Liderança Tranquila:** não diga aos outros o que fazer – ensine-os a pensar. Rio de Janeiro: Alta Books, 2017.

RODRIGUES, Verônica. **Líder Ágil, Liderança VUCA:** como liderar e ter sucesso em um mundo de alta volatilidade, incerteza, complexidade e ambiguidade. São Paulo: Casa do Escritor, 2018.

ROGERS, David L. **Transformação digital:** repensando o seu negócio para a era digital. São Paulo: Autêntica Business, 2017.

ROLFINI, Fabiana. Por que é vital investir em equipes multidisciplinares? **IT Forum 365**, 19 mar. 2018. Disponível em: <https://www.itforum365.com.br/por-que-e-vital-investir-em-equipes-multidisciplinares/>. Acesso em: 29 jun. 2020.

ROOT-BERNSTEIN, Michèle M.; ROOT-BERNSTEIN, Robert Scott. Creative Polymathy: a presentation in two parts. **SOU Creativity Conference**, Ashland, OR, Aug. 3-6, 2018.

ROOT-BERNSTEIN, Robert Scott; ROOT-BERNSTEIN, Michèle. **Sparks of genius:** the 13 thinking tools of the world's most creative people. Boston, MA: Houghton Mifflin, 1999.

ROSENBERG, Marshall B. **Comunicação não violenta:** técnicas para aprimorar relacionamentos pessoais e profissionais. São Paulo: Ágora, 2006.

ROSENBERG, Merrick; SILVERT, Daniel. **Taking Flight!:** master the DISC styles to transform your career, your relationships... your life. Upper Saddle River, NJ: FT Press, 2013.

RÖSING, Tania M. K.; FALCI, Nurimar Maria (orgs.). Edgar Morin: religando fronteiras. Passo Fundo: UPF, 2004.

RYAN, Richard M.; DECI, Edward L. Self-determination theory and the facilitation of intrinsic motivation, social development, and well-being. **American psychologist**, vol. 55, n. 1, 200, p. 68.

RYDLEWSKI, Carlos; PASTORE, Karina. Entenda como funcionam escritórios modernos, belos, poderosos, irritantes... **Época Negócios**, 08 fev. 2019.

SALES, Anderson Carlos Nunes et al. Equipes Auto Gerenciadas: exercem realmente o papel deste modelo? **Rev. Eletr. Mach. Sobr.**, vol. 12, n. 1, Juiz de Fora, 2016, p. 26-31.

SALOVEY, Peter; MAYER, John D. Emotional intelligence. **Imagination, Cognition, and Personality**, vol. 9, n. 3, Mar. 01, 1990.

SANTANA, Osvaldo. Times remotos: o que aprendi liderando 25 pessoas no Olist. **Endeavor**, 06 abr. 2018. Atualizado em 14 jan. 2019. Disponível em: <https://endeavor.org.br/pessoas/times-remotos-o-que-aprendi-liderando-25-pessoas-olist/>. Acesso em: 29 jun. 2020.

SARDAR, Ziauddin. Welcome to postnormal times. **Futures**, vol. 42, n. 5, June 2010.

SCHARMER, Claus Otto. **Teoría U:** liderar desde el futuro a medida que emerge. Barcelona: Eleftheria, 2017.

SCHULTZ, Felix. Crescimento empresarial no Brasil: um panorama sobre os altos e baixos da questão. **Bom Controle**, 04 jan. 2018. Disponível em: <https://bomcontrole.com.br/crescimento-empresarial-no-brasil>. Acesso em: 29 jun. 2020.

SCHWAB, Klaus. **A quarta revolução industrial.** São Paulo: Edipro, 2016.

SCOTT, Kim. **Radical Candor:** be a kick-ass boss without losing your humanity. New York, NY: St. Martin's Press, 2017.

SCRUM GUIDES. **The Scrum Guide™.** Disponível em: <https://www.scrumguides.org/scrum-guide.html>. Acesso em: 29 jun. 2020.

SCRUM.ORG. Site. Disponível em: <https://www.scrum.org/>. Acesso em: 29 jun. 2020.

SELZNICK, Philip. **Leadership in administration:** a sociological interpretation. New York, NY: Harper & Row, 1957.

SENGE, Peter M. **A quinta disciplina:** a arte e a prática da organização que aprende. Rio de Janeiro: Best Seller, 2018.

SENNA TV. A admiração do mundo por Ayrton Senna | Mundo em Senna #6. **YouTube**, s.d. Disponível em: <https://www.youtube.com/watch?v=qrEqI2vv-ig>. Acesso em: 29 jun. 2020.

SENNA TV. Como Ayrton inspira ídolos nacionais | Mundo em Senna #3. **YouTube**, 25 jan. 2018. Disponível em: <https://www.youtube.com/watch?v=i0JtgAF5A3A>. Acesso em: 29 jun. 2020.

SHORT, John Rennie. Estamos na 'era da distração' – entenda o valor de se desconectar. **Galileu**, 07 jul. 2015. Disponível em: <https://revistagalileu.globo.com/Tecnologia/noticia/2015/07/estamos-na-era-da-distracao-entenda-o-valor-de-se-desconectar.html>. Acesso em: 26 jun. 2020.

SILVA, Adilson Azevedo. **Motivação:** a famosa teoria de Maslow. 2.ed. Campinas, SP: Delasylvio, 2019.

SILVA, Cilano Marques da. Equipes multidisciplinares. **RH Portal**, 02 set. 2015. Disponível em: <https://www.rhportal.com.br/artigos-rh/equipes-multidisciplinares/>. Acesso em: 29 jun. 2020.

SINEK, Simon. **Comece pelo porquê:** como grandes líderes inspiram pessoas e equipes a agir. Rio de Janeiro: Sextante, 2018.

SINEK, Simon. No One is an Expert in Leadership. **YouTube**, 17 dez. 2019. Disponível em: <https://www.youtube.com/watch?v=XGQo-Vge-WU>. Acesso em: 29 jun. 2020.

SIROIS, Fuschia; PYCHYL, Timothy. **Procrastination, Health & Well-Being.** London: Academic Press, 2016.

SITEWARE. **O que são equipes de alta performance, afinal?** 03 set. 2018. Disponível em: <https://www.siteware.com.br/gestao-de-equipe/o-que-sao-equipes-alta-performance>. Acesso em: 29 jun. 2020.

SITEWARE. **Saiba como criar equipes autogerenciadas.** 07 mar. 2017. Disponível em: <https://www.siteware.com.br/gestao-de-equipe/equipes-autogerenciadas/>. Acesso em: 29 jun. 2020.

SITEWARE. **Saiba o que é feedback canvas e como usar nos negócios.** 05 dez. 2018. Disponível em: <https://www.siteware.com.br/gestao-de-equipe/feedback-canvas/>. Acesso em: 01 set. 2020.

SMITH, Adam. **A riqueza das nações**. Rio de Janeiro: Nova Fronteira, 2017.

SMITH, Hyrum W. **Gerencie sua vida:** as dez leis naturais do sucesso. São Paulo: Mandarim, 1996.

SNOWDEN, Dave. Cynefin St David's Day 2019 (5 of 5). **Cognitive Edge**, Apr. 20, 2019. Disponível em: <https://cognitive-edge.com/blog/cynefin-st-davids-day-2019-5-of-5/>. Acesso em: 09 mar. 2020.

SNOWDEN, Dave. Cynefin St David's Day 2020 (1 of 5). **Cognitive edge**, Mar. 1, 2020. Disponível em: <https://cognitive-edge.com/blog/cynefin-st-davids-day-2020-1-of-n/>. Acesso em: 25 jun. 2020.

SNOWDEN, Dave. The evolution of Cynefin over a decade. **Cognitive Edge**, Feb. 07, 2010. Disponível em: <https://cognitive-edge.com/blog/the-evolution-of-cynefin-over-a-decade/>. Acesso em: 29 jun. 2020.

SNOWDEN, David J.; BOONE, Mary E. Um arcabouço para balizar decisões. **Harvard Business Review Brasil**, 23 nov. 2007. Disponível em: <https://hbrbr.uol.com.br/um-arcabouco-para-balizar-decisoes/>. Acesso em: 29 jun. 2020.

SNOWDEN, David. J.; & Boone, Mary E. A leader's framework for decision making. **Harvard Business Review**, Nov. 2007.

SOLIDES. **Team Building:** o que é e por que ele é importante para o RH? 13 fev. 2020. Disponível em: <https://blog.solides.com.br/team-building/>. Acesso em: 29 jun. 2020.

SOLOMON, Lisa Kay. How the Most Successful Leaders Will Thrive in an Exponential World. **Singularity University**, vol. 11, Jan. 2017.

SOUZA, Mayra de. Promovendo o alinhamento estratégico por meio da Strategic Inception. **SlideShare**, 24 abr. 2019. Disponível em: <https://pt.slideshare.net/MayraRodriguesDeSouz/promovendo-o-alinhamento-estratgico-por-meio-da-strategic-inception-141960741>. Acesso em: 25 jun. 2020.

SZENESZI, Andre Bocater. Líder Ágil x "Líder" Chefe. **Knowledge21**, s.d. Disponível em: <https://www.knowledge21.com.br/blog/lider-agil-x-lider-chefe>. Acesso em: 29 jun. 2020.

TALEB, Nassim Nicholas. **Antifrágil:** coisas que se beneficiam com o caos. Rio de Janeiro: Best Business, 2014.

TAYLOR, Frederick. **Shop Management, with an introd. by HR Towne.** 1903.

TAYLOR, Frederick. W. **Princípios de Administração Científica**. São Paulo: Atlas, 1966.

TED. **Sugata Mitra mostra como as crianças ensinam a si mesmas.** 2007. Disponível em: <https://www.ted.com/talks/sugata_mitra_kids_can_teach_themselves?language=pt-br#t-1216044>. Acesso em: 29 jun. 2020.

TERJESEN, Siri; POLITIS, Diamanto. From the Editors: In Praise of Multidisciplinary Scholarship and the Polymath. **Academy of Management Learning and Education**, vol. 14, n. 2, 2015, p. 151-157.

THE TEAM CANVAS. Site. Disponível em: <https://theteamcanvas.com>. Acesso em: 25 jun. 2020.

TING, Sharon; SCISCO, Peter. **The CCL Handbook of Coaching:** a guide for the leader coach. Somerset: Wiley, 2012.

TODA MATÉRIA. **Empirismo.** Disponível em: <https://www.todamateria.com.br/empirismo/>. Acesso em: 29 jun. 2020.

TONET, Helena et al. **Desenvolvimento de Equipes.** Rio de Janeiro: FGV, 2005.

TORRES, Joaquim. **Gestão de Produtos:** como aumentar as chances de sucesso do seu software. São Paulo: Casa do Código, 2015.

ULRICH, Dave; SMALLWOOD, Norm. **Leadership Brand:** developing customer-focused leaders to drive performance and build lasting value. Boston, MA: Harvard Business Review Press, 2007.

ULRICH, Dave; SMALLWOOD, Norm; SWEETMAN, Kate. **O Código da Liderança.** Rio de Janeiro: Best Seller, 2009.

URY, William. **Supere o Não:** como negociar com pessoas difíceis. São Paulo: Benvirá, 2019.

VAN LANGE, Paul A. M.; KRUGLANSKI, Arie W.; HIGGINS, E Tory. (eds.). **The Handbook of Theories of Social Psychology.** Vol. 1. (SAGE Social Psychology Program). Thousand Oaks, CA: Sage, 2011.

VANDERKAM, Laura. **168 Hours:** you have more time than you think. New York, NY: Portfolio/Penguin, 2011.

VECCHIO, Robert P. **Organizational Behavior:** core concepts. 4.ed. Fort Worth, TX: Dryden, 2000.

VIERA, Paulo. **O Poder da Autorresponsabilidade:** a ferramenta comprovada que gera alta performance e resultados em pouco tempo. São Paulo: Gente, 2018.

WALUMBWA, Fred O. et al. Authentic leadership: Development and validation of a theory-based measure. **Journal of Management**, vol. 34, n. 1, 2008, p. 89-126.

WEST, Michael A.; TJOSVOLD, Dean; SMITH, Ken G. **International Handbook of Organizational Teamwork and Cooperative Working.** Chichester, West Sussex; Hoboken, NJ: Wiley, 2003.

WHITMORE, John. **Coaching for performance.** London: Nicholas Brealey Publishing, 2002.

WIKIPÉDIA. **Análise SWOT.** Disponível em: <https://pt.wikipedia.org/wiki/An%C3%A1lise_SWOT>. Acesso em: 29 jun. 2020.

WIKIPÉDIA. **Kanban.** Disponível em: <https://pt.wikipedia.org/wiki/Kanban>. Acesso em: 26 jun. 2020.

WIKIPÉDIA. **Marshall Rosenberg.** Disponível em: <https://en.wikipedia.org/wiki/Marshall_Rosenberg>. Acesso em: 26 jun. 2020.

WOMEN in top jobs still rare in corporate Europe, study finds. **Reuters**, Jan. 15, 2020. Disponível em: <https://news.trust.org/item/20200115180852-rxq9h>. Acesso em: 29 jun. 2020.

WOMEN ON BOARDS. Site. Disponível em: <https://2020wob.com/>. Acesso em: 01 set. 2020.

YIN, Kaw. **Eu sei a Verdade e meu Celular é (11) 99831-3521.** São Paulo: Coexiste, 2012.

YUDESS, Jo. Pense, sinta e use sua criatividade. **Escola Nômade para Mentes Criativas**, 04 jun. 2018. Disponível em: <https://escolanomadeparamentescriativas.com/professores-convidados/professora-de-buffalo-fala-sobre-criatividade>. Acesso em: 29 jun. 2020.

ZAK, Paul J. Why Your Brain Loves Good Storytelling. **Harvard Business Review**, Oct. 28, 2014.

Manifesto da Liderança Ágil na Era Digital

Liderar é um desafio diário, pois seu combustível reside na capacidade de olhar para pessoas e compreendê-las além do que aparentam ser, além de cargos e funções; liderar é ajudar o ser humano a ser melhor a cada novo passo dado.

O líder do século XXI não é aquele que somente domina as mais modernas ferramentas e práticas, é aquele que vive o que representa. O líder ágil é aquele que "é o que conhece". Seus valores como indivíduo são uníssonos na forma de lidar com pessoas e orientá-las rumo a seu autoprogresso.

Autoconhecimento, competências emocionais e uma visão orientada por propósito são indiscutivelmente necessárias para todos que querem atuar como líderes.

Liderar nunca foi fácil, e hoje, diante das variáveis do mundo VUCA, pós-normal, onde as revoluções digitais escalam sem fronteiras e exigem de nós antifragilidade e plasticidade para lidar com o caos, entendemos que é necessário repensar não apenas a forma de liderar como também por que precisamos liderar.

A partir de um divertido e inesquecível encontro em São Paulo, na sede da .add – que gentilmente cedeu seu espaço para a realização do encontro –, no dia 15 de fevereiro de 2020, 32 membros da Jornada Colaborativa se reuniram para refletir sobre alternativas conceituais que devem ser consideradas por líderes em seus desafios diários.

Signatários do Manifesto de Liderança Ágil na Era Digital

Desse encontro nasceu o "Manifesto da Liderança Ágil na Era Digital", uma resposta à ineficiência do exercício da liderança no século da complexidade, do caos e do mundo ágil e digital.

Posteriormente outorgado por 12 líderes de referência no mercado nacional, o Manifesto apresenta 10 valores que, se praticados, ajudarão na formação de líderes que inspiram e ajudam pessoas a se desenvolver para atingir seus melhores resultados. Por isso, nós valorizamos:

1. Visão do todo mais que visão das partes.
2. Facilitação mais que imposição.
3. Competências emocionais mais que somente competências técnicas.
4. Orientação por propósito mais que orientação por demanda.
5. Inovação e flexibilidade mais que rigidez.
6. Relações humanizadas com diversidade e inclusão mais que gestão de recursos.
7. Autonomia, orientação e desenvolvimento de pessoas mais que comando e controle.
8. Comunicação clara e escuta ativa mais que comunicação padronizada.
9. Autodesenvolvimento contínuo mais que zona de conforto.
10. Celebração mais que obrigação.

Manifesto da Liderança Ágil na Era Digital

MANIFESTO DA LIDERANÇA ÁGIL NA ERA DIGITAL

Acreditamos que os líderes inspiram pessoas a se desenvolver e atingir seus melhores resultados, por isso valorizamos:

Visão do todo	mais que visão das partes
Facilitação	mais que imposição
Competências emocionais	mais que somente competências técnicas
Orientação por propósito	mais que orientação por demanda
Inovação e flexibilidade	mais que rigidez
Relações humanizadas com diversidade e inclusão	mais que gestão de recursos
Autonomia, orientação e desenvolvimento de pessoas	mais que comando e controle
Comunicação clara e escuta ativa	mais que comunicação padronizada
Autodesenvolvimento contínuo	mais que zona de conforto
Celebração	mais que obrigação

@jornadacolaborativa

E se você quiser ser um dos signatários digitais do Manifesto de Liderança Ágil na Era Digital, basta acessar o *link* abaixo (QR *Code*) e preencher o formulário.

Junte-se a nós em mais esta jornada!

Convidamos você a fazer parte deste Manifesto.

Torne-se um signatário digital do Manifesto de Liderança Ágil na Era Digital

<https://manifestoliderancaagil.com>

Agradecemos aos 32 signatários iniciais que se reuniram no dia 15 de fevereiro de 2020.

Signatários iniciais

Carol Vilas Boas	Antonio Muniz	Victor Gonçalves	Luiz Bernardo
Rosana Marques de Carvalho	Wagner Drumond	Rodrigo Cabral	Ricardo Cardoso
Gisele Feitoza da Rocha	Rafael Araujo	André Bueno Lima	Atila Belloquim
Felipe Oliveira	Fernando Fernandes	Marcelo Gomes Ferreira	Maurício Moreira
Cristina Garcia Moreira	Andresa Fogel	Rodolfo Colares	Bruno Jardim
Hugo Iuri Cordeiro	Karine Cordeiro	Flaviane Separovic	Julieta Scheidt Dienstmann
Andre Barcaui	Vanessa Tchalian	Zair Ramos	Luciana Lemos
Jennifer de Sousa Freitas	Thayana Brider	Juliano Granadeiro	André Cezaretto

Nota de agradecimento: agradecemos à empresa .add, por apoiar o evento de cocriação do Manifesto cedendo seu espaço para a reunião dos signatários iniciais.

O Manifesto foi ainda outorgado por líderes que inspiram profissionais por onde passam, e deixamos nossos agradecimentos por suas valiosas considerações:

Outorgantes

Marina Viana
Cristiano Barbieri
Alexandro Barsi
Roberto Pons
Marcelo Koji
Fred Lacerda
Aldo Pires
Richard Vasconcelos
Dairton Bassi
Junior Rodrigues
Gean Alex Pereira
Daniela Akizuki

Bônus: entrevista com líderes

Para complementar toda a experiência proporcionada ao leitor, separamos ainda duas entrevistas gravadas em vídeo com líderes do mercado que se propuseram a conversar conosco sobre desafios da liderança no século da complexidade, do caos e do mundo digital.

Os entrevistados foram Marina Viana e Cristiano Barbieri, respeitados líderes executivos no Brasil.

As entrevistas podem ser conferidas acessando os QR *Codes* das respectivas entrevistas ou pelos *links*! Aproveite!

<https://lideranca.jornadacolaborativa.com.br/entrevista1>.
Entrevista 1 – Marina Viana

<https://lideranca.jornadacolaborativa.com.br/entrevista2>
Entrevista 2 – Cristiano Barbieri

Dedicatória e agradecimentos

Dedico mais um livro colaborativo aos amores da minha vida: meus filhos Lucas e Luisa, e minha esposa Keila. Agradeço a Deus essa nova conquista e parabenizo os grandes amigos organizadores Victor Gonçalves, Carol Villas Boas, Junior Rodrigues e Gean Pereira, assim como todos os coautores pela dedicação e excelência que resultou nesta obra incrível. Agradeço aos meus familiares e amigos da SulAmérica, Jornada Colaborativa e AdaptNow pelas oportunidades de aprendizado e aos milhares de alunos, leitores e participantes das minhas palestras pela grande receptividade e troca de experiências que me tornam uma pessoa melhor a cada dia.

Antonio Muniz
Fundador da Jornada Colaborativa e JornadaCast

Quero dedicar a trajetória que venho trilhando na Jornada e neste livro a duas mulheres espetaculares que me motivam a ser melhor a cada dia – sem elas não sou nada. Minha mãe, Lucimar Zaffarani, é uma guerreira, me mostra sempre o melhor caminho a seguir. Já minha irmã Camila Vilas Boas é o meu porto seguro; quando me perco ela mostra como corrigir o rumo. Elas não são executivas, mas são líderes de suas vidas e é nelas que espelho a minha autoliderança.

Mas nos últimos tempos tem dois carinhas na minha vida que me fazem esquecer de tudo e todos e literalmente são meus grudes: o melhor marido do mundo todo, Rodolfo, e o meu pequeno Serginho, que é nosso presente divino.

Carol Vilas Boas
Organizadora e coautora da "Jornada Ágil de Liderança"

Dedico este projeto primeiramente aos meus pais, Geraldo e Terezinha, que não mediram esforços para me mostrar o melhor caminho e também a importância da simplicidade e do respeito ao próximo. Agradeço também a minha esposa Carina e aos meus filhos Heitor e Isabela, que, de forma especial e carinhosa, me deram força e coragem, me apoiando e me inspirando em todos os momentos.

Gean Pereira
Organizador e coautor da "Jornada Ágil de Liderança"

Este livro demonstra de forma clara o quanto a colaboração é capaz de realizar, mas que somente tendo um propósito maior é que se torna possível às pessoas realizarem algo extraordinário! Que ele possa transformar vidas como transformou a minha, inspirando pessoas a realizar coisas maiores ainda! Sou grato a Deus por fazer parte de um projeto tão maravilhoso e dedico à minha esposa Ana Paula, meu amor, por todo apoio e paciência, aos meus filhos Letícia e Bernardo, como um legado para as suas vidas, e aos meus pais, por terem criado as bases na minha vida para que isso um dia pudesse acontecer.

Junior Rodrigues
Organizador e coautor da "Jornada Ágil de Liderança"

Cada palavra deste livro carrega um tanto de pesquisas, criações e experiências práticas que não deveriam ficar guardadas em um único baú! Quando falamos de conhecimento nos referimos a um baú onde não há certo ou errado, há percepções influenciadas por crenças e fatos já comprovados. Este livro representa parte do baú de 86 pessoas, e compartilhá-lo com você foi único e emocionante para mim. Dedico a energia empregada neste projeto a pessoas que são inspiração para mim: Thayana, minha esposa amada, Giovanni, a reunião do melhor de nós dois, e meus pais, que me ensinaram a criar o futuro que desejo para mim.

Victor Gonçalves
Líder do time, organizador e coautor da "Jornada Ágil de Liderança"

Autores

Adalcinda de Lemos Leitão
Profissional com 26 anos na área de TI. Especialista em projetos (tradicionais, ágeis e híbridos), formação e engajamento de equipes, *coaching*, métricas, OKR, *Design Thinking* e com *background* em desenvolvimento de sistemas e bancos de dados.
<https://www.linkedin.com/in/adalcindaleitao>

Alan Fernandes
Marido da Vanessa e pai do Henrique. Possui mais de 10 anos de atuação com projetos de TI. Tem como foco o exercício e a divulgação da cultura de produto, Ágil, *Lean*, *DevOps* e *Business Agility*.
<https://www.linkedin.com/in/alan-fernandes-29b45517/>

André Barcaui
Consultor sênior com mais de 20 anos trabalhando na área de gestão. Pós-doutorado em administração pela FEA/USP, doutorado em administração pela Universidade Nacional de Rosário (UNR) e mestre em sistemas de gestão pela Universidade Federal Fluminense no Brasil. Também possui um *Master Coach Certificate* pelo *Behavioral Coaching Institute* (BCI).
<https://www.linkedin.com/in/andrebarcaui/>.

André Bueno
CEO e Enterprise Lean Agile Black Belt da AgileIT Coach Institute. Mestrando em gestão de projetos pela Universidade Internacional Ibero-americana, MBA em Administração Financeira, com especializações em agilidade, *coaching*, neurociência e inteligência emocional.
<https://www.linkedin.com/in/andre-bueno/>

André Cezaretto
Analista de Qualidade com MBA em Serviços e Negócios.
<https://www.linkedin.com/in/andr%C3%A9-cezaretto-66895540/>

Andre Molero
Hoje Agile Coach na Dextra, trabalhando com foco em pessoas, trabalhou sempre com grandes empresas e mudança de cultura. Conhece ágil há mais de 12 anos, falando de *Scrum*, *Kanban* e outras formas de realizar o ágil.
<https://www.linkedin.com/in/andremolero/>

Andréa Cordoniz
Psicóloga organizacional. Diretora de aprendizagem e sócia da TD7 Treinamentos Corporativos. Escritora com oito livros publicados. Larga experiência em liderança: 16 anos à frente de equipes nas áreas de RH e saúde em empresa de grande porte.
<https://www.linkedin.com/in/andrea-cordoniz>

Andreia Rodrigues Azevedo
Especialista em empreendedorismo, inovação e marketing digital, pós-graduada em Administração e Gestão de Conhecimento, Contadora e CBPP (ABPMP). VP de Controle Social do OSBRio, Voluntária no Praia para Todos. Gestora de contratos e serviços de TI há 18 anos.
<https://www.linkedin.com/in/deiah-rodrigues/>

Andresa Fogel
Scrum Master, Psicóloga, VP de Eventos do PMI-Rio, *Champion Disciplined Agile* – PMI, organizadora do livro "Jornada RH Ágil", coautora do livro "Jornada Ágil de Produto" e *Community Manager* (Região Serrana – RJ) da Jornada Colaborativa.
<https://www.linkedin.com/in/andresafogel/>

Antonio Muniz
Apaixonado por pessoas, agilidade, colaboração, comunidades, *DevOps*, empreendedorismo, inovação, *Lean*, liderança, *startups*, tecnologia, facilitação e palestras. Fundador da Jornada Colaborativa, *host* do JornadaCast, professor de MBA, mentor, escritor e produtor de videoaulas.
<https://www.linkedin.com/in/muniz-antonio1/>

Atila Belloquim
Mentor, professor, expert em visão holística, estratégia, arquitetura corporativa de negócios e cultura organizacional.
<https://www.linkedin.com/in/atilabelloquim/>

Bárbara Cabral da Conceição
Especialista em qualidade ágil e testes de software com mais de 15 anos de experiência em TI, grande parte com *agile testing*. Entusiasta da cultura ágil, *DevOps* e automação de testes. Apaixonada por comunidades, organizadora, palestrante, mentora e blogueira.
<https://www.linkedin.com/in/barbaracabral/>

Bruno Jardim
Formado em administração com pós em gestão de projetos e certificação PMP. Escritor, poeta, músico por hobby e um inconformado por natureza.
<https://www.linkedin.com/in/brunojardim/>

Carlos Henrique Ughini
Arquiteto de plataforma e morando na Austrália, trabalha diariamente com metodologias ágeis utilizando ferramentas da Atlassian e buscando soluções para melhorar o desenvolvimento de produtos e serviços dentro da empresa.
<https://www.linkedin.com/in/carloshenriqueughini/>

Carol Vilas Boas
Cientista da computação com mais de 15 anos de experiência na área de TI, palestrante, escritora e *Community Sponsorship Manager* no QA Ladies e no Jornada Colaborativa.
<https://www.linkedin.com/in/carolfvb/>

Claudio Cidade
Especialista em desenvolvimento, arquitetura e gestão de projetos de software com mais de 16 anos de experiência nacional e internacional.
<www.linkedin.com/in/claudiocidade>

Coaracy Júnior
Com mais de 20 anos de experiência com gestão empresarial, gerenciando projetos e ajudando na evolução de equipes e organizações, tem como objetivo contribuir para melhores resultados corporativos em um ambiente colaborativo de alta performance.
<https://www.linkedin.com/in/coaracy-junior/>

Cristiane Freire
Experiência de 18 anos na área de projetos de software e de tecnologia da informação; certificada PMP, *Scrum Master*, *Management* 3.0, PTBC, PTFC, *Product Owner*, DTPC, ITIL, COBIT, ISO 20000.
<https://www.linkedin.com/in/cristiane-freire-garcia-pmp>

Cristina Garcia Moreira
Formada em Ciências Contábeis pela Uerj, com MBA em Gestão Empresarial pela FGV e Contabilidade Internacional pela UCAM. Atua desde 2003 na área de finanças, contabilidade e controladoria. Coordenadora no BNY Mellon, anteriormente trabalhou na SulAmérica e no BNDES.
<https://www.linkedin.com/in/cristina-garcia-moreira-05486033>

Dayvison Pellegrina
Atua na área de TI desde 2000, passando por mais de 40 projetos nas mais diversas linguagens de programação e contextos de negócios. É apaixonado por desenvolvimento de equipes, pessoas em busca de resultados e sustentabilidade.
<https://www.linkedin.com/in/dayvison-pellegrina/>

Eduardo L. A. Marques
Analista de sistemas pela UCAM/RJ e pós-graduado em Gestão de Equipes e Gestão de Projetos pela FGV/RJ. Possui mais de 15 anos de experiência na gestão de equipes multidisciplinares nas áreas de TI e desenvolvimento de software.
<https://www.linkedin.com/in/eduardolam/>

Felipe Oliveira
Agile Expert e fundador da empresa Mindset Ágil – Consultoria e Treinamentos. Promove o uso de práticas ágeis e *Lean* para ajudar pessoas e empresas a encantar seus clientes enquanto fornecem produtos e experiências de sucesso.
<https://www.linkedin.com/in/felipeecoliveira/>

Fernanda Oliveira
Especialista em gestão da informação e inteligência competitiva. Sólida experiência na liderança de projetos de prospecção e gestão da informação estratégica, transparência organizacional e GC. Prática em ferramentas de gestão, UX, métodos ágeis e facilitação.
<https://www.linkedin.com/in/ferbol/>

Fernando Fernandes Barbosa

Agile Coach atuando desde 2001 na área de tecnologia, com experiência em gestão e governança de TI, processos, gestão de mudança organizacional e atualmente trabalhando com agilidade. Atuou em segmentos de TI, banco, telecom, seguros e varejo.
<https://www.linkedin.com/in/fernando-fernandes-48663b8>

Fernando Hannaka

Engenheiro de produção, com sólida experiência em liderança de equipes. Entusiasta da cultura de inovação e gestão de *startups*, autodidata em ciência de dados. Tem o propósito de transformar pessoas e organizações através da liderança empática e fluência analítica.
<https://www.linkedin.com/in/fernandohannaka>

Flaviana Rampini do Couto

Agile Coach e instrutora, formada em Análise de Sistemas, *Coach* na SBC, pós-graduada em Gestão por Processos no IBMEC e em Psicologia Organizacional. Certificada em *Management* 3.0, PMP, *Kanban*, SM, PO, SAFe e HUCM. Atua desde 2005 em TI e desde 2013 com agilidade.
<https://www.linkedin.com/in/flavianarampini>

Flaviane Separovic

Entusiasta de tecnologia e agilidade, com sólida experiência de mais de 15 anos em tecnologia da informação, desde desenvolvimento e engenharia de software até gestão de projetos.
<https://www.linkedin.com/in/flaviane-separovic>

Gean Alex Pereira

Head de Produto na FESC Tecnologia, empresa do grupo Unimed SC. Organizador das comunidades Agile Joinville, ProductTank Joinville e *Community Sponsorship Manager* na Jornada Colaborativa.
<https://www.linkedin.com/in/geanalexpereira>

Gisela Azevedo

Fundadora da GA Desenvolvimento Humano, atuante como *Trainer* em Inteligência Emocional, Palestrante, *Master Coach.* Especialista em desenvolvimento de carreira e Psicanalista.
<https://www.linkedin.com/in/gisela-azevedo/>

Gisele Feitoza da Rocha
Co-founder da weAgile, apaixonada por pessoas e gestão de mudanças. Possui 17 anos de experiência profissional em projetos de tecnologia, sendo 1 ano de vivência internacional no Canadá.
<https://www.linkedin.com/in/giselefeitoza>

Hélio Meirim
Head da HRM Logística atuando, por mais de 20 anos, no Brasil e no exterior em cargos executivos. Msc Administração. Atua como mentor, professor, escritor e palestrante em eventos nacionais e internacionais. Recebeu por duas vezes a moção honrosa da Alerj.
<https://www.linkedin.com/in/meirim>

Hugo Iuri Cordeiro
Entusiasta do desenvolvimento de software com 15 anos de experiência. Atualmente, como gerente de desenvolvimento, busca a construção de softwares performáticos e coesos que agreguem valor ao negócio.
https://www.linkedin.com/in/hugoiuri/

Igor Moraes
Entusiasta da cultura de gestão de projetos, produtos e agilidade, é administrador e MBA em Gerenciamento de Projetos, Certificado PMP, PSM I, CLF e *Management* 3.0.
<https://www.linkedin.com/in/igor-coutinho/>

Igor Susini Aquino
Possui pós-graduação em gestão de projetos pela Fundação Getulio Vargas. Obteve as certificações PMP, PMI-ACP, CSM, SAFe *Agilist* e a designação KMP.
<https://www.linkedin.com/in/igor-susini-pmp-pmi-acp-safe-agilist-kmp-csm-b9440549/>

Isabelle Rodrigues
Engenheira de Produção pela UVA, *Green Belt* em *Lean Six Sigma* pelo IDGP e se especializando em transformação digital e práticas ágeis. Atualmente programadora de produção da Gerdau e consultora em gestão de processos.
<https://www.linkedin.com/in/belleisar/>

Jacqueline Viana

Experiência voltada para gestão de projetos, onde atua desde de 2008. Há dois anos desempenha o papel de *Scrum Master.* PSM I, KMP I, *Green Belt*, PMP, CLF, PACC e *Management* 3.0.
<https://www.linkedin.com/in/jacqueline-mba-e-pmp/>

Jennifer Sousa

Desde 2009 na área de TI. Passou por várias funções dentro da TI até chegar a *Agile Coach*. Seu foco principal é analisar e implementar metodologias e processos que permitam o aumento da capacidade produtiva, intelectual e emocional das equipes.
<https://www.linkedin.com/in/jennisousa89/>

José Gaby

Marido da Natália e pai da Clara, especialista em comunicação e agilidade, 15 anos de atuação. Atualmente é *Team Lead* no Itaú e empreendedor comportamental e ágil. Atuou na transformação da Tókio Marine, Carrefour, Itaú, Cubbos, BTG Pactual e outros.
<https://www.linkedin.com/in/josegabyoficial/>

Juliano Granadeiro

Possui 14 anos de experiência em melhoria de processos, desenvolvimento de software, agilidade, MPSBr e CMMI. MBA em Engenharia de Software pela UFRJ e possui as certificações KMP, *Green Belt*, SAFe, CSM, CSPO, *Management* 3.0, PACC, *Lean Inception*, entre outras.
https://www.linkedin.com/in/julianogranadeiro

Julieta Scheidt Dienstmann

Experiência em desenvolvimento de novos produtos, negócios estratégicos, gerenciamento de projetos de TI e gerenciamento de projetos de P&D ao longo de 18 anos em ambiente de telecomunicações e P&D.
<https://www.linkedin.com/in/julietascheidt/>

Júnior Rodrigues

Diretor Executivo na Gespro e organizador do ConAgile, mais de 16 anos em consultorias e gestão. Mestrado e graduação em Administração, MBA em GP, pós em Projetos de Rede. Certificado PMP, ASM, PMO-CP, PACC, *Management* 3.0, PALC, VERISMF, CLF, CI-ASP, SFC, DEPC e ITIL.
<https://www.linkedin.com/in/rodriguesjunior/>

Karine Cordeiro
Desenvolvedora apaixonada pelos processos ágeis. Com 15 anos de mercado, tem se dedicado a fortalecer a presença feminina nas diversas áreas da tecnologia com forte atuação nas comunidades *tech*.
<https://www.linkedin.com/in/karinepfcordeiro/>

Luciana Lemos
Agile Coach e gerente de projetos que curte muito compartilhar conhecimentos e trocar ideias sobre vários assuntos.
<https://www.linkedin.com/in/lucianalemos>

Luciana Nunes
Possui MBA em Gestão de Projetos com ênfase nas boas práticas do PMI com experiência em métodos ágeis. É especialista em EAD. É bacharel em Análise de Sistemas, licenciada em Informática Educativa. É *mentor* e consultora nas áreas de GP, Educação e TIC.
<https://www.linkedin.com/in/luciana-nunes-ferreira-15562b11/>

Luiz Felipe Bernardo
Gerente de desenvolvimento de software, gerente de programa e *Agile Coach* no PMI *Chapter* São Paulo, e gerente de projetos no IIBA *Chapter Brazil*. Formado em Sistemas para Internet pela Faculdade de Tecnologia Senac Rio, especialização em Engenharia de Software na Universidade Anhembi Morumbi e MBA em Gerenciamento de Projetos pela USP.
<https://www.linkedin.com/in/luizfelipebernardo/>

Marcelo Gomes Ferreira
Formado em Análise e Desenvolvimento de Sistemas e pós-graduando em Desenvolvimento de Software com Metodologia Ágil na UAM.
<https://www.linkedin.com/in/gfmarcelo/>

Marcelo Viviani Junior
Consultor Sênior de Gestão de TI na InMetrics. Possui 13 anos de experiência na área de Tecnologia da Informação nos setores financeiro, *banking*, adquirente multibandeira. Focado em resultados. Entusiasta da cultura *DevOps* | SRE e da transformação digital.
<https://br.linkedin.com/in/marcelo-viviani-junior-b760aa25>

Maria Heloiza Rodrigues Magrin

Gerente de Transformação e Negócios Ágeis/Digitais, Diretora de PMO/Projetos & Estratégia. Professora em MBA, Graduação e Certificação. *Coach*, mentora e palestrante. Certificada PMP/PMI, ASAP/SAP, PSM, SFPC, DEPC *DevOps*, VeriSM, MACc *Master Coach*.
<https://linkedin.com/in/heloizamagrin>

Matheus Antonio Ventura

Diretor de Qualidade na Recombina Jr Empresa Júnior do IFRJ – aluno da graduação em biotecnologia. Iniciação científica na Fiocruz.
<https://www.linkedin.com/in/matheus-antonio-8a6372182/>

Mauricio Moreira da Silva

Com mais de 20 anos de experiência na área de desenvolvimento de software, é adepto de práticas ágeis, procurando sempre fortalecer os conceitos do Manifesto Ágil nas ações do dia a dia e atuando como agente local de mudança relacionada às práticas ágeis.
<https://www.linkedin.com/in/mauricio-moreirasilva/>

Melissa Santi Itimura Vitorasso

Mestre em Meteorologia pela USP, mais de 18 anos em TI, sendo 10 anos de experiência em gestão de pessoas. Foi gerente de TI em empresas como Westwing e Bionexo e *Agile Coach* no Walmart, Itaú e Santander. Atualmente é Tech Manager no Nubank.
<https://www.linkedin.com/in/melissa-santi-itimura-0223262a/>

Michael Araki

Ph.D. em Finanças e MSc em Liderança pela PUC-Rio. Sua pesquisa foi publicada em periódicos internacionais nas áreas de administração, economia e psicologia e apareceu em importantes mídias como BBC Brasil e BBC Inglaterra.
<https://www.linkedin.com/in/arakimichael>

Neide Lúcia de Oliveira Almeida

Doutoranda em Sistemas de Gestão da Sustentabilidade, com foco em diversidade e inclusão de minorias (UFF). Mestre em Sistemas de Gestão – Responsabilidade Social Corporativa. Para acessar o meu CV completo, entre em: <http://lattes.cnpq.br/9301990176016778>.
<https://www.linkedin.com/in/neide-lúcia-almeida-82044225/>

Patricia Silva Corrêa
Possui oito anos na área de teste e a certificação CTFL.
<https://www.linkedin.com/in/patricia-silva-correa>

Paulo Alves
Agilista, coautor da "Jornada Ágil de Liderança", em busca de associar diversão e produtividade no dia a dia.
<https://www.linkedin.com/in/pauloalvesbh/>

Paulo Boccaletti
Ajuda empresas a desenvolver seus profissionais e processos, buscando melhores resultados. Como consultor de transformação digital e *tech lead*, atua com melhoria contínua na evolução dos processos de RH Ágil e de desenvolvimento de software utilizando *data-driven engineering*.
<https://www.linkedin.com/in/paulo-boccaletti>

Priscila Maciel de Sousa
Mãe de três lindas crianças, que ama aprender, apaixonada pela área de projetos ágeis e liderança, possui mais de 11 anos na área e é especialista em projetos de câmbio.
<http://linkedin.com/in/priscila-maciel-de-sousa-a3128142>

Priscila Paulo
Bacharel em Informática e Tecnologia da Informação pela Uerj, PMP pelo Project Management Institute, certificada Gestão de Mudança e Produção de Conteúdo para a web. Possui 20 anos de experiência e há 15 anos se dedica à gestão de projetos e pessoas.
<https://br.linkedin.com/in/prispaulo>

Rafael Marcos de Araujo
Líder e gestor de tecnologia com mais de 20 anos de experiência ajudando empresas a alavancar seus negócios através de produtos e soluções digitais com agilidade. Coautor da Jornada Colaborativa dos livros de liderança e inovação.
<https://www.linkedin.com/in/rafael-marcos-araujo/>

Raphael Fontes
Gerente de times ágeis, MBA em Gerenciamento de Projetos, ênfase em software pela PUC-Rio. Certificado PMP, PSM, PSPO e ITIL. Experiência no gerenciamento de fábrica de softwares, aplicando o *Management* 3.0. Voluntário no PMI-Rio.
<https://www.linkedin.com/in/raphaelsfontes/>

Regiane M. Mendonça
Administradora, atua em Recursos Humanos, com experiência em gestão em empresas de diversos portes, segmentos e nacionalidades. Proprietária da Regiane Mendonça Consult & Training, também é docente e instrutora de cursos, palestrante e *coach*.
<https://www.linkedin.com/in/regianemendoncarh>

Renata Castro
Gerente Substituta do Departamento de Química, Metalurgia, Novos Materiais (Grafeno, Nióbio, Terras Raras) e Saneamento Ambiental na FINEP em projetos de fomento à inovação.
<https://www.linkedin.com/in/renata-castro-a6909324/1>

Ricardo Boessio dos Santos
Mais de 20 anos de experiência. *Agile*, PMI, *Six Sigma*. KMP I e II, PMP, *Green Belt*.
<https://www.linkedin.com/in/ricardoboessio/>

Ricardo Cardoso
Consultor de inovaçao, *Head Agile*, bacharel em Ciência da Computação (Católica – Santos) e *Coach* de carreira com especialização pelo CDH (Centro de Desenvolvimento Humano). Palestrante, escritor e consultor em desenvolvimento de metodologias e *frameworks* para projetos voltados para transformação cultural.
<https://www.linkedin.com/in/ricardolimacardoso/>

Roberta Ferreira
Mais de 10 anos atuando na área tecnológica desde a implementação de software até melhoria contínua. Metodologias ágeis, transformação digital, governança, facilitação e gestão. Experiência em empresas nacionais e multinacionais de grande porte. Entusiasta em crer que o conhecimento amplia as possibilidades de construção de uma sociedade melhor.
<https://www.linkedin.com/in/roberta-ferreira>

Rodolfo Colares
Certificado PSM I; PSPO; CLF; *Management* 3.0; aspirante a evangelizador de qualidade de software e cultura *DevOps* em times ágeis. Teve a oportunidade de palestrar em grandes eventos e comunidades como The Developers Conference; Ministry of Test; Agile Beer; Senior Tec (Blumenau).
<https://www.linkedin.com/in/rodolfofcolares/>

Rodrigo Cabral
Agente de transformação ágil de longa data, forte busca por resultados e eficiência. Evangelizador da cultura ágil e especialista em OKR, teve várias experiências por adoção da cultura ágil utilizando *Scrum*, XP, *Kanban* e *Lean*, dentre outros.
<https://www.linkedin.com/in/rodrigocabralsilva/>

Rodrigo Cilento
Responsável pela estratégia Salesforce e projetos ágeis da Claro Brasil (UME). Possui 21 anos de experiência profissional, 15 deles exercendo liderança funcional e de projetos. PMP e administrador Salesforce certificado, atua também como voluntário no PMI-RJ.
<https://www.linkedin.com/in/rodrigocilento/>

Rodrigo Sobral
Formado em Ciência da Computação, com pós-graduação em Análise e Projeto de Sistemas e MBA em Gestão em Projetos. Possui experiência em diversas empresas nas áreas de desenvolvimento, análise e liderança de equipe.
<https://www.linkedin.com/in/rodrigo-sobral-64092886/>

Rosana Marques de Carvalho
Especialista em Arquitetura, com 13 anos de atuação em projetos com TOGAF, Zachman e Archimate. Foi professora e palestrante e no momento faz parte do projeto Jornada Colaborativa.
<https://br.linkedin.com/in/rosannacarvalho/pt>

Samantha Mendes Cabral
Atuante no desenvolvimento de times multidisciplinares e atuante na comunidade ágil. Trabalha com tecnologia há 16 anos. Começou como desenvolvedora Java e Cobol, analista de negócios, líder de projetos, SM e *Agile Coach*.
<https://www.linkedin.com/in/samanthamendescabral/>

Sebastião Cesar Paiva
Consultor de Projetos Ágeis na SulAmérica, *Agile Coach*, graduado em Ciência da Computação, Especialista em *Design Thinking*, certificado como *Scrum Master* e PO, Certificado em ITIL (*Foundation* e *Practitioner*), Cobit, *Lean Kanban Management* 3.0 e TOGAF.
<https://www.linkedin.com/in/sebacesarpaiva/>

Sonia Lopes
Consultora e professora de gerenciamento de projetos. Doutora em Administração. Certificações: PMP (PMI), *Scrum Master* (*Scrum Alliance*) e HCMP® 3G *Expert Professional* (HUCMI) Professora no MBA de Gerenciamento de Projetos UFF LabCEO. Diversos livros publicados.
<https://www.linkedin.com/in/sonialopesprojetos/>

Stella Souto
Product Manager na Storm Security e Fundadora da Agile 40+, comunidade que se destina a debater práticas ágeis e dar mais visibilidade a agilistas de mais de 40 anos. Leitora voraz, aficionada por viagens e corredora amadora.
<https://www.linkedin.com/in/stellasouto>

Tatiana Grego
Psicóloga, empreendedora, especialista em Recursos Humanos e gestão de pessoas com 16 anos de carreira no mundo corporativo.
<https://www.linkedin.com/tatianagrego>

Thayana Brider
Especialista em Neuropsicologia e desenvolvimento humano, atua há mais de 10 anos na área de psicologia clínica e *coach* de líderes, além de ministrar aulas e palestras em todo o território nacional. Cofundadora do evento Fail Nights – onde o fracasso merece aplausos.
<https://www.linkedin.com/in/thayana-brider-083a59100>

Thiago Brant
Consultor e treinador apaixonado por agilidade, transformação e gestão 3.0, tendo atuado nos últimos 10 anos com *Scrum*, *Scaled Agile* e gestão de produtos em relevantes projetos de transformação ágil e transformação digital.
<https://www.linkedin.com/in/tdelfim/>

Thiago Freire
Designer de aprendizagem e facilitador de experiências. Realiza projetos de consultoria em inovação, design de produtos, desenvolvimento e aplicação de metodologias e planejamento estratégico. Design de aprendizagem pela escola Kaospilot, Dinamarca. Mestre em Gestão da Economia Criativa pela ESPM Rio.
<https://www.linkedin.com/in/thiagorfreire/>

Thiago Nelson

Casado e tem um casal de filhos. Pratica esportes e ama fotografar. Possui mestrado em Ciência da Computação e mais de 20 anos de experiência. Analista Judiciário do TJ-MA, professor universitário e coordenador de curso. Atua com GP e equipes ágeis. Certificações PMP, PSM-I, PSM-II, SPS e *Management* 3.0.
<https://www.linkedin.com/in/thiagonelson/>

Thiago Vial

Formado em Engenharia Mecânica pela UFRJ com MBA em Gestão e Liderança pela FGV e pós-MBA em *Design Thinking* pela Coppead. Atualmente, é Líder de Engenharia de Desenvolvimento de Produtos na TechnipFMC. Possui 15 anos de experiência no setor de óleo e gás.
<https://www.linkedin.com/in/thiagovial-engenharia-projetos/>

Vanessa Tchalian

Psicóloga, entusiasta do RH Ágil e facilitadora, acredita na andragogia e no *mindset* de crescimento como aliados do desenvolvimento humano. Certificada em análise comportamental, grafologia, PPA-DISC.
<https://www.linkedin.com/in/vanessa-tchalian-ferreira-martins-273802a2/>

Victor Gonçalves

Head de Agilidade e Cultura da Verity, Criador da Mind Blowing, membro da World Futures Studies Federation, especialista em *Design Thinking* pelo MIT, Gestão Estratégica pela Copenhagen Business School Master. Possui especializações em Neurociência, Antropologia e Gestão de Pessoas, é professor, podcaster e criador do Fail Nights e do Agile Hacking.
<https://www.linkedin.com/in/victorgoncalves->

Vitor Cardoso

Coordenador na Globo com a função de RTE (SAFe – *Release Train Engineer*) e fundador do site Comunidade Ágil, com mais de 15 anos de experiência em Gestão de Projetos e mais de três anos de experiência com agilidade. MBA em Tecnologia da Informação pela UFRJ.
<https://www.linkedin.com/in/vrcardoso/>

Wagner Drumond

Engenheiro de Produção e Administrador com pós-graduação em gestão de projetos. Certificado PMP (PMI) e *Practitioner* PNL (Elsever Institute). Coprodutor do ConaGP (Gestão de Projetos), ConAGILE (Agilidade) e Potencializada Mente. Facilitador digital.
<https://www.linkedin.com/in/wagnerdrumond/>

Wesley de Sá Teles

Executivo com experiência na gestão de portfólio de projetos e programas no segmento industrial e de TI. Gestão de grandes equipes na implantação de fábricas, modernização do parque fabril e desenvolvimento de sistemas de informação.
<https://www.linkedin.com/in/wesleyteles/>

Zair Ramos

Com mais de 30 anos de experiência em tecnologia, é gestor de processos e projetos. Especialista em projetos de escopo variável e de grande complexidade, onde aplica todo o conhecimento e multidisciplinaridade, ajudando empresas a alcançar a sua transformação tecnológica. Como entusiasta do *Agile*, é instrutor oficial de Java, de Arquitetura e de métodos ágeis, atuando em renomadas instituições de ensino. Orgulha-se de ter contribuído para o aprendizado e a formação de muitos e excelentes profissionais.
<https://www.linkedin.com/in/zairramos/>

Impressão e acabamento
psi7 | book7
psi7.com.br book7.com.br